ज्ञान गरिमा के
72 वर्ष

भारतीय
ज्ञानपीठ

सम्मदि-सम्भवो

पुण्यार्जक

हूमड़रत्न श्री जवाहरलाल जी की स्मृति में श्री राजकुमार

व

श्रीपाल मिण्डा तत्पुत्र शैलेश, नीलेश, पारस, राहुल

व

समस्त मिण्डा परिवार प्रतापगढ़—सूरत

सम्मदि-सम्भवो

(तपस्वी सम्राट आचार्य सन्मति सागरजी का
महाकाव्यात्मक जीवन चरित्र)

प्रेरक

चतुर्थ पट्टाचार्य सुनीलसागर जी

प्राकृत रचनाकार एवं हिन्दी अनुवादक

डॉ. उदयचन्द्र जैन

भारतीय ज्ञानपीठ

मूर्तिदेवी ग्रन्थमाला : ग्रन्थांक 34

ISBN 978-93-263-5552-0

सम्मदि-सम्भवो

(महाकाव्यात्मक जीवन-चरित्र)

डॉ. उदयचन्द्र जैन

प्रकाशक : **भारतीय ज्ञानपीठ**

18, इन्स्टीट्यूशनल एरिया, लोदी रोड, नयी दिल्ली-110 003

मुद्रक : विकास कम्प्यूटर्स ऐंड प्रिन्टर्स, दिल्ली-32

आवरण और सज्जा : चन्द्रकांत शर्मा

SAMMADI-SAMBHAVO

(Mahakavyatmak Jeevan-Charitra)

by Dr. Uday Chandra Jain

Published by

Bharatiya Jnanpith

18, Institutional Area, Lodi Road, New Delhi-110 003

Ph. : 011-24698417, 24626467; 23241619 (Daryaganj)

Mob. : 9350536020; e-mail : bjnanpith@gmail.com

sales@jnanpith.net; website : www.jnanpith.net

First Edition : 2018

Price : Rs. 400

गुरु परिचय

प. पू. मुनिकुंजर आचार्यश्री आदिसागर जी अंकलीकर
जन्म : भाद्रपद शुक्ल 4, सन् 1866 अंकलीगाँव, महाराष्ट्र;
दीक्षा : मार्गशीर्ष शुक्ल 2, सन् 1913 सिद्ध क्षेत्र कुंथलगिरि
आचार्य पद : ज्येष्ठ शुक्ल 5, सन् 1915, काडगेमळा जयसिंहपुर, महाराष्ट्र;
समाधि : फाल्गुन कृष्ण 13, सन् 1944, कुंजवन उदगाँव,
विशेषता : श्रमण परम्परा के मुकुटमणि, सात दिन बाद आहार करने वाले।

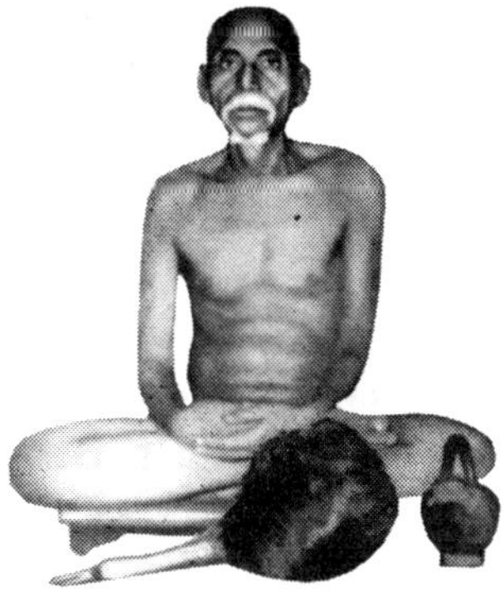

अष्टादश भाषाभाषी आचार्यश्री महावीरकीर्तिजी महाराज
जन्म : बैशाख कृष्ण 9, सन् 1910 फिरोजाबाद, उ.प्र.
दीक्षा : फाल्गुन शुक्ल 11, सन् 1943 उद्गाँव, महाराष्ट्र
आचार्य पद : अश्विन शुक्ल 10, सन् 1943, उद्गाँव, महा.
समाधि : माघ कृष्ण 6, सन् 1972, मेहसाणा, गुजरात
विशेषता : अष्टादश-भाषाभाषी, तीर्थ भक्त शिरोमणि, मंत्रशास्त्र के ज्ञाता।

वात्सल्यरत्नाकार आचार्य श्री विमलसागर जी महाराज
जन्म : आश्विन कृष्ण 7, सन् 1915, कोसमा, उ.प्र.
दीक्षा : फाल्गुन शुक्ल 13, सन् 1952 सिद्ध क्षेत्र सोनगिरि
आचार्य पद : मार्गशीर्ष कृष्ण 2, सन् 1960 टुंडला, उ.प्र.
समाधि : पौष कृष्ण 12, सन् 1994, श्री सम्मेदशिखरजी
विशेषता : पराविद्या के माध्यम से लोगों का उपकार करने वाले निमित्तज्ञानी संत।

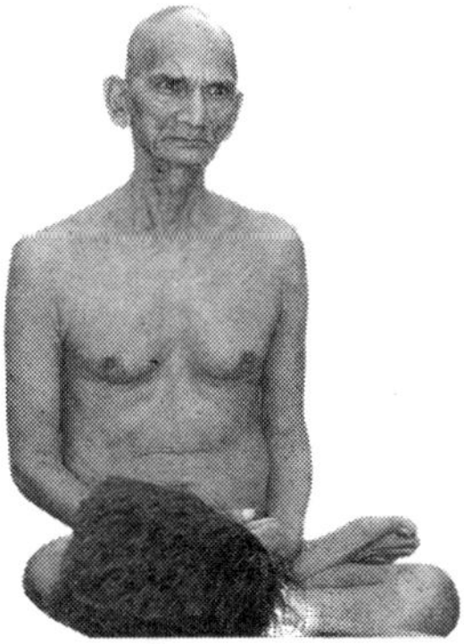

तपस्वी सम्राट आचार्यश्री सम्मतिसागरजी महाराज
जन्म : माघ शुक्ल 7, सन् 1938, फफोतू, उ.प्र.
दीक्षा : कार्तिक शुक्ल 12, सन् 1962 श्री सम्मेदशिखर जी
आचार्य पद : माघ कृष्ण 3, सन् 1972, महसाणा
समाधि : माघ कृष्ण 4, सन् 2010, कुंजवन, महाराष्ट्र
विशेषता : 35 वर्ष तक अन्न, नमक, शक्कर, घी, तेल का त्याग, अन्तिम दस वर्ष केवल मट्ठा जल 48 घंटे में एक बार, दस हजार निर्जल उपवास।

आचार्य आदिसागर अंकलीकर के
पट्टाधीश आचार्यश्री महावीरकीर्ति के
पट्टाधीश तपस्वी-सम्राट् आचार्यश्री
सन्मतिसागरजी गुरुदेव को

प्राकृत काव्य-सृजक का अभिप्राय

यह परम सत्य है कि प्रकृति स्वाभाविक जनसामान्य का जो भाषा व्यवहार होता है वही प्राकृत कहलाती है। प्राकृत स्वाभाविक भाषा है। जो महावीर और बुद्ध के समय आर्ष कही जाती थी। महावीर-वचन शौरसैनी और अर्धामागधी इन दो प्राकृतों में हैं। शौरसैनी प्राकृत का प्रयोग महावीर के समय से लेकर अब तक हो रहा है। इसी तरह अर्धामागधी का भी किसी न किसी रूप में प्रयोग हो रहा है। पालि बुद्धवचन का भी शिक्षण हो रहा है। और किंचित् लेखन भी पालि में किया जा रहा है।

यहाँ समझना यह है कि इस तरह के सृजन से क्या लाभ होगा? प्रश्न हैं तो उत्तर अर्थात् समाधान भी उसी के अनुरूप होना चाहिए। सच तो यही है, पर जो भी प्राकृत या पालि में लिखा जाएगा वह उसी समय महावीर और बुद्धवचन को प्राप्त हो जाएगा। महावीर के 2600 वर्ष बाद लिखा जाने वाला प्राकृत साहित्य इक्कीसवीं शताब्दी में किसी व्यक्ति विशेष का हो सकता है, पर वह जिस भाषा में निबद्ध होगा या लिखा जाएगा वह प्राचीन मूल्यों एवं प्राचीन भाषा का बोध तो कराएगा ही, साथ ही उसका प्रारम्भिक स्वरूप भी हमारे सामने आ जाएगा।

प्राकृत में जितना अधिक इक्कीसवीं शताब्दी के प्रारम्भ में लिखा जा रहा है वह पहले से अधिक है या कम, इस पर विचार न करके यही कहने में आएगा कि सृजन की अपेक्षा पांडुलिपि सम्पादन की आवश्यकता है। हमारे श्रमण, आचार्य, उपाध्याय, पढ़े-लिखे निरन्तर स्वध्याय करने वाले ब्रह्मचारी या उच्च-शिक्षण संस्थानों, विश्वविद्यालयों आदि में कार्यरत अध्यापकों को इस ओर कदम बढ़ाना होगा। इससे प्राकृत का पुन: उत्थान किया जा सकता है।

एक दु:ख की बात यह है कि सरकार ने उच्च माध्यमिक शिक्षण में एक वैकल्पिक विषय के रूप में खोल रखा, जिसे 35 साल से अधिक हो गया।

राजस्थान प्रान्त में जैन शिक्षण के तीन हजार से अधिक केन्द्र हैं। उनमें तीन सौ से अधिक इसे पढ़ाने के लिए तैयार हो सकते तो आज प्राकृत का नाम संस्कृत की तरह ही मान्य होता।

आचार्य आदिसागर अंकलीकर के चतुर्थ पट्टाधीश आचार्यश्री सुनीलसागरजी के चरणों में नत हूँ कि वे अपनी आचार्य परम्परा के साथ प्राकृत को स्वयं लिखकर महत्त्व दे रहे हैं। अनेकानेक आचार्य इस ओर अग्रसर हो रहे हैं। यही प्रयत्न प्राकृत को गति देगा। इसी दिशा का पुरुषार्थ है यह तपस्वी सम्राट् आचार्यश्री सन्मतिसागरजी महाराज का जीवन चरित्र 'सम्मदि-सम्भवो'।

—डॉ. उदयचन्द्र जैन

08764341728 (M)
29 पार्श्वनाथ कॉलोनी
सवीना, उदयपुर (राजस्थान)

भूमिका

'सम्मदि-सम्भवो' महाकाव्य आचार्य तपस्वी सम्राट् के प्रेरक प्रसंगों से परिपूर्ण काव्य वैराग्य मार्ग का पथ-प्रदर्शक है। इसके मूल प्रेरणादायक प्राकृत मनीषि-प्राकृत-गौरव आचार्य सुनीलसागर हैं। उनकी कृति 'अनूठा तपस्वी' इसमें आधार बनी है। इसके मूल रचनाकार एवं हिन्दी अनुवादक डॉ. उदयचन्द्र जैन हैं, जो प्राकृत भाषा वेत्ता ही नहीं, अपितु प्राकृत के महाकवि हैं। आपके पाँच वृहद् शब्दकोश, अठारह महाकाव्य, आठ शतक, रूपक अनेकानेक अष्टक आदि प्राकृत में हैं। ये **आशुकवि एवं द्विवागीश** उपाधि से अलंकृत हैं।

आचार्य आदिसागर अंकलीकर की परम्परा के तपस्वी सम्राट आचार्य सन्मतिसागर एक जाने-माने तपस्वी हुए हैं। इनके जीवन के प्रेरक प्रसंगों को लेकर डॉ. जैन ने महावीर की वाणी जो प्राकृत भाषा में है उसी में इसका प्रणयन किया है। इसमें कुल पन्द्रह अधिकार हैं। उन अधिकारों (सर्गों) का नाम 'सम्मदी' ही रखा है। अन्त में प्रशस्ति के साथ—**'जयदु सम्मदी जयदु सम्मदी'** गीत दिया है। यहाँ यह स्पष्ट है कि कवि का प्रिय छन्द **वसन्ततिलका** है। इसी छन्द में भक्तामर के 48 काव्य लिखे गये हैं। प्राकृत-काव्य पढ़ने एवं सुनने में इसी छन्द से रुचिकर बना है।

विषयगत-विवेचन

पढम-सम्मदी—प्रथम सन्मति में पुरुस्तुति (ऋषभ स्तुति) सिद्ध स्तुति, पंच परमेष्ठि-स्तुति, सन्मति नमन को विशेष महत्त्व दिया। प्रथम तीर्थंकर आदिनाथ को प्रथम सन्मति आरूढ़ तीर्थंकर कहकर उनके विविध नामों का उल्लेख किया है—

बंह णाणादु बंहा सो, महेसो महदेवदो।
विज्ज-मणुण्ण-विज्जत्थी, सिप्पि-कम्म-विसारदो ॥8॥

इसके अनन्तर तेवीस तीर्थंकरों का सामान्य विवेचन करते हुए सिद्ध मार्गियों,

आचार्य भगवन्तों, श्रुतधारकों आदि को नमन किया है। कवि ने काव्य की गति के लिए माँ सरस्वती के अनेक नाम देकर स्तुति की है। उसे भी, भारती, भाषा, भास्वरी, सुरेशी, शारदा आदि प्रचलित नामों के अतिरिक्त कई नाम स्वदृष्टि से बना दिये।

सम्मदी सम्मदी सारा, समया सुद-अंगिणी।

सुण्णाणी सुद-दायण्हू, सुकव्वा कव्वमंथिणी॥ 1/40॥

सरस्वती के नामों से सम्बन्धित 13 गाथाएँ हैं जो सभी अनुष्टप छन्द में हैं। इसी तरह इसमें सज्जन-दुर्जन आदि का वर्णन किया है। इसमें कथाओं के अनेक प्रकार हैं। उसमें इस प्रबन्ध-कथा को सन्मतिदायक कहा है। णिच्छयो सम-मग्गो सो, कव्वे मे सम्मदी जगे। (1/71) कहते हुए इसे विराग परिणामी काव्य कहा है।

द्वितीय सन्मति में परिवार परिवेश का चित्रण है। तृतीय में जन्म, नामकरण, जिनगृह प्रवेश, जिनदर्शन एवं सामान्य लौकिक शिक्षा का कथन है चतुर्थ में शिक्षा अनुशासन, पुराकला, ब्रह्मचर्यव्रत अंगीकार करना शासकीय सेवा, सम्मेदशिखर यात्रा, मुनिभाव एवं मुनिदीक्षा का उल्लेख है। पंचम सन्मति में प्रथम चातुर्मास मधुवन का उल्लेख है। इसी में ज्ञान, ध्यान और तप के विविध कारणों पर प्रकाश डाला है। इसी चातुर्मास के पश्चात् मांगीतुंगी यात्रा, चातुर्मास एवं श्रवणवेला की यात्राओं का वर्णन है। छठे सम्मदि में हुम्मच चातुर्मास, कुंथलगिरि, मांगीतुंगी चातुर्मास आदि के साथ आचार्य पदारोहण विधि भी इसमें दी गयी है। सप्तम सन्मति में ध्यान एवं संसार के कारणों पर प्रकाश डालते हैं। विविध यात्राओं का भी विवेचन है। अष्टम सन्मति में नागपुर, दाहोद, लुहारिया, पारसोला, रामगंज मंडी चातुर्मास, जयपुर, दिल्ली, फिरोजाबाद, टीकमगढ़ आदि के चातुर्मासों का विधिवत उल्लेख के साथ-तीर्थस्थानों के गमन, उनकी यात्राएँ एवं वहाँ पर कृत तपों का उल्लेख है। दशम सन्मति में चम्पापुरी का चातुर्मास, वाराणसी चातुर्मास आदि के श्रद्धायुक्त भावों का मनोहारी चित्रण है। ग्यारहवें में छतरपुर चातुर्मास एवं द्रोणगिरि, कुंडलपुर, सिद्धवरकूट आदि तीर्थस्थानों की वन्दना को प्राप्त संघ की चर्या भी दी है। बारहवें में नरवाली, उदयपुर, खमेरा एवं मुम्बई के चातुर्मास के साथ उनके द्वारा कृत तप-ध्यान आदि की प्रभावना भी दी गयी है। तेरहवें में लासुर्णे, ऊदगाँव, कुंजवन एवं इचलकरंजी आदि के चातुर्मासों का उल्लेख है। चौदहवें में कोल्हापुर चातुर्मास (2010) (अन्तिम चातुर्मास) का वर्णन है पन्द्रहवें सन्मति में मुनि अवस्था, शिष्य परम्परा, पंचकल्याणक आदि का यथोचित निरूपण है।

प्रस्तुत महाकाव्य और उसका मूल्यांकन : कवि हृदय जो भी लिखता है, कहता या चरित्र-चित्रण करता है, उसमें अलंकर, रस, छन्द, भाषा, भाव, अभिव्यक्ति, गुण आदि अवश्य होते हैं। **सम्मदि-सम्भवो** काव्य में वह सभी है। यह काव्य-

सर्ग-बद्ध है—कुल पन्द्रह सर्ग हैं, जिन्हें सम्मदि 'सन्मति' ही कहा गया।

नायक : अभ्युदय युक्त, तपस्वी, मृगराज की तरह भय रहित सदैव ज्ञान, ध्यान और तप को जहाँ महत्त्व देता है, वहीं संघस्थ साधुओं के प्रति वात्सल्य भी रखना है। वे शक्ति प्रिय हैं, पर राष्ट्रभावना को भी सर्वोपरि मानते हुए पन्द्रह अगस्त या 26 जनवरी पर राष्ट्र के प्रति समर्पित सैनिकों के प्रति सद्भावना रखते हैं। नायक के प्रारम्भिक जीवन में जो भाव वैराग्य के थे, वही सरकारी सेवा में रहकर भी बनाए रखते हैं। ब्रह्मचर्य-व्रत अंगीकार करके भी जो चाहता वह उसे प्राप्त हो जाता है। साधक जीवन की ऊँचाइयाँ प्राप्त कर नायक तपनिष्ठ बना रहता है। साधना काल में आधे से अधिक दिन उपवास और भोजन में छाछ, अन्य कुछ भी नहीं।

इस काव्य में अलंकरण ही अलंकरण। सर्वाधिक श्लेष की बहुलता है। उपमा, रूपक, यमक, उत्प्रेक्षा, दीपक, विभावना, अनुप्रास आदि भी हैं।

रस में शान्त रस है। कई प्रसंग ऐसे हैं जिनमें करुणा भी है। देखिए एक लकड़हारे का प्रसंग जो पण्यविहीन, फिर अपार श्रद्धालु। यह दशवें सन्मति में है।

प्रायः सभी अध्ययन में सभी रस हैं। इसमें जीवन के विविध पक्ष हैं। महान चरित्र नायक यथार्थ में तपस्वी हैं। वे तपस्वियों के सम्राट हैं, क्योंकि जितने तप, तीर्थ यात्राएँ आदि की, वे सभी सम्राट कहलाने से भी अधिक हैं।

'शब्द चयन के रूप में काव्य शिष्ट है, अलंकरण युक्त है। अलंकरण में प्रश्न' जैसे—

किं रण्ण गाम-पुर-सीदय-उण्ह-खेत्तो,
तावं तवे इध मुणेंति अयस्स तावो। (8/1)

इसमें जीवन की समग्रता, प्रकृति-चित्रण, विभिन्न ग्राम, पुर, नगर, तीर्थक्षेत्र एवं अरण्य भी इसमें समाहित हैं। इसमें एक ही पुरुषार्थ है, वह भी मोक्ष, क्योंकि नायक और नायक के अन्य उपासक इससे पीछे नहीं। हस्तिशावक की तरह वे उनके अनुगामी हैं। वे भी एक से एक तपस्वी, अध्यात्म, सिद्धान्त एवं दर्शन के विविध सूत्रों से जुड़े हुए। एक ही समय शुद्ध प्राशुक आहार, ग्रहण करते हैं। घृत, दूध, नमक, मिर्च, मसाले भी नहीं लेते हैं। हस्त ही जिसका पात्र है, अम्बर ही जिसका ओढ़ना है, भू ही जिसका शयन है। शीत हो या उष्ण सदैव एक ही मुद्रा-ध्यान मुद्रा। तन पर अम्बर नहीं, फिर भी शीत में कम्पन उन्हें हिला नहीं पाती, उष्णता में श्वेद बिन्दुएँ कहीं भी नहीं दिखतीं। शरीर क्षीण, कृश है, उससे यह भी ज्ञात होता है कि उन्हें भैषज की आवश्यकता ही नहीं। भैषज भी हस्तनिर्मित जड़ी-बूटियों के चूर्ण, वो भी आहार के समय ही लेते हैं। कठोर-साधना सर्वगुण

सम्पन्नता की सूचना देता है। नग्न पैरों में कंकर-पत्थर आदि तो कमल बन जाते हैं, ऐसा होता नहीं, पर थोड़ा नंगे पैर चलकर देखें तो पता लग जाएगा कि साधना के शिखर पर आरूढ़ आत्माओं के आत्म-पुरुषों के लिए वे चुभते तो होंगे, पर कष्ट दाई नहीं बनते।

कथानक : सजीव, सुगधित एवं घटनाओं से पूर्ण सौन्दर्य तो नहीं, पर पाठकों के हृदय में वैराग्य-भावना पैदा अवश्य करता है।

चरित्र चित्रण : नायक ही नायक, नायिका नहीं, इसलिए ऐसा तो प्रतीत हो सकता है, कि यह क्या? पर जीवन का सत्यार्थ इनके चरित्र में है। नायक सर्वगुण सम्पन्न धीरता को लेकर चलने वाला है। इसे जिससे युद्ध करना है, वे सैनिक जीते-जागते प्राणी नहीं, वे तो हैं, हमारे ही शत्रु। तुमेव मित्तं तुमेव सत्तू—

शत्रु हमारे अपने आपमें हैं, उन्हें जीतने के लिए नायक संसार का सर्वस्व त्याग देता है। इससे बढ़कर क्या हो सकता है—अपनी सरकारी सेवा को छोड़कर आत्म-सेवा में लीन होने के लिए ब्रह्मचर्यव्रत, मुनिव्रत और सच्चे अर्थ में साधना के सर्वोत्तम मार्ग पर चलते हुए संघ का नायक, वो भी दो सौ पचास से अधिक साधुओं का। वे भी एक क्षेत्र के नहीं, अपितु विविध क्षेत्रों, विविध प्रान्तों के। वे भी अधिकांश वयोवृद्ध, ज्ञानवृद्ध। ऐसा नायक जो सभी परिस्थितियों में सहज भाव और आत्म संघर्ष से कर्म शत्रुओं को जीतने के लिए अनशन (उपवास) एकासन, सिंहनिष्क्रीडित तप, सर्वतोभद्र, एकावली, कनकावली, मासोपवास आदि से बाहर बाधाओं को परास्त करने में संलग्न थे। आत्मशोधन के लिए प्रायश्चित्त, विनय, वैय्यावृत्त, स्वाध्याय, व्युत्सर्ग और ध्यान की उत्कृष्ट साधना से राग-द्वेषादि अन्तरंग शत्रुओं को जीतने के लिए खड़ा है।

रसानुभूति : काव्य-महाकाव्य है, रसानुभूति के कई सोपान हैं, उनमें भाव-व्यंजना के साथ रस परिपाक वैराग्य संवर्धन ही करता है।

अलौकिक-आध्यात्मिक तत्त्व : कवि ने प्रथम सन्मति से ही पन्द्रहवें सन्मति तक अलौकिक आध्यात्मिकता को ही विशेष महत्त्व दिया। प्रथम सन्मति में 108 पद्य ही अलौकिक एवं आध्यात्मिकता से परिपूर्ण हैं। इसमें प्रथम गुरु आदिप्रभु (तीर्थंकर आदिनाथ) को सन्मति इसलिए कहा, क्योंकि वे ही प्रथम सन्मति—उत्तम बुद्धि वाले थे, उन्होंने अपने पिताश्री नाभिराय—अन्तिम मनु के पश्चात् सामाजिक व्यवस्था, राजनैतिक व्यवस्था, आर्थिक संसाधन, शिल्प एवं नाना प्रकार की विद्याओं को जन-समूह तक पहुँचाया। उसमें भी अपनी प्रथम पाठशाला के प्रथम विद्यार्थी ब्राह्मी (अक्षरविज्ञान, विविध लिपियों) और सुन्दरी को (गणित विज्ञान के सभी पक्ष) समझाए। उन्होंने पुत्र-पुत्रियों में भेद नहीं किया, पुत्रों को जो ज्ञान दिया, वही

पुत्रियों को सिखलाया। बहत्तर ही विद्याएँ सिखला दी। अरहन्त के गुण, सिद्धों के सिद्धिदायक फल, आचार्यों की अलौकिक प्रतिमा, माँ सरस्वती की सम्पूर्ण विधा आदि सारस्वत दान करती हैं। इस महाकाव्य के सभी सन्मति (सर्ग) आत्म-आलोक ही दार्शाते हैं।

छन्दानुशीलन : कवि की कलात्मकता का छन्दों से ही बोध होता है। उन्होंने प्रथम सन्मति में अनुष्टुप छन्द का प्रयोग किया। (8-8, 8-8) इसी प्रथम सन्मति में हरिणी और मालिनी छन्द से इतिश्री की है। द्वितीय सन्मति का प्रारम्भ तारक छन्द से किया, इसमें 13 वर्ण एक चरण में होते हैं। इसके अनन्तर कवि का प्रिय छन्द वसन्ततिलका सभी सन्मति की शोभा बढ़ाता है। द्वितीय के अन्त में पादाकुलक, चन्द्रबोला छन्द दिया। मणोहंस से तृतीय, चतुर्थ का प्रारम्भ विद्याधर से इसमें भुजंगराशि, चित्रपदावृत्त, उपेन्द्रवज्रा, उपजाति एवं छिन्नपदा का भी प्रयोग है। इसी अन्य सन्मति में रसिका, स्वागत, नील (7), बिज्जोहा (8) शंखनारी (8) तिल्ल, चउरंसा, यमक (8) भुजंगप्रयात (9 वें) लच्छीधर, सारंग रूपक (9वें) नाराच (10वें) पंकावली (10वें) बिम्ब, प्रज्ञा, सारंगिका (10वें) तिल्ल (11वें) गीत (तुज्झं णमोत्थु) (13वें) मन्द्राकान्ता (14वें) गीत (15वें) और अन्त में जयदु सम्मदी जयदु समदी (गीत) हैं।

इस प्रकार महाकवि का यह काव्य कई कारणों से दिव्यता का सन्देश देता है। इसमें तत्त्व-चिन्तन, धर्म-दर्शन, इतिहास, स्थान, नगर, शास्त्र सम्मत विचार, आचार-विचार, मुनिचर्या, आहार-विहार, यत्नाचार, आदि की दृष्टियाँ हैं। इसमें रत्नत्रय के सोपान-सम्यग्दर्शन, सम्यग्ज्ञान और सम्यक्चारित्र भी है। गुप्ति, समिति, परीषह-जय एवं विभाव (विकार) परिणति के समाप्ति के कारण भी हैं। यह काव्य वैराग्य-बुद्धि से राजित कैवल्य पथ का दिग्दर्शन भी कराता है। संसार की असारता से ऊपर उठने का प्रयत्न भी है। इसमें सुख-शान्ति का उपाय भी है। इसमें श्रेयस्कर मार्ग है। ध्यान और तप की विचार दृष्टि भी है। इसमें श्रेयस्कर मार्ग है। ध्यान और तप की विचार दृष्टि भी है। जगत् में अज्ञान-अन्धकार से घिरे हुए लोगों के लिए स्व-पर-प्रकाश के सूत्र भी हैं और है आशीर्वाद तथा वस्तु निर्देश।

नमोस्तु आचार्य भगवन्त कि आपका अनुशासित शिष्य आपके पट्ट पर विराजित आर्षमार्ग एवं संस्कृत भाषा के मूल ग्रन्थों, शास्त्रों एवं वचनों में प्रविष्ट होकर तपाचार, ज्ञानाचार, चरित्राचार आदि को पुष्ट कर रहा है। वे चारित्र शिरोमणि प्राकृताचार्य सुनीलसागर आर्षमार्ग के बोधक, शोधक एवं स्वयं के कृतित्व से प्राकृत (शौरसैनी प्राकृत) को इस इक्कीसवीं शताब्दी में भी पुष्ट कर रहे हैं। प्राकृत के महाकवि का तो क्या कहना, वे जो भी प्राकृत में लिखते, वह पुनः नहीं लिखा जाता

है, उन्हें मेरा नमन।

जैन धर्म के चौबीसवें तीर्थंकर भगवान महावीर स्वामी की दिगम्बर श्रमण परम्परा के महान तपस्वी बीसवीं सदी के ज्येष्ठाचार्य मुनिकुंजर आचार्यश्री आदिसागर अंकलीकर के पट्टाधीश अष्टादश भाषाभाषी आचार्यश्री महवीर कीर्तिजी के पट्टाधीश तपस्वी सम्राट् आचार्यश्री सन्मतिसागरजी गुरुदेव के पट्टाधीश सन्त आचार्यश्री सुनीलसागरजी गुरुदेव तथा चतुर्विध संघ के चरणों में बारम्बार वन्दन तथा सभी आचार्यों एवं मुनियों के चरणों में नमोस्तु, नमोस्तु, नमोस्तु।

डॉ. पिऊजैन
एम.एस-सी., एम.ए.बी.एड.
403 सत्यम् टावर, गोवर्धन विलास
उदयपुर (राजस्थान)
मो. : 919414047931

सन्मति

भगवान महावीर स्वामी की दिगम्बर श्रमण परंपरा के महान संत आचार्यश्री आदिसागरजी (अंकलीकर) के पट्टशिष्य हुए अठारह भाषाओं के ज्ञाता आचार्यश्री महावीरकीर्तिजी उन्होंने अपना उत्तराधिकारी बनाया तपस्वी समाट आचार्यश्री सन्मतिमागरजी गुरुदेव को।

अद्‌भुत तप, त्यागमय साधक जीवन का आनंद लेने वाले उन दिगम्बर तपस्वी ने जीवन में दस हजार से ज्यादा निर्जल उपवास किये। जीवन के उत्तरार्द्ध में अन्न तथा दूध-दही, घी नमक और शक्कर आदि का त्यागकर भेदविज्ञान-आत्मज्ञान के बल पर एकान्तर उपवास करते हुए खड्गासन पूर्वक कठोर साधना की! जीवन के अन्तिम दश वर्षों में उन्होंने केवल मट्ठा व जल लेकर कठोर तपस्या की। संयमी जीवन के पचास वर्षों में पचास चातुर्मास देश के विभिन्न अंचलों में किए। 200 से अधिक दीक्षाएँ प्रदान की तथा हजारों व्रती बनाए।

उत्तर प्रदेश के फफोतू (एटा) में माघ शुक्ला सप्तमी सन् 1938 को जन्म लेकर कुंजवन (कोल्हापुर) में समाधिमरण 24 दिसम्बर, 2010 तक की लम्बी यात्रा को 'सम्मदि सम्भवो' महाकाव्य में भलीभाँति गूँथा है राष्ट्रपति पुरस्कार प्राप्त डॉ. उदयचंद्र जैन उदयपुर ने। प्राकृत भाषा के इस महाकाव्य का सभी रसास्वादन करेंगे, ऐसी मंगल मनीषा।

—अचार्य सुनील सागर

सन्मति सप्तमी, 3-2-2017,

अनुक्रमणिका

पढम-सम्मदी

सम्मदी सम्मदिं हेदुं, पढमं पुरु-णंदणं
आदिच्चो तुम्ह दित्तस्स, धम्मचक्क-पवट्टणं ॥1॥

सन्मति हेतु प्रथम पुरु नन्दन, प्रथम धर्मचक्र प्रवर्तन करने वाले जो आदित्य सन्मति हैं उनको प्रणाम करता हूँ।

2

सव्वेसिं अरहंताणं, सिद्धाणं सिद्धिदायगं।
सब्भाव-सव्व भावाणं, साहूणं वित्त-णायगं ॥2॥

सभी अरहंतों, सिद्धिदायक सिद्धों और सद्भाव वाले सभी सरल स्वभावी चारित्रनायक साधुओं को नमन।

3

किच्चा गणिंद-सव्वेसिं, सम्मदी तवसिं सुहिं ।
आयार-वंत-पूदाणं, सुदाणं सुत्त-पारगिं ॥3॥

सभी गणीन्द्र को नमन कर उत्तम सुधियों के सुधी सन्मति तपस्वी सम्राट को नमन करता हूँ। वे आचारवंत पवित्र श्रुत सूत्रों के पारगी हैं, उन्हें नमन।

4

सव्वेसिं तित्थमग्गीणं, भवपारं च दुक्खगं।
अणंताणंत-सिद्धाणं, परमप्पाण णम्ममि ॥4॥

सभी तीर्थमार्गियों, अनंतानंत सिद्ध परमात्माओं को संसार के दुःख पार हेतु नमन करता हूँ।

5

जगे तु पढमो सुज्जो, आदिच्चो आदि णाहगो।
दित्तो तित्थयराया सो, मेरुव्व सम्मदिं णमो ॥5॥

जगत में प्रथम सूर्य आदिनाथ आदित्य हैं, वे दीप्त तीर्थराज हैं और वे मेरु की तरह हैं, उन प्रथम सन्मति रूप आदि प्रभु को नमन है।

6

सम्मदि सिहरारुढे, आदीसो दिग-भस्सरो।
मरीचि-दित्त-संजुत्तो, हेमद्दिए तवे धरे ॥6॥

जिन्होंने हेमाद्रि (हिमस्थल) पर तप किया ये सन्मति के शिखर पर आरुढ़ आदीश, दिग भास्कर एवं दीप्त मरीचियों से युक्त हैं उन्हें नमन है।

7

अउज्झा सिरि णाहिस्स, मरुदेवी महाधरी
चेत्त किण्ह-णवे हिण्णे, वसहो वसहो हवे ॥7॥

अयोध्या के नाभिराय की महाधरी (महाराज्ञी) मरुदेवी से चैत्र कृष्णा नवमी दिन उत्तम हुआ वृषभ जन्म से वृषभ चिह्न से।

8

बंह-णाणादु बंहा सो, महेसो महदेवदो।
विज्जमणुण्ण-विज्जत्थी, सिप्पी कम्मविसारदो ॥8॥

वे ब्रह्म ज्ञान से ब्रह्म थे उत्तम देह से महेश, विद्याओं से विद्यार्थी और शिल्पि कर्म विशारद भी थे।

9

सयंभू सव्व भूणाणी, विभु-पहु महेसरो।
वसह-चिण्ह-भूसण्हू, परमप्पा पराधणी ॥9॥

वे स्वयंभू, सर्वभूज्ञानी, विभु, प्रभु, महेश्वर, वृषभचिह्न से भूषित परमात्मा एवं पराधनी थे।

10

विजयादो अजेयो य, जिदसत्तु-महाजयी।
तिल्लोगि अज्जयो लालो, सागेदस्स सुसोहगो ॥10॥

विजया से अति अजेय अजित हुए जितशत्रु भी अजित से महाजयी हुए। ऐसे थे साकेत के शोभक त्रिलोकी नाथ अजित।

11

जिदस्स अरि-सेण्णाए, सुसेणा-संभवो जगे।
जितारि-धण्ण-धण्णो हु, मगसिरस्स पुण्णिमा॥11॥

मगसिर नक्षत्र की पूर्णिमा एवं राजा जितारि अति धन्य तब हुए जब सुषेणा से संभव हुए। सो ठीक है जगत में सैन्य जीतने वाला जितारि हो सकता है पर जिसकी संगिनी रूपी सुषेणा हो तो कहना ही क्या है?

12

सिद्धत्था संवरो राया, अहिंणदण जाअए।
णंद-सागेद-सागेदो, माह-सुक्को वि णंदए॥12॥

सिद्धार्था रानी और संवर राजा अभिनंदन के जन्म से आनंदित हुए। इससे माघशुक्ला और सम्पूर्ण साकेत आनंदित हुआ।

13

मंगो वि मंगलाए हु, मेहप्पह णिवेण सह।
सुमुहं रदि-मंगिल्ले, सुमदी सुमदी पहू॥13॥

मेघप्रभ राजा के साथ मंगला को उमंग सुमुख एवं रति मंगला मयी होने पर सुमति से सुमति प्रभु हुए।

14

पउमाणाय पोम्माली, सुसीमा धरणी-धरे।
पोम्मो पफुल्ल कोसंबे, कोसंबी-पुर-राजदे॥ 14॥

सुसीमा तो पद्मानन वाली पद्मा थी धरणीधर के अधर रस पान से अपने कोश (उदर) में पद्म धारण करती उसी के जन्में पद्म (पद्मप्रभु) कौशाम्बी नगरी की शोभा बढ़ाते हैं।

15

पुढवीसु-पदिट्ठे हु, पासे आबद्ध उत्तमं।
वाराणसी-सुपासेणं, सुपासो जग पुज्जगो॥ 15॥

पृथ्वी रानी और राजा सुप्रतिष्ठ उत्तम पार्श्व में आबद्ध हुए तब वाराणसी उस पास बद्ध से जग पूज्य सुपार्श्व बना सके।

16

लच्छी लच्छी महादाणी, महासेणस्स पाधणी।
चंद व्व चंदणाहं च, चएज्ज चंदचारुगं॥ 16॥

लक्ष्मी तो लक्ष्मी है वह महासेन को पाकर अतिधनी महादानी तब कहलाई जब उसने चन्द्र की तरह सम्यक्, करावली वाले चन्द्र नाथ को जन्म दिया।

17

सुग्गीवस्स रामाए, पुप्फो-पुप्फ पफुल्लिदो।
काकंदीणंदए संगे, लोगालोग-पगासगो ॥17॥

सुग्रीव और रामा के कारण लोकलोक प्रकाशक, पुष्पदंत रूपी पुष्प प्रफुल्लित हुआ तब काकंदी नहीं, अपितु तीनों लोक को प्रकाश प्राप्त हुआ।

18

सीदलो सीदलं दाणं, जम्मेदिपुर-भद्दले।
णंदा-दिढरहं सव्वे, जगे सदा हु णंदणं ॥18॥

प्रभुशीतल तो शीतलता के दान के लिए भद्रलपुर में जन्म लेते हैं। वे माता नंदा और दृढ़रथ राजा एवं सम्पूर्ण लोक में आनंद प्रदान करते हैं।

19

सेयंसादु जगे सेयो, जाएदि विण्हु-वेणुए।
सिंहपुरी-विराजेज्जा, वसुहा-सेय-कारिणी ॥19॥

श्रेयांस प्रभु के जन्म से सम्पूर्ण लोक में श्रेय (कल्याण) हुआ। वे माता वेणु और राजा विष्णु के कल्याणकारी पुत्र इस वसुधा एवं सिंहपुरी को मानो श्रेय हेतु ही एवं आत्मकल्याण हेतु ही आए थे।

20

चंपाए वासुपुज्जो वि, वसुपुज्जो हवे जगे।
विजयाए वसुं णंदं, दाएज्ज जिणसासणं ॥20॥

चंपा में वसुपूज्य हुए, उनका पुत्र वासुपूज्य जगत में पूज्य हुआ वे विजया के लाल वसु (वसुधा) के आनंद के लिए ही मानो जिन शासन को दिखलाते हैं।

21

विमलो विमलो णाहो, सतार कंपिला-सुदो।
किदवम्मा जयस्सामा जम्मेज्ज विमलो सुधी ॥21॥

शतार आगति में कंपिला नगरी का यह सुत कृतवर्मा एवं जयश्यामा से उत्पन्न विमलसुधी विमलनाथ मल रहित (कर्म रहित) बने।

22

जो अणंतो अणंतो हु, चदु अणंत दंसगो।
सव्वसेणस्स लालो सो, सव्व जसा अउज्झए।।22।।

अयोध्या के राजा सर्वसेन का लाल सर्वयशस्वी इसलिए है कि वह सर्वयशा से जन्म लेता है वही अनंत चतुष्टय का दर्शक अनंत गुणधारी अनंतप्रभु बना।

23

रदणपुर-भाणुस्स, सुव्वदाए सुधम्मगो।
धम्मं च सम्मदिं दाणं, धम्मादु धम्म-णायगो।।23।।

रत्नपुर के भानु एवं सुव्रता का पुत्र उत्तम धर्मज्ञ हुआ वह धर्म एवं धर्म रूप सन्मति दान को धर्म से (रत्नत्रय धर्म हो) करता है तभी तो धर्मनायक कहलाया।

24

सव्वत्थ संति संती हु, विस्ससेणस्स एरए।
हत्थिणापुरए संती, इक्खागु कुलए अवि।।24।।

इक्ष्वाकुकुल के विश्वसेन राजा एवं रानी एरा के शान्ति प्रभु सर्वत्र शान्ति दायक बनते हैं। वे हस्तिनापुर के शान्ति, शान्ति ही शान्ति करते हैं।

25

सूरसेणस्स कुंथू जो, कुंथूणं सव्वणायगो।
मादु सिरिमदीणंदे, सव्वेसिं सुहदायगो।।25।।

राजा सूर्यसेन का पुत्र कुन्थु जहाँ मातु श्रीमती को आनंदित करता वहीं कुंथुओं (सभी प्राणियों) का सर्वनायक एवं सुखदायक बन जाता है।

26

मित्ता मित्तगहा णिच्चं, सुंदसणं च दंसणं।
किच्चा जम्मेदि सम्मो हु, अरहो अर हेदुणो।।26।।

सुदर्शन के दर्शन में प्राप्त मित्रभूता मित्रा, जगत पूज्य अरह को जन्म देती है वह अर-अरह सम्यक्त्व का कारण बनता है।

27

मिहिला-णिव-कुंभो तु, सव्वत्थ मल्लि-मल्लए।
पहावदी-सुहत्थादो, मल्लि-मल्ली सुणायगो।।27।।

मिथिला का राजा कुंभ सर्वत्र अपने बल से प्रसिद्ध था। वही प्रभावती के पुत्र मल्लिनाथ के कारण वह कुंभ मल्लि का नायक हो गया।

28

मुणिसुव्वदणाहो त्थु, पोम्मा सुमित्त णंदणो
राजगिहे ण राजेज्जा, तिहुवणे पहू हवे ॥28॥

पद्मा और सुमित्रा के पुत्र मुनिसुव्रतनाथ न केवल राजग्रह में प्रसिद्ध होते, अपितु वे त्रिभुवन में लोकप्रिय प्रभु बन जाते हैं।

29

वप्पिला विजयो पुत्तो, णमिणाहो जगे हवे।
दसमि-सुक्क-आसाढे, मिहिला ति जगे पहू ॥29॥

आषाढ़ शुक्ला दशमी के जन्मे नमिनाथ वप्रिला एवं विजय का पुत्र तीनों लोक का प्रभु हो जाता है।

30

समुद्द-विजयो राया, सिवा सिव पही सुदं।
दाएज्ज णेमिणाहो सो, सोरियपुर-सोरियो ॥30॥

शौर्यपुर का शौर्य समुद्रविजय राजा था, शिवा रानी उसकी पत्नी शिवपथी सुत को जन्म देती है वे नेमिनाथ जग के आधारभूत हुए।

31

अस्ससेणस्स वामाए, प्रभु-पासो हवे जगे।
वाराणसी-पुरे णंदो, तिहुवणे हु पासए ॥31॥

वाराणसी नगरी एवं तीनों लोक जब प्रभु पार्श्व जग में आए तब अश्वसेन और वामा के आनंद तीनों लोकों का आनंद बन गया।

32

वड्ढमाणो त्तु वड्ढेज्जा,सो वीर अदि-वीरए।
सम्मदी तिसलाणंदो, सिद्धत्थस्स सुदो महा ॥32॥

वर्धमान, वीर, अतिवीर, सन्मति और महावीर बढ़ते हुए सिद्धार्थ के लिए और मातुश्री त्रिसला के राजदुलारे पुत्र कहलाए।

33

सव्वेसिं अरहंताणं, सिद्धाणं सिद्धठाणगं।
तेसिं मग्ग-गणिंदाणं, साहूणं सव्वसाहगं ॥33॥

मैं सभी अरहंतों, सिद्धस्थान के सिद्धों, उनके मार्ग में प्रवृत्त गणीन्द्र, एवं सर्वसाधकों को नमन करता हूँ।

34

सिद्ध-मग्गी-कविंदाणं, सुदाराहग-सुत्तगं।
दायगं सुद-पादाणं, पादे पदे रमेज्जदु॥34॥

सिद्धमार्गी कवीन्द्रों, श्रुत पादकों, श्रुत आराधक सूत्र दायकों के लिए पाद और पद में रमणार्थ (रचनार्थ) नमन करता हूँ।

35

जंबु-सुधम्म-आदीणं, आरियाणं च वंदमि।
पुप्फं भूदवलिं सामिं, सव्व-कव्व-कलाणगं॥35॥

जंबू, सुधर्मादि आर्यों की मैं वंदना करता हूँ। पुष्पदंत एवं भूतवलि स्वामी एवं सभी काव्य कलार्थियों को नमन करता हूँ।

36

सव्वेसिं आइरिज्जाणं, आयार-छंद-हेदुगं।
वाग-साहण-पादं च, विणा णत्थित्थि संभवो॥36॥

आर्यजनों की आचार निष्ठता छंद के आकार का कारण बनती है। जो वाग्साधना एवं पाद बिना संभव नहीं है।

37

वा वागेसरि-वागीसा, वागणंदी वयस्सिणी।
वागी-वाणी वयत्थीणी, वागणंदिणि-वागरी॥

वा, वागेश्वरी, वगीशा, वाग्णंदी, वचस्विनी, वागी, वाणी, वयत्थिनी वाग्नंदिनी, और वागरी जो भी है वह वचनों (काव्य रचना) में सहभागिनी बनेगी।

38

भा भारदी सुभाभाए, भासे भासेज्ज भस्सरी।
भासंगिणी सुभासंगी, भासं विणा ण मे गदी॥38॥

भा, भारती, भास्वरी भाषा में उत्तम भावों को रखती है इसलिए वह भावांगिनी स्वभाषांगी है उसके बिना मेरा काव्य संभव नहीं है।

39

सा सारदा सुरेसी हु, सारस्सद पदाण मे।
सरस्सदी वि सारंगी, सारं कव्वे सुदंसदे॥39॥

वह शारदा, स्वरेश्वरी, मुझे सारस्वत पदों का दान करेगी। वह स्वरांगी सरस्वती काव्य में सार-वस्तु तथ्य दर्शाएगी।

40

सम्मदी सम्मदी सारा, समया सुद अंगिणी।
सुण्णाणी सुददायण्हू, सुकव्वा कव्व-मंथिणि ॥40॥

वह सन्मति है, सन्मतिसारा है, समया, श्रुतांगिनी, सुज्ञानी, श्रुतदायज्ञी, सुकाव्या एवं काव्य मंथनी है।

41

पण्णा पण्णेसरी पोम्मा, पोम्मा-सरिस-हंसिणी।
पण्णावणी पमाणी सा, पण्णदायिणि-पण्णधी ॥41॥

वह प्रज्ञा, प्रज्ञेश्वरी प्रज्ञा की पूर्णता है तभी तो पद्म सदृश हंसिनी कही जाती है। वह प्रज्ञापनी, प्रमाणी, प्रज्ञदायिनी एवं प्रज्ञधी भी है।

42

कव्वंगिणी-किदे कव्वे, कव्वायिणी गदे मए।
कव्वुदहिं च पारत्थं, सद्दत्थ-पदणिमग्गए ॥42॥

यह काव्यांगिनी, काव्यायिनी कृत काव्य में प्रवेश मुझे काव्योदधि को शब्दार्थ में निमग्न कराती हुई उससे पार कराएगी ही।

43

कव्वाधरी कवीणं च कव्वे संग-पिचिट्ठिदा।
सा अक्खरी सुदा णिच्चं, समावण्णी विदंसदे ॥43॥

वह कवियों की काव्याधरी कवियों के काव्य-कला के साथ स्थित रहती है वह अक्षरी, समावर्णी श्रुता श्रुताक्षर भी दर्शाएगी।

44

वीणा-वादिणि-वादंगी, दुवालसंगि-अंगिणी।
अंग-उवंग-सुत्तम्मि, चिट्ठिदा सम्मदी गणी ॥44॥

वह वीणा वादिनी, वादांगी, द्वादशांगी, अंगिनी अंग-उपांग के सूत्र में सम्मदिगणी रूप (सन्मतिगणिनी रुप) स्थित है।

45

पेक्खिणी धवलंगी सा, पोत्थय-हत्थ-सारणी।
वाहत्तरी-कलाणीदी, सिद्धंत-समयक्खरी ॥45॥

वह प्रेक्षिणी, धवलांगी, सारभूत पुस्तक के हाथों वाली वाहत्तरि (72 कला) नीति, सिद्धान्ता एवं समयाक्षरी है।

46

पंडिदा पण्ण-कंतिल्ला, कव्वसिद्धा विसारदा।
भासा-विविह-राजेज्जा, बादीभ-सिंहणी सुधी॥46॥

वह शारदा, पंडिता, प्रज्ञकंतिज्ञा, काव्यसिद्धा, विशारदा भाषा विविधा, वादीभसिंहिणी, एवं सुधी है।

47

सव्वसंवादिणी मादू, सुब्भा-सुभासिणी सुदा।
तं णमिदूण वाणिं च, कव्वे सम्मदि-संगदिं॥47॥

सर्वसंवादिनी, माता, शुभ्रा, सुभाषिणी, श्रुता है, उनकी वाणी को नमनकर सन्मति की संगति के प्रति भाव रखकर काव्य में प्रवृत्त होता है।

48

कवीणं कव्व-कम्मो त्थि, रमणिज्जत्थ-सम्मगो।
जुत्तिणाजुत्त-पुण्णो वि, सम्मदी-सम्मदी हवे॥48॥

कवियों का काव्यकर्म रमणीय एवं सम्यक् होता है। वह युक्ति से युक्त पूर्ण सन्मति देने वाला सन्मतिकाव्य है।

49

गीवंती-गुरुणी गीदा, गाहा गाहेणि-गीदिगा।
सिंगार-रस-पुण्णा-णो, सिंगारे कव्व-गीयदे॥49॥

गीवंती, गुरुणी, गीता, गाथा, गीहणी एवं आप गीतिका हो। आप श्रृंगार रस पूर्ण नहीं, श्रृंगार में गीत यति होती है तो काव्य का एक अंश है।

50

सुर-सुंदरि-इच्छंता, सिंगारे गीत-गायणं।
मिच्छंता पोसगा अम्हे, कव्वे णो रुचि-णो गदी॥50॥

मिथ्यात्व पोषक है ऐसे काव्य में रुचि काव्य में गति बाधक नहीं होती है। सुर-सुन्दरी के इच्छुक श्रृंगार के प्रति गति, उसका गायन हमारी रुचि नहीं।

51

कव्वाणुसासणे बंधा, वागरण-कलासणे।
रसाणुसित्तकव्वंगे, रसायिणी तु सारदे॥51॥

भो रसायिणी शारदे! आप रसानुसिक्त काव्यांगों में प्रवृत्ति कराएगी। क्योंकि

काव्यानुशासन एवं व्याकरण कला से मंडित काव्य में मेरी प्रवृत्ति हो।

52

तुम्हे कव्वाणु-मंताणी, कलाहिणी कलत्थिणी।
मिदुरस-रसायण्हू, कव्वत्थे सहिए रदे ॥52॥

भो काव्यानुमन्त्राणि! आप कलाधिनी, कलार्थिनी, मृदुरस रसज्ञ काव्य के अर्थ में सहृदय रत होऊँ।

53

एसा कहा पुराणत्थी, णत्थि त्थि अत्थदायिणी।
तिसट्ठि-पुरिसाणं च, णत्थि एहिग-लोगिगा ॥53॥

यह कथा पुराण-कथा नहीं है। यह अर्थदायिनी विशेष प्रयोजन वाली नहीं है। यह त्रिषष्ठि श्लाका पुरुषों की कथा लौकिक या पारलौकिक नहीं है।

54

अत्थि त्थि सम्मदी दाई, सम्मदि-णायगस्स हु।
एसो तवसि-सूरी हु, सम्माडो सम्मदी मुणी ॥54॥

सन्मति, सन्मति नायक उत्तम बुद्धि देते हैं। परन्तु तपस्वी सम्राट आचार्य सन्मति सागर एक मुनि हैं।

55

कव्व-रस णिमग्गाणं, णेगा-अणेग-विग्घया।
मिदुबंधे पबंधे हु, सप्प व्व वमणं कुणे ॥55॥

काव्य रस निमग्नों के लिए काव्य में अनेकानेक विघ्न आते हैं। वे मृदु काव्य प्रबंध में सर्प की तरह विष वमन करते हैं।

56

कुव्वेंति जे वि कव्वाणिं, तेसिं णिंदविणिंदए।
कलुसिद पपुण्णेहिं, दुज्जणेहिं कलुस्सि हु ॥56॥

जो भी काव्य कवि करते हैं, उनके काव्य की निंदा कलुषित प्रपूर्ण दुर्जनों के द्वारा कलुषित किए जाते हैं।

57

कापुरिसा किदे कव्वे, कालुस्स-केवलं ण हु।
दंसेजेंति ण सुत्तीणं, माण-सम्माण-हीणगा ॥57॥

मान सम्मान हीन कुपुरुष (दुर्जन)कृत काव्य गें सूक्तियों को नहीं देखते हैं, वे केवल कलुषता ही देखते हैं।

58

ते दोसी दोस बंधस्स, सव्वदा सव्व भंगणं।
पस्सेति रसरीदिं णो, दूसिद-मग्गि-दुज्जणा ॥58॥

वे दोषी, दूषित मार्गी दुर्जन सदैव सर्वभंग को देखते हैं। वे दोष बंध के प्रबंध में रस-रीति आदि नहीं देखते हैं।

59

तेसिं दुज्जण-दोसीणं, पुव्वे णो त्थु णमो णमो।
सम्मदि-कव्व-बंधं च, सरदव्व पहाणुगं ॥59॥

शरद की तरह पंकहीन पथ का अनुगम तो सन्मति काव्य बन्ध को तभी होगा जब उसके दोषी दुर्जन जनों के लिए नमन न हो, इसलिए उन्हें पूर्व में नमन करता हूँ।

60

सरदागमणे मग्गो, पंकविहूण-सुच्छगो।
सर-सरिस णीरादी, णिम्मला सम्मदी सुधी ॥60॥

शरदागमन होने पर मार्ग पंकविहीन, स्वच्छ हो जाते हैं, सर सरसि जितने भी नीरादिस्थल हैं, वे निर्मल सुधी एवं सन्मति वाले हो जाते हैं।

61

सज्जणा सारदा मग्गी, सारस्सदा सुदंसगी।
चंद व्व सीयलद्दाणी, विज्जुप्पहा-पदायिगी ॥61॥

सज्जन तो सारस्वत, सुदर्शकी एवं शारदा मार्गी होते हैं, वे चन्द्र की तरह शीतलता विद्युत प्रभा देने वाले होते हैं।

62

सोम्मचंदो त्थि सोम्मो हु, समत्त-सम्मदी पही।
ते हु विराग। संदंसी, रागीणं राग-मुत्तए ॥62॥

सौम्य तो चंद्र है और सज्जन भी सौम्य, समत्व, सन्मति पंथी होते हैं। वे रागियों के राग से मुक्त विरागदर्शी होते हैं।

63

मिगंकोय मिदूसोम्मो, जगे जणेहि भासिदो।
अकलंको ण सोम्मो त्थु, सज्जणा सव्व-णिम्मला ॥63॥

मृगांक मृदु एवं सौम्य हैं जगत् में लोगों द्वारा कहा गया, फिर वह सौम्य होता हुआ अकलंक नहीं है। सज्जन सभी तरह मल रहित सौम्य एवं अकलंक है।

64

मेहीगिही सदा मेही, मेहं सम्मदि पंथगं।
पस्सेंति णिम्मला सव्वे, दुज्जणाणं च सम्मदी ॥64॥

मेधीगृही सदा मेधी मेधा, सन्मति पंथ को देखते हैं। वे सभी तरह से निर्मल दुर्जनों की मति सन्मति हो ऐसी कामना करते हैं।

65

कव्वरसाण मग्गीणं, सम्मदि-कंतिणा सदा।
सुज्ज-समं च तेजं च, दायम्हि अग्गणी हवे ॥65॥

वे काव्यरस मार्गियों के लिए अपनी सन्मति व्यक्ति से सदा सूर्य सम तेज देने में अग्रणी होते हैं।

66

णमो दोसाकराणं च, दोसाकराण सुत्तगं।
सुत्ताण आगमाणं च, पविस्स मणुजाण हं ॥66॥

जो दोष उत्पन्न करते या रजनी में अपनी किरणोंसे दोष-कालिमा हटाते जो दोषाकर-चन्द्र की कान्ति वाले हैं उन्हें नमन। उन सूत्र प्रकाशक सूत्रों और आगमों में प्रविष्ट मानवों के लिए नमन हो।

67

को सम्मदी ण सद्दत्थं, पबंधे बंध-छंदगं।
णो इच्छेदि सु-लालिच्चं , पद-रीदिं रसं लयं ॥67॥

कौन सन्मति शब्दार्थ को नहीं चाहता, कौन प्रबंध में बंध-महाकाव्यत्व के छंद नहीं चाहता और कौन लालित्य, पद, रीति एवं रस रूपी लता नहीं चाहता है?

68

लोए लोएंति सव्वे हु, कवी कव्व पगासणं।
सद्दत्थे रस लालिच्चं, दोसाण सम्म णासणं ॥68॥

लोक में सभी कवि काव्य प्रकाशन को, शब्दार्थ में रसलालित्य को चाहते हैं तभी तो दोषों के नाश हेतु सम्यक् प्रयत्न करते हैं।

69

धम्मा अत्थादु कामादो, पबंधो त्तु पवड्ढदे।
पबंधो जायदे बंधो, महाकव्वो विसो हवे ।।69।।

धर्म, अर्थ और काम से प्रबंध बढ़ता है, वह प्रबंध महाकाव्य भी हो सकता है, पर ऐसा प्रबन्ध बन्ध है अर्थात् बन्ध बढ़ाने वाला विष है।

70

पुरिसत्थे चदुत्थम्हि, मोक्खो सम्मदी-दायगो।
अस्सिं मग्गे पउत्ताणं, जम्मो हु सफलो हवे ।।70।।

चतुर्थ पुरुषार्थ में मोक्ष पुरुषार्थ सन्मति दायक है। इस मार्ग पर चलने वालों का जन्म सफल होता है।

71

णिच्छयो सम्म मग्गो सो, कव्वे मे सम्मदी जगे।
जधा सद्दा-अणंता वि, तधा अणंत-दंसगो ।।71।।

वह मोक्षमार्ग सम्यक् मार्ग है, निश्चय ही मेरे काव्य में सन्मति जागृत करेगा, क्योंकि जैसे शब्द अनंत है वैसे ही अनंतदर्शक (अनंतदर्शन, अनंतज्ञान, अनंतसुख और अनंतवीर्य दर्शक) मोक्ष है।

72

विराग परिणामीणं, बहुसंखा जगे ण हु।
एगो जणाण सो लोए, तिजग-उवयारिणो ।।72।।

जगत् में विराग परिणामियों की संख्या कम है, फिर भी वह एक ही लोगों एवं त्रिजग का उपकारी होता है।

73

आदिसागरएगो त्थि, अंकलीकर-णामगो।
आइरियो जगे पुज्जो, विंससदीअ णायगो ।।73।।

एक अंकलीकर आदिसागर जगत पूज्य आचार्य हुए वे बींसवी सदी के नायक कहे गये।

74

सो आचार-वियारे वि, णिउणो सम्मदी मदी।
मूलोत्तर-गुणाणंदी, सम्मदी सम्मदी धरे ।।74।।

वे आचार-विचार निष्ठ सन्मति की मति वाले मूलोत्तर गुणानंदी थे। वे सभी

तरह सन्मति-आगमानुचारी सन्मति (सूत्रों) में प्रवृत्त थे।

75

साहुत्त-ठिद आयारे, विरागे गदि-सज्जदे।
मोक्खमग्गी महासाहू, साहु-मग्गि-सुदंसगो ॥75॥

वे साधुओं एवं आचार में स्थित विराग मार्ग की ओर गति कराते हैं। वे मोक्षमार्गी, महासाधु तो साधुमार्ग दिखलाने वाले थे।

76

जस्सिं मूलम्हि पण्णा हु, सम्मदी सम्मदी पही।
गुणाखंधा सुबाचा वि, पल्लवा पल्लिवेज्जदे ॥76॥

जिसके मूल में प्रज्ञा है, सन्मति रूप उत्तम मति, प्रधी हो, गुण रूपी (माधुर्य प्रसाद और ओज) स्कंध हैं और वाग-वचन रूपी पल्लव पल्लवित हैं।

77

पवाल-पल्लवा बिद्धं, पत्तं पत्ताणि मंजिरी।
जसो अत्थि पबंधस्स, लालिच्चो गुण-वेल्लरी ॥77॥

प्रबाल रूप पल्लव वृद्धि को प्राप्त पत्र रूपी मंजरी यदि प्रबंध के मध्य हैं तो उससे यश होगा एवं लालित्य रूपी गुणों की वेल भी होगी।

78

सम्मदी-मोक्ख-दाणं च, उवजोगत्थ-मंगला।
अच्छेर-कध-दिव्वंसी, तच्च संवड्ढिणी कधा ॥78॥

सन्मति तो मोक्षदान देगी, उपयोगी होने पर वही मंगला आश्चर्य उत्पन्न करेगी, यह कथा संवर्धिनी एवं दिव्यांशी होगी। यही इसका कथन (अभिप्राय) होगा।

79

मिच्छत्त-मद-घादंगी, अत्था अत्थं च दायिणी।
पण्णवंताण पण्णत्थे, अजुत्तिं परिहारए ॥79॥

यह कथा मिथ्यात्व मद घातने वाली प्रयोजन भूत हैं। यह अर्थ-रहस्य को देगी। प्रज्ञावंतों की प्रज्ञा विकसित करेगी तथा अयुक्तियों का परिहार करेगी।

80

कधा लोए त्तु दिव्वा वि, दिव्व-माणुसि माणुसी।
दिव्वे उत्तम-भावो णो, माणुसी दिव्व-माणुसी ॥80॥

कथा लोक में दिव्यकथा, दिव्यमानुषि और मानुषी कथाएँ हैं। यह दिव्य में उत्तम भावों वाली मानुषी कथा है। दिव्य मानुषी (देव और मनुष्य लोक) संबंधी नहीं है।

81

अक्खेविणी अणुक्कूला, सम्मदिं च पवड्ढदे।
विक्खेविणी पडिक्कूला, सम्मदिं च विखंडदे ॥81॥

आक्षेपिणी तो अनुकूल कथा-सन्मति को बढ़ाती है (बुद्धि बढ़ाती है।) विक्षेपिणी बुद्धि की हानि करती है।

82

उत्तम-फल-आणंदं, बोह-उत्तम-दायिणिं।
सम्मदीए पचिट्ठेज्जा, जो संवेदणि-पंथगो ॥82॥

सम्बेदिनी कथा संवेद-उत्तम ज्ञान, उत्तम फल के आनंद एवं उत्तम बोध की ओर ले जाती है। इसलिए सन्मति की ओर अग्रसर हों।

83

वेरग्ग-अंग भूदा वि, णिवेदिणी समी सुदी।
सम्मदिं सम्मदिं अंगं, अणुसरेज्ज भो सुधी ॥83॥

जो वैराग्य अंगवाली समता एवं श्रुती है वह निर्वोदिनी कथा है। भो सुधि! इसलिए उत्तम बुद्धि हेतु सन्मति को स्मरण करें।

84

एसा कधा सु-आयारे, पवेसत्थं पवाहिणी।
सम्मदी-दायगा सव्वे, सव्वेसिं हिद-अंगिणी ॥84॥

यह कथा उत्तम आचार में प्रवेश करने के लिए प्रवाहिनी-सरिता है। यह सभी को सन्मति दायक है। यह सभी के लिए हितांगिनी (प्रिया सदृश) है।

85

मणुजा-मणु-मंगाणी, मोणि-माणस-हंसिणी।
अस्सिं माणव-आयारा, तवच्चाग-विरागिणी ॥85॥

यह मनुष्यों के लिए मनु-मननशील बनाने वाली है, आनंद देने वाली है। यह मौनि मान सरोवर की हंसिनी, तप-त्याग की विरागिनी है। इसमें मानवों की आचार संहिता है।

86

आगम-सुत्त समासित्ता, पउमालयकेलकी।
केका तडाग-कल्लोली, पउमाणं पफुल्लदे ॥86॥

यह आगम-सूत्रों से समाहित पद्मालय की केलकी (सरस्वती) है। यह केका है, यह तडाग की कल्लोली और जो पद्मों को प्रफुल्लित करती है।

87

अरुणाभ-भस्सरो णिच्चं, पफुल्लएंति पोम्मगं।
किरणेहिं दित्त-कुव्वंता, तावससम्म तावसी ॥87॥

यह उदित अरुणाभ भास्कर जहाँ पद्म प्रफुल्लित करता है वहीं किरणों से दीप्त करता हुआ अपनी ताप से सम्यक् तपस्वी भी बनाता है।

88

दिव्व-तेजंसु-तत्तत्तो, तत्ताणं तच्च देसदि।
णं सव्वत्थ भवे हिंडे, पस्सेदि तावसाण तं ॥88॥

दिव्य-तेजांसु ताप से तप्त तपस्वियों को तत्व का दर्शन कराता है। वह लोक में सर्वत्र घूमता है और संसार में तापसों को देखता है।

89

मं राहू दिव्व-तेजंसु, गसेदि अच्छएदि सो।
अणूठा तवसी जोगी, दिप्पमाणो हु दिप्पदे ॥89॥

मुझ तेजांसु को राहू ग्रसित एवं आच्छादित कर लेता है। पर यह अनूठा तपस्वी योगी दीप्त होता हुआ दीप्त रहता है।

90

रागद्दोसा-य मोहादी, मिच्छवारण-वारिदुं।
कुणेदि ताव-बाहुल्लं, बाहिरा अप्प-सोहणं ॥90॥

राग-द्वेष एवं मोहादि रूप मिथ्यात्व वारण (अवरोध) आवरण के रोकने के लिए बहिरात्म से अन्तरात्म शोधन के लिए ताप की अधिकता (अतिताप) करते हैं।

91

चिर-काल-तवं-तत्तं, जोगिं सुवण्ण-देहए।
पत्तेदि सम्मदिं सम्मं, झाणग्गीओ हु कम्मगं ॥91॥

चिरकाल तक योगी तप करते हुए सुवर्ण देह को प्राप्त करता है। वही कर्म ध्यान रूपी अग्नि से समन करता है और उत्तम बोधी को प्राप्त होता है।

92

चेदप्पसाद-संभूदिं' अधूमो वि कुणेदि सो।
सव्व मंगल-संगाहो, णिव्वेदिणिं तवो जगे ॥92॥

जगत् में तप सर्व मंगल संग्राही है यह अधूम है। यह चित्त में प्रसाद, संभूति और निर्वेदिनी को लाता है।

93

महागहिर-सद्देहिं, महण्णवेहि राजदे।
संवेग जणणी एसा, जग-कल्लाण-कारिणी ॥93॥

यह संवेगजननी जन कल्याण करिणी कथा महाशब्द रूपी महार्णवों से गंभीर ही शोभित होती है।

94

दिव्वा वि परमत्था वि, सम्मदी सम्मदी हवे।
गुणजुत्ता सदाणंदी, पुव्वसूरेहि णो भणे ॥94॥

यह दिव्या, परमार्था सन्मति तो सन्मति गुणयुक्त है। यह सदा आनंद दायिनी तो है पर पूर्वचार्यों द्वारा नहीं कही गयी है।

95

सुणेहि सज्जणा अज्ज, पाइय भास-भासए।
इगविंस-सदीए वि, सुवण्ण-पाइयो इमो ॥95॥

भो सज्जनो! आज इक्कीसवीं शताब्दी में प्राकृत-भाषा लिखी जा रही, कही जा रही वह भी उत्तमवर्ण प्राकृत उसे सुने एवं उस पर विचारें।

96

कहा-कहण-आरंभे, पाइए ण पइण्हु मे।
पाइय-कव्व-संबड्डुं पाइए सम्मदी हवे ॥96॥

कथा कथन के आरम्भ में मैंने प्राकृत में प्रतिज्ञा नहीं की, परन्तु प्राकृत-काव्य संवर्धनार्थ प्राकृत में सन्मति हो, ऐसी प्रतिज्ञा करता हूँ।

97

पाइय-पयडीजण्णा, पीऊस-वाहिणी-इमा।
आगम-सुत्त-णिबद्धा, बंधाहिंतो पमुत्तए ॥97॥

प्राकृत प्रकृति जन्य भाषा है, यह पीयूष वाहिनी है। यह आगम सूत्र में बद्ध इस संसार के बन्धनों से मुक्त कराएगी। काव्यपक्षे-यह पीयूष प्रदायिनी प्राकृत भाषा

सर्वप्रथम आगम-आप्तवचन के रूप में निःसृत, गणधरों द्वारा सूत्रबद्ध की गयी है उसमें बन्ध-प्रबंध से यह प्राकृत प्रकृति जन्य के जनों के लिए पीयूष अवश्य देगी।

98

पाइए वयणं सोच्चा, सुणिदूणं च पाइयं।
वड्ढमाणो जणो एसो, बड्ढमाणं च अत्थए ।।98।।

प्राकृत में वचन समझकर उन्हें सुनकर प्राकृत की ओर अग्रसर होता ही है। यह प्राकृत में गतिशील भी वर्धमान के अर्थ में प्रकृतिजन्य प्राकृत थी ऐसी बुद्धि करता है।

99

पाइय-पयडिं अत्थं, इच्छ-भावण-सड्ढए।
किंचिणो सम्मदीजुत्तो, मुहरी कुणदे ममं ।।99।।

प्राकृत रूपी प्रकृति अर्थ की इच्छा, भावना एवं श्रद्धा से युक्त सन्मति रहित, मुझको कुछ मुखरी कर रहा है।

100

सोदुं सद्दत्थ-कव्वं च, पुंसा पसीद पाइए।
सम्मदीमह-आरामे, दए पवेस-सम्मदी ।।100।।

शब्दार्थ सहित काव्य को सुनने के लिए प्रवृत्त प्राकृत में सन्मति हो। इस सन्मति रूपी महा आराम-उत्तम स्थान में प्रवेश हेतु आप सभी सम्मति दें और भो सज्जनो! मुझ पर कृपा करें।

101

सादिसय-जुदाभत्ती, णादुं भवेज्जदे मदी।
पाइए सुउमालाए, भासाए भासिदुं गदी ।।101।।

आपके प्रति अतिशय भक्ति एवं बुद्धि जानने के लिए प्रवृत हो रही है। इसलिए मैं प्राकृत की सुकुमाल भाषा में कहने के लिए गतिशील हुआ।

102

अदीदे भवि-चारित्ते, किं किं होज्जा ण जाणमि।
पज्जुप्पण्ण-पमाणी तुं, सम्मदीतवसी तुमं ।।101।।

अतीत में और आगे के चरित्र में क्या क्या था अर्थात् पूर्व महापुरुषों ओर भविष्य में होने वाले पुरुषों का चरित्र क्या क्या था, मैं नहीं जानता हूँ। मैं वर्तमान का प्रमाणी हूँ आप सन्मति सागर तपस्वी हो।

103

अस्सिं पाइय-कव्वम्हि, पुराण-पुरिसो ण हु।
अप्प-कल्लाणि-तावस्सी, णिग्गंथो-गंथदेसगो ॥103॥

इस प्राकृत काव्य में पुराण पुरुष नहीं है। अपितु आत्म कल्याणी, तपस्वी निर्ग्रन्थ हैं और ग्रन्थ देशक हैं।

104

सद्दहेमि तवस्सिं हं, सम्मदिं इच्छमाणगो।
संति तुट्ठी पपुट्ठिं च, सेय-आरुग्ग-लाहगं ॥104॥

मैं इच्छाशील तपस्वी सम्राट् के प्रति श्रद्धा करता हूँ। मैं शान्ति प्राप्ति विघ्ननाश एवं श्रेय आरोग्यलाभ के लिए श्रद्धा करता हूँ।

105

मे संसय अंधयारो हु, सम्मदि-अंसुए खए।
होहिदि सम्म चारित्ते, कव्वे गदी-पमाणिगे ॥105॥

काव्य में प्रमाणिक गति होने एवं सम्यक्चरित्र में प्रवेश होने पर मेरा संशय रूपी अंधकार सन्मति रूपी किरणों से दूर होगा ही।

106

धण्णा ते माणवा लोए, पुज्जा-पसंस-कारगा।
तवसि-पाणि-पत्तम्हि, आहारं दिण्णिहिज्जए ॥106॥

लोक में वे मानव धन्य हैं, पूज्य एवं प्रशंसा के पात्र हैं, जिन्होंने तपस्वी, अनूठे तपस्वी के पाणि रूपी पात्र में आहार दिया होगा।

107

सो धण्णो पाइयो सूरी, पाइयाइरियो इधे।
ससंघ-ताव-मूलम्हि, चिट्ठेज्ज वड्ढ-पाइयं ॥107॥

वे प्राकृत सूरि प्राकृताचार्य 108 सुनीलसागर जी धन्य हैं। वे ससंघ उनके ताप मूल में स्थित-ताप परंपरा को लेकर यहाँ (उदयपुर-2017) में तपस्या कर रहे और प्राकृत भाषा की वृद्धि कर रहे हैं।

हरिणी

।।। ।।ऽ ऽऽऽ ऽ।ऽ ।।ऽ ।ऽ = 17

108

पयडि-पयडिं माणं मग्गं अहं ण हु जाणमि
वंजिद-पइए भासे लोए इधे ण पहासए।
समय-समयं सम्मं धम्मं पवेसमि पाइए
गगण-गण पक्खिं उड्डण ण किं परिदंसदे॥108॥

प्रकृति के स्वाभाविक मान, मार्ग आदि को मैं नहीं जानता हूँ। इस लोक में यदि प्राकृत भाषा के मार्ग में गतिशील होता हूँ तो परिहास नहीं समय-सिद्धान्त, समय-आत्मस्वभाव रूपी सम्यक् धर्म के प्रवेश को चाहता हूँ। सो ठीक प्रकृति से गगन में गतिशील पक्षी क्या उड़ते हुए नहीं दिखते हैं।

मालिनी— ।।। ।।। ऽऽऽ ।ऽऽ ।ऽऽ = 15 वर्या

पढम-वसह-णाहो अंतिमो वड्ढमाणो
दिणयर-जिण-तित्थो पुज्जए अज्जकाले।
अणुचर-चरि-चरित्ते इधे वड्ढमाणे
तव-तवसि-पमाणी सम्मदी सम्मराडो॥109॥

प्रथम तीर्थंकर वृषभनाथ हैं, अंतिम तीर्थंकर वर्धमान हैं। ये दिनकर हैं, जिनतीर्थ-जिन तीर्थंकर हैं, पूज्य हैं आज तक। इस वर्तमान युग में चरित्र एवं तप के तपस्वी सम्राट सन्मतिसागर उसी पथ के अनुगामी हुए॥

॥ इदि पढमो सम्मदी सम्मत्तो॥

वीअ-सम्मदी

तारग ।।ऽ ।।ऽ ।।ऽ ।।ऽ ऽ = 13 वर्ण

पहु-आदिपहू जुअ-पाद करिज्जे
गुरुआदि-सुदेसग-सम्मदि-किज्जे।
णम सम्म-दिगंबर-दिक्खअ-लिज्जे
णमएमि तवस्सि-गणिंद-णरिंदं॥ 1॥

मैं प्रथम आदिप्रभु के युगल चरणों में नम्रीभूत हूँ। वे आदिगुरु हैं, वे आदि उपदेशक हैं वे सन्मति हैं। जिन्होंने उत्तम दिगम्बर दीक्षा को धारण किया उन सभी को नमन करता हूँ तथा तपस्वी सम्राट आचार्य सन्मति सागर को नमन करता हूँ।

2. वसंततिलका

आगास-गंग-सम-णीर-पसंत-सच्छो
चंदो समो अमिद-दायिणि-सोम्म-सोम्मो।
णाणं च दंसण-वदी-तव झाण-सूरिं
कव्वे पबंध मदि बंधुदयो हवेज्जो॥2॥

जिनका चरित्र आकाश गंगा के नीर की तरह प्रशान्त एवं स्वच्छ है। चंद सदृश अमृत दायिनी अति सौम्य है। उन ज्ञान, दर्शन, चरित्र, तप और ध्यान के सूरि को काव्य के प्रबंध में मति युक्त भवबंधवाला उदय प्रयत्न शील हो रहा है।

3

णिम्मीलिदाणि कमलाणि पहाद-काले
दित्तेस-दित्तकिरणेहि पफुल्लिएंति।
राजेदि णीर-धवलालय-उच्च-भूदा
अण्णाण-णिद्दि-जगि-माणुस-तप्पएंति॥3॥

प्रभातकाल में दीप्तेश की दीप्त किरणों से सुप्त कमल खिल जाते हैं, नीर धवलालय उच्चभूद तरंगित होने लगता है तथा लोग अज्ञान रूपी निद्रा से जागृत हो जाते हैं। ऐसे ही तपस्वी मानुष तपस्वी सम्राट से तप्त होने लगते हैं तथा जागृत होने लगते हैं।

4

कालोत्थि वट्टण-सुलक्खणमेत्त-कालो
सो एव एगग-पदेसि-असंखिऊणं।
पारट्टएज्जदि अणंत-पदत्थ-संगी
अप्पाण अप्प-गुणपज्जय-संग सो हु॥4॥

वर्तना काल का लक्षण है वह एक प्रदेशी असंख्यात होकर अनंत पदार्थों के परिणमन में सहकारी होता है। अपने अपने गुण-पर्याय स्वयं परिणमन होते हैं, पर उनमें वह सहकारी होता है।

5

अत्थि त्थि अत्थिगद-काय बहुप्पदेसी
जीवो त्थि पोग्गलय-धम्म-अधम्म-रूवो।
आगास-अत्थि ण हु काल इगे पदेसी
ओसप्पिणी वि अवसप्पिणि-काल भेदा॥5॥

जो अस्ति रूप हैं वह अस्तिकाय है वह बहुप्रदेशी है। जीव, पुद्गल, धर्म, अधर्म और आकाश ये अस्तिकाय हैं और काल एक प्रदेशी है। वह उत्सर्पिणी और अवसर्पिणी रूप भी है।

6

सुदुस्समादि-कमदो दुह-सोक्ख-रूवे
छक्केव सुक्ककिसिणो दुव-पक्ख-पक्खे।
जंबू सुदीव दिग देस दिगंत-भासे
अस्सिं च रम्म भरहो परमो हु खेत्तो॥6॥

सु-सुख-अच्छा, दु-दुह-दुक्ख आदि क्रमशः छह छह भेद वाले हैं। वे कृष्ण पक्ष और शुक्ल पक्ष रूप हैं। इसी क्रम में जंबूदीप देश देशान्तर में शोभायमान है। इसी में रम्य भरत क्षेत्र भी अति उत्तम क्षेत्र है।

7

एसो विसाल-रमणिज्ज-सुखेत्त-खेत्तो
बाहुल्ल-धण्ण-धण-वेहव-खण्ण-खेत्तो।

कप्प व्व कप्प-किसगाण सुभूमि-भागा
रण्णाण वाणप्फदि फलाण सुदाण-मुत्ता ॥7॥

यह भारत क्षेत्र विशाल, रमणीय, उत्तम खेत-खलिहानों से पूर्ण, धान्य की बहुलता वाला, धन-वैभव एवं खनिज संपदा युक्त कल्प युग की तरह है। कृषकों के उत्तम भूमि भाग कल्प ही हैं और अरण्यों की वनस्पतियाँ फल रूपी मुक्ताओं की मुक्तदान-खुले हस्त से दान करती हैं।

8

आउस्समाण-मणुआ मणुजी मणुण्णाा
सोहग्गसालि सयला परमप्प सड्ढी।
सोक्खे पदुक्ख सयले सम-भाव सीला
संसार-भोग परिणाम विचिंत जुत्ता ॥8॥

वे भरतक्षेत्रवासी मनुज-मनुजी मनोज्ञ हैं, ये सौभाग्यशाली सभी परमात्मा के प्रति श्रद्धा शील हैं ये संसार भोगों के परिणामों की चिन्ता युक्त भी सुख-दुःख में समभाव रखते हैं।

9

मज्जंग-तूरिय-विभूस-सिजंग-जोदी
दीवंग-गोहिगण-भोयण-पत्त-वत्थं।
सव्वे हु कप्प-तरु-राजिद-खेत्त-पुव्वे
अज्जेव वाणप्फदि-बहुल्ल इमो वि खेत्तो ॥9॥

मद्यांग, तूर्यांग, विभूषांग, स्रजंग, ज्योतिरंग, दीपांग, गृहाँग, भोजनांग, पात्रांग और वस्त्रांग सभी पूर्व में कल्पवृक्ष रूप में प्रचलित थे। आज हमारे इस भरतक्षेत्र में बहुत सी वनस्पतियों की प्रमुखता उसी रूप में हैं।

10

अम्हाण इच्छ-बहु-कारण-छिण्ण-भिण्णं
कुव्वेंति रण्णय वणप्फदि कप्प-रुक्खं।
तत्तो सुकालय-अकाल-अभाव जादो
आसास-माणस-मणा ण हु किंचि चिंते ॥10॥

ये अरण्य की वनस्पतियाँ कल्पवृक्ष को प्राप्त हैं। हम आसक्त मन किंचित् भी नहीं सोचते हैं। हम अपनी बहुत सी इच्छा करते हुए उन्हें अकारण विनष्ट कर रहे हैं, उससे ही सुकाल भी अकाल या अभाव में परिणत हो जाता है।

11

काले घणा वि सघणा धवलाकिदीए
इंदेण संग-सर-आसण भूद मेहा।
जत्थेव तत्थ विचरेज्ज णहंगणे ते
किण्हा घणाघण-झुणिं कुणएंति अत्थ॥

काले सघन धवल इन्द्र धनुष के साथ मेघ इधर-उधर गृहाँगण में विचरण करते हैं और वे कृष्ण मेघ होकर घन-घन ध्वनि को भी करते हैं।

12

लोएंति खेत्त-किसगा अदि तुट्ठ भूदा
बाहुल्ल-खेत्त-पमुहा णयणेहि णिच्चं।
काले गदे हु वरिदंस विसण्ण जुत्ता
किं मे किदं अधम-चिन्तमणा वि जादा॥12॥

वे मेघों से अतितुष्ट कृषक खेतों की बहुलता वाले नयनों से नित्य काले होते हुए देखते खिन्न हो जाते हैं वे सोचते मैंने ऐसा कौन सा अधम किया।

13

किंचिं च काल-मणुहारि-पसद्दमाण।
भित्तिं गिरिं वण-वणप्फदि-हण्णमाणा।
ते चादगाण महुराण मयूरगाणं
मुत्ताहिसेग-कुणमाण-सुखेत्त-सिंचे॥13॥

किंचित् समय पश्चात् मनोहारी शब्द करते हुए वनों की वनस्पतियों और पर्वत कूटोंसे टकराए हुए चातकों एवं मयूरों के लिए माधुर्य का दान अपनी भुजाओं के अभिषेक से (जलकणों से) क्षेत्रों को सींच देते हैं।

14

बालो-समो हु अणुचारि-भवंत-एसो
णं चादगो विजणणीअ पयोधरेहिं।
पाणं कुणेदि पयपाण-पसण्ण भूदो
पेम्मी इमो घण घणंबु-जुदं च मेहं॥14॥

यह बाल सदृश चपल मानो चातक की तरह जननी के पयोधरों से पयदान से प्रसन्न हो। इसी तरह इस क्षेत्र में बादलों को जलबिंदुओं से यह मेघा को बढ़ाना चाहता हो इसलिए यह क्षेत्र आपसी प्रेम वाला है।

15

खेत्ते वि पंत-बहुगा बहु णीर-वाही
धण्णप्पपुण्ण-हरिदा वि धणग्गि एसो।
दाहिण्ण पेच्छिम पुरिल्लय उत्तरो वि
तेसुं च गाम-पुर ढाणि-पमाणि-खेत्त ॥15॥

इस क्षेत्र (भरत क्षेत्र) में अनेक प्रान्त हैं, वे नीर-वाही (सरिताओं) से पूर्ण, धान्य एवं हरियाली युक्त धन धान्य देने में अग्रणी हैं। दक्षिण-पश्चिम पूर्व एवं उत्तर आदि जो क्षेत्र हैं उनमें ग्राम नगर, ढाणी आदि भी बहुत हैं।

परिवेसो परिवारस्स

16

तेसुं च जादि-उवजादि-पहाण-खेत्ता
विप्पाण खत्तिय गणाण वि खुद्दगाणं।
वाणिक्कमाण सवराण जणाण खेत्ता
ते आदिवासि-बहुलाण धणीहि माणं ॥16॥

उनमें विविध जातियाँ, उपजातियाँ थीं, विप्र, ब्राह्मण, क्षत्रिय, शूद्र एवं वाणिकों के क्षेत्र भी थे। उनमें शवरजनों आदिवासियों की बहुलता के क्षेत्रों का धनों से मान था।

17

अम्हाण धम्म-अणुमाणग-माणवाणं
चोरासि-जादि-उवजादि जणेसु एगा।
जादि त्थि जादि पउमावदि वेस्स जादी
भासेज्जएंति पुरवाल-महाजणाणं ॥17॥

हमारे धर्म प्रधान मानवों की चौरासी जाति-उपजातियों में एक जाति पद्मावती पुरवाल वैश्व जाति पुरवाल महाजनों की थी।

18

ते धम्मिगा वि ववसाय-सुणिट्ठगा वि
राजेंति राज जुद-सेट्ठि वरिट्ठ-लोगा।
सव्वे हु खेत्त-कुसला अणुसासिगा ते
लेहाहियारि-अहिजंति-विणाण-वेत्ता ॥ 18 ॥

वे सभी अपने क्षेत्र में कुशल, अनुशासक, लेखाधिकारी, अभियंत्री, विज्ञान

वेत्ता, राजनैतिक, श्रेष्ठी एवं विशेष अधिकारी भी थे। वे धार्मिक, एवं व्यवसाय निष्ठ भी थे।

19

जत्थेव माणिग-समो महणाणि-माणी
कोंदेय माणिगय चंद-विचार-धम्मी।
सो सामसुंदर णरिंदपगास-खेत्तो
सिद्धंत सुत्त णिउणा बहु-संत सेवी ॥19॥

इस उत्तर प्रदेश के क्षेत्र में माणिक की तरह ज्ञानी, मानी माणिकचंद कौंदेय श्यामसुंदर, नरेन्द्रप्रकाश (प्राचार्य नरेन्द्र प्रकाश) आदि विद्वान् हुए। वे सिद्धान्त सूत्रों में निपुण एवं संतों की सेवा (मुनिभक्त) भावी जन थे।

20

फप्फोदु गाम अणु उत्तर-उत्तरम्मि
एटाइ मंडल गदे मणुहारि खेत्तो।
अस्सिं च खेत्त-किसगा वणिगा वि सिप्पी
तंतूग-रज्जग-कलासु कलाव णित्ती ॥20॥

फफोतू गाम उत्तर में मानो अनुत्तर ही हो। यह एटा मंडल में मनोहारी है, यहाँ पर कृषि क्षेत्र से जुड़े कृषक हैं, वणिक, शिल्पी आदि भी हैं। तंतूवाह, रजक आदि कलाकुशलों का क्षेत्र हैं।

21

सीया हु रामय-पहाण-सुसेट्ठि-माणी
सो सज्जणो वि सरलो अणुधम्मि-धाणी।
तस्सेव पुत्त-हरपस्सद-सेट्ठ लाला
लाला इधेव जणणेहि धणी पमाणी ॥21॥

फफोतू ग्राम में सीताराम श्रेष्ठी थे, वे सम्मान प्राप्त वहाँ के प्रमुख व्यक्ति थे, वे सज्जन सरल, धर्मनिष्ठ, अनेक समादरों को प्राप्त थे। उनका ही पुत्र हरप्रसाद वहाँ के प्रिय लाला लालित्य गुणों, जनों के स्नेही और धनी प्रमाणी भी थे। इसलिए वे लाला थे। इस एटा क्षेत्र में धनी मानी के लिए लाला कहते हैं।

22

लालो पियार-बहुसाम-सुसोम्म-भाऊ
चंदामुही वि कमला सुदि-साम-देवी।

सव्वे हु पंच तणया मुणि-भत्ति-पुण्णा
मादुल्ल भूमि पियगा बहुवच्छला ते ॥22॥

प्यारेलाल, श्यामस्वरुप दोनों भाई प्रकृति से सौम्य थे। चंद्र सम चंद्रमुखी, कमलिनी सदृशा कमला एवं श्यामा जैसी पुत्रियों से युक्त थे। वे पांचों संतति मुनिभक्त थीं। वे मातृभूमि के प्रति प्रेम रखने वाली वात्सल्य गुण युक्त थीं।

23

बालत्त-सम्म-समए सयला सुमित्ता-
ते सव्व-धम्मिगजणा परिवार-सुत्ता।
पाढं पढेंति हु चरेंति मुणीण सेवी
अज्झेज्जएंति वय विद्धि कुणंत सव्वे ॥23॥

वे बचपन से अच्छी तरह समभावी उत्तम मित्र की तरह थे। वे सभी धार्मिक जन परिवार के सूत्र थे। एक सूत्र में बंधे थे, वे अध्ययन करते और वे मुनियों के सेवा भावी वयवृद्धि करते हुए अध्ययन करते हैं।

24

उविंदवज्जछंदो (उपेन्द्रवज्रा) ।ऽ। ऽऽऽ ऽ।ऽऽ

सुसोम्म-सीला गुणमंत सव्वे, सुसुत्त बज्झा विणआ सुणम्मा।
फफोदु गामे सुउमाल-रूवे, सुसोम्म देही सयलाण णेही ॥24॥

वे अति सौम्य गुणवंत सभी एक दूसरे से आबद्ध विनीत एवं नम्र थे। वे फफोदु ग्राम के सुकुमार सुकुमारी सुसोम्य देही सभी के स्नेही थे।

25

सुधम्मचित्ता जिणधम्म-मुत्ता, सुकम्म-जत्ता अणगार भत्ता।
पढेंति णिच्चं अणुसास-जुत्ता, कुमार-पत्ता बहुमाण-पत्ता ॥25॥

वे उत्तमधर्म के चित्त वाले, जिन धर्म की मुक्ताएं, उत्तम कर्म के यात्री अनगार भक्त नित्य अनुशासन के सूत्र पढ़ते हैं। वे कुमार कुमारियाँ बहुमान की पात्रा बनी।

26

भुजंगप्पयाओछंदो (भुजंगप्रयात छंद) भुजगो वण्ण-बारह बीस मत्ता

।ऽऽ ।ऽऽ ।ऽऽ ।ऽऽ—12 **वर्ण**

पियारो पियो रूवओ देह-सारो
अगारे ठिओ अज्झदे वित्त धारं।
सदा सेवगो साहु संताण लालो
कुमारो वयो कंत कंताण बालो ।।26।।

इधर प्यारे लाल प्रिय रूप वाला कुमार वय वाला बालक अपनी देह छवि युक्त कान्त कान्ताओं का प्रिय लाल-लाला जहाँ अध्ययन में वित्तधार (व्यापार मन्त्र) को पढ़ता वहीं पर अगार स्थित सदा साधु संतों का सेवक बना रहता है।

27

एटादि हाथरह-टूंडल-आगराए
सेट्ठी-जणा वि दिलही वि फिरोजवादे।
अत्थे गुणीण कुमराण कुमारिगाणं
पस्सेविदूण परिणेज्ज सुइच्छमाणा ।।27।।

एटा, हाथरस, टूँडला, आगरा, दिल्ली, फिरोजाबाद आदि के श्रेष्ठी जन अर्थ में (व्यवसाय में) रत गुणी कुमारों को देखकर उनके परिणय हेतु कुमार कुमारियों की इच्छा करने वाले थे।

28

सेठी हरप्परयसाद-णियं पिदुं च
सीयं च राम ववसाय-समाज-माणं।
रक्खेदि लोग ववहार-समग्ग-खेत्ते
सामा सरुव ववसायय हाथरासे ।।28।।

श्रेष्ठी हर प्रसाद अपने पितुश्री सीता राम के व्यवसाय एवं समाज के मान की रक्षा करते हैं। वे व्यापार एवं व्यवहार समग्र क्षेत्र में बढ़ाते हैं। इधर प्यारे के भाई श्याम स्वरूप अपना व्यापार हाथरस में बढ़ाते हैं।

29

अत्थेव सम्म-जिण-भत्ति-गुणी पियारे
गामे वसेदि ववसाय कुसग्ग-लाला।
लालिच्च लाल जयमाल सुपेम्म माला
माघे हु सुक्क सदमी पणचाण संबे ।।29।।

माघ शुक्ला सप्तमी सं. 1995 सत्ताईस जनवरी सन् 1938 शुक्रवार में लालित्य से पूर्ण यह प्यारेलाल जयमाला के प्रेम की माला बना। यह व्यवसाय में कुशाग्र, सम्यक् जिन भक्ति गुणी ग्राम में ही रहता है।

30

वासंति गाह कुसुमाण बहुल्ल माहो
अक्खेय अक्खय सुदाण कुणोंद णंदं।
णं आदि इक्खुमहदाण कुणंत-माला
मालं णएदि जयइगब्भ महुल्ल लालं॥30॥

पूर्व में जब वासंतीमास कुसुमों की बहुलता का माह था तब आत्मा के अक्षय स्वरूप अक्षय दान को वह जयमाला करती है। मानो आदिप्रभु के इक्षुदान को करती हुई यह जयमाला गर्भ के माधुर्य से लाल की जयमाला को ही धारण कर लेती है।

31

जाणेदि णो हु समयं सुद-गब्भ-कालं
मासं च पच्छ जणणी सम सासु-सारो।
लज्जावदी हु जयमाल-गदी पमाणी
जाएज्ज सोम्ममुह-हास-पहास भावी॥31॥

वह समय को सुत के गर्भकाल को नहीं समझ पाती है। माह पश्चात् जननी समा सासु जब आस्वस्त होती तब लज्जावती जयमाला की गति ही यह प्रमाणित कर देती है। चन्द्रमुख पर हास-परिहास मानो यह ऐसा संकेत देती है।

32

चंदामुही वि कमला णणिदा वि सामा
मामिं च माल जयमाल सुगम्म लालं।
जाणेविदूण परमाहलिदा भवेंति
सव्वत्थ णंद अदिणंद पभासमाणी॥32॥

चन्द्रमुखी, कमला एवं श्यामा जैसी णंदे भाभी (भौजी) के गर्भकाल के लाल से मानो माला माल जयमाला की सर्वत्र खुशी अति आनंद की प्रभाषमाणी ऐसा जानकर अति प्रसन्न होती हैं।

33

वारे हु णं च सहणाइ-सुसद्द माला
तूरिज्ज तूरिय रवं कुहु कोकिला वि।
कुव्वेज्ज माण-बहुमाण जयं जयं च
होहिज्जदे हु पुरवाल कुले सुपुत्तो॥33॥

द्वार पर मानो शहनाई के मधुरशब्द होने लगे, तुरही, रमतूला के रव (शब्द) तथा कोइल की कुहु कुहु बहुमान पूर्वक जयमाला के गर्भ में आगत पुत्र को बधाई दे

रहे हों। यह पुरवाल (पद्मावती पुरवाल) में उत्तम पुत्र होगा ऐसा संकेत करने लगे थे।

34

मेहा वि णीर बहुमाण कुणंत हेदुं
णेदूण णं धवल-किण्ह-भवंत-सव्वे।
आसाढ-माहसमए सहिसिंचएंति
णं सम्मदिं च सुद-सम्मदि ताव दाणं ॥34॥

ताप के पश्चात् (गर्मी के बाद) आषाढ़ माह के समय में मेघ नीर की बहुलता युक्त धवल एवं कृष्ण रूप बनाते हुए मेघ सर्वत्र सन्मति को सिंचित करते हैं मानो सुत दान से सन्मति रूप तपस्वी एवं श्रुत का ज्ञाता ही देना चाहते थे।

35

सा सावणे णियगिहे णयमाण-भूदा
भादुत्त भाव जणणी जणणेण जुत्ता।
ओंकार ओम परमेट्ठि गुणे णिबद्धा
भद्दे दहे हु दिवसे जिण भत्ति मुत्ता ॥35॥

वह श्रावण माह में अपने पीहर गर्भ युक्त मातृत्व को प्राप्त होती, वह जननी और अपने पितुश्री से सन्मान युक्त भाद्रमाह के दश दिवस पर जिनभक्ति की मुक्ता वाली यह ओंकार रूप 'ओं' परमेष्ठियों के गुणों में लीन होती है।

36

एगादु एग सुह-माह गदं च पच्छा
पंकादु जुत्त सरदो अदि अट्ठिगण्हो।
णंदीसरंत सिरि सिद्धय चक्क पाढं
काले हु गब्भ समए बहुमाण-माणं ॥36॥

एक के बाद एक शुभ माह चले गये। पंक रहित शरद आया, अष्टाह्निक पर्व भी आया। वह जयमाला नंदीश्वर और श्री सिद्धचक्र के पाठ को प्राप्त गर्भ काल के समय बहुसम्मान ही सम्मान पाती है।

37

पादाकुलक उत्तमरेहजुद सोलह मत्ता।

जणवरी माह सत्तविंस एहा।
सुक्कवार उणविंसडतीसा।

जम्मेदि सा इग सुद पुण्णप्पा
जो परमपियो सम्मदि पप्पा ॥37॥

27 जनवरी 1938 शुक्रवार को वह एक पुण्यात्मा सुत वाली होती है। जो परमप्रिय सन्मति उत्तम बुद्धि होता है।

38

चउबोला—पढमे बीए पादे सोलह पच्छा दुबे चोद्दहमत्ता

सो फफोतू हु अंगण लाला,
सोम्म सुहावण अक्खिय-तारा।
गिह-चदु-भगिणी-णंद-सदा,
मे भाऊ मणुहार गदा ॥38॥

वह फफोतू के आंगन का लाला सुहावन सौम्य अखियों का तार। गृह की चारों बहनों का प्यारा था। वे सभी उसे अति मनोहारी मानती है।

॥ इति समत्तो बीओ सम्मदी ॥

तदिय-सम्मदी

मणेहंस ।।ऽ ।ऽ। ।ऽ। ऽ।। ऽ।ऽ
सगणं जगणण दुबे भगणण सरग्गणं।

जहि णिच्च अच्चण-पुज्ज सज्झय होज्जदे
णर णारि बालग बालिगाउ हु रोच्चदे।
मधुमाह पावण लोअ लोअण अंगणा
सुद सुत्त आगम पाढ सम्मदि वंदणा॥1॥

जिस फफोतू ग्राम के नर नारियों बालक बालिकाएँ रुचिर हैं। वे नित्य अर्चन, पूजन एवं स्वाध्याय युक्त हैं। वहाँ तो मधुमास की तरह पावन भाग नेत्रों का आंगन इसलिए बनेंगे क्योंकि यहाँ पर श्रुत, सूत्र, आगम पाठ एवं सन्मति की नित्य वंदना है।

वसंततिलका-छंद

2

सोम्मो इमो इगग णाविद णारि लेही
पस्सेविदूण परिभासदि लाल णेही
णिग्गंथ जादय पखालिद-भूद-चंदो
वत्थेहि वारिद इमो हु णिवारिदे तं॥2॥

यह सौम्य चंद्र है। नाइन द्वारा यह देखा गया तब उसे देखकर वह कहती है। यह लाला उत्तम है। यह निर्ग्रन्थ युक्त ही प्रक्षालित किया गया चन्द्र जब वस्त्रों से वारित (आवृत) किया जाता तब वह उन्हें हटा देता है।

3

कक्खे विराजिद जया इम पस्समाण
हत्थेण पुत्त सिरए अणुणंज्जदे सा।
सीदं च भुल्लि सुद-जोण्हय चंद तुल्ला
जादा मदी परम सम्मदि धारगा सा ।।3 ।।

जयमाला प्रसूति कक्ष में स्थित इसे देखती हुई हाथ से पुत्र के सिर पर रखती है। वह तब शीत (सर्दी) भूलकर सुख रूपी चन्द्र की चांदनी युक्त हो जाती है। वह स्वयं मतिमान मानो परम सन्मति की धारक हो गयी हो ऐसा प्रतीत होता था।

4

सीदंसु-भूद-रवि-णंदिद-तेज-पुंजं
णेदूण संत-किरणाण पसंत-आभं।
सव्वत्थ देसदि पदेस-पदेस-पंते
सागार गारपरिसं अणगार मुत्तं ।।4 ।।

रवि तो ऐसा आनंदित हुआ कि वह अपने तेज पुञ्ज को शीतांशु कर लेता है। वह इस संत की किरणों की प्रशांत आभा को लेकर संदेश प्रत्येक भाग में देने लगता है। तो ठीक है गृह परिषद रूपी गारे-कीचड़ को छोड़कर यह अनगार के मूर्त रूप को प्राप्त होगा।

5

सच्छे णहे णहचरा चरएंति अत्थ
णो पस्समाण तणयं भयमाण माणं।
णेएज्ज चट्टग गदी अणुपेक्खणं तं
ते अंगणे चुटचुटं कुणएंति मासे ।।3 ।।

यहाँ स्वच्छ नभ में नभचर उसे नहीं देखते हुए भी उड़ान युक्त उसे सम्मान देते हैं। वे चटग-चिड़ियाएँ चुटचुट करती आंगन में मानो उसे देखने का ही कथन कर रही हों।

6

णो कोवि तित्थवर-तित्थ-णरिंदलाला
णो को वि सोम्म-सदणेग णिवास भूदो।
बालो हु सेट्ठि-ससि कंति पियार लाला
दाएज्जदे णह धराइ जणाण संती ।।6 ।।

यह बालक कोई तीर्थकर या तीर्थ प्रवर्तक या नरेन्द्र का लाला नहीं था, न कोई

धवल-सदन (प्रसाद) में निवास करने वाला था। अपितु श्रेष्ठी प्यारेलाल का राजा बेटा शशि कान्ति की तरह सर्वप्रिय नभ और धरा पर लोगों की शान्ति वाला लाला था।

7

पंचे वि दिण्ण परिवार जणाण मज्झे
गामीण णारि णर संमुह णंद पुव्वं।
विप्पो दु पत्तगय जम्मय लग्ग जुत्तो
वेरग्ग चारु चरिए चरिएज्ज एसो ॥7॥

पांचवें दिन परिवार जनों के मध्य नर नारियों एवं ग्रामीण जनों के सम्मुख आनंद पूर्वक आगत विप्र जैसे ही जन्म लगन युक्त होता वैसे ही वह कह उठता यह वैराग्य पूर्वक उत्तम चारित्र का आचरण करेगा।

8

पुव्वे ण देंति मणुजा कधणे विसासो
एगो हु सोम्म-मणुजो मुणएज्ज तं च।
भो! सीय-राम-कुल भूसग-सोम्म-लाला
तुम्हे सुणेज्ज पुरवाल जणा विरागी ॥8॥

पूर्व में लोग इस कथन पर विश्वास नहीं करते। यह सौम्य मनुज कहता कि भो सीताराम कुलभूषक सौम्य लाला आप लोग सुन रहे, यह विरागी पुरवाल जनों में होगा।

9

पत्तंक-पत्त लगणे विस रासि चक्के
चक्केक्क-तावसि-विसी गणणे विवेचे।
ओमो हु मा हु वसहो वसहेग चिण्ही
चेणासुही ण परमेट्ठिय वाचगो सो ॥9॥

इसके पत्रांक लगन में वृष राशि है चक्र में तापसी बृषि ही गणना है चैन सुख है, परन्तु प्यारेलाल की मातुश्री वृष राशि के वृषभ पर (धवलता पर) ध्यान देती कयोंकि यह परमेष्ठि वाचक है।

10

दिव्वे दिवे हु दसमे गण-वेस जुत्तो
मंगिल्ल णारि महुरंग सुगीद गीदे।
मालं जयं च जयमालजुदं च मादुं
ओमो हु ओम परमो तणयो हु लोए ॥10॥

दसटोण्य के दिन ओम बालक गणवेश युक्त मांगलिक (सौभाग्यवती) नारियों के मधुरांग गीत संगीत में जयमाला माता को ओम की जयमाला धारण कराई जाती है सो ठीक 'ओं' तो ओम अ अ आ उ म रूप अ सि आ उ सः नमः की जाप कराता है यह स्व और पर से नय शास्त्र का आलोक देता है।

11

पत्तेग दिण्ण समयो समयं दएज्जा
चालीस दिण्ण समयागद गेहि सव्वा
आभूसणाहि सहिदाहि सुवज्ज-वज्जं
गीदं सुगीद जिण-भत्ति अपुव्व सड्ढं ॥11॥

यद्यपि प्रत्येक दिवस समय विशुद्ध आत्म दृष्टि वाला समय आगम मार्ग को दर्शा रहा था। चालीसवें दिन गृहणियाँ वहाँ आती आभूषणों से सहित वे गाजे बाजे पूर्वक गीत सुगीत एवं जिन भक्ति की अपूर्व श्रद्धा को लिए हुए थीं।

12

थालग्गि-सव्व-भगिणीउ बुआ वि मोसी
चंदादि-चंदवदणी सुग-वेस-मुत्ती।
गाएंति गीद-महुराणि पसंत-ओमो
ओमं ममं च परिचत्त-कुलं जयं णो॥ 12॥

बालाएँ अग्रणी, बहिनें, बुआ, मोसी आदि सभी चन्द्रमुखी शुक वेशमूर्ति मधुर गीत गाती हैं। वे ओम को ले जाती हुई मानो यही गा रही थीं कि 'ओं' मम-ममत्व (जय के ममत्व) एवं कुल के ममत्व नहीं छोड़ना।

जिण-दंसणं

13

गेहे जिणे अरिह आदि जिणेस पासो
अंतिल्ल सम्मदि महा पडिबिंब वीरो।
तेसिं च अग्गदय णेत्त णिमील जुत्तो
किंचि त्थि कुव्वदि स लेयणएहि पाणं॥13॥

जिनगृह में अर्हत् आदि, प्रभु पार्श्व और अंतिम तीर्थंकर सन्मति की उत्तम प्रतिमाएँ वीर रूप थीं। जब वह उनके समक्ष लाया जाता तब नेत्र निमीलित था, जैसे ही जागा तो नेत्रों से किंचित् उनका पान करता है।

14

हत्थग्ग भाग उवरिं कुणिदूण बालो
णं वीदराग चरणेसु विणम्म भूदो।
ओमो अहं परम इट्ठ गुणो वि एसो
मे मादु गाम परिवार गिहं गिहेज्ज॥14॥

वह बालक हस्ताग्र भाग ऊपर करके मानो बीतराग चरणों में नत हुआ कह रहा हो–मैं ओम हूँ अभी परम इष्ट गुण वाला हूँ। मेरी मातुश्री एवं ग्राम जन परिवार के लोग गृह में रखना चाहते हैं।

15

तुं णायगो तिहुवणं च पदत्थ-सव्वं
सव्वण्हु सव्व-दरिसी परमेसरो वि।
सव्वाण काम खयदो अरहो वि सिद्धो
दाएज्ज मे गुणसिरिं च अणंत भव्वं॥ 15॥

आप त्रिभुवन के नायक हो, समस्त पदार्थ के ज्ञाता हो, सर्वज्ञ सर्वदर्शी परमेश्वर भी हो। आप कर्मक्षय से पहले अर्हत् हुए फिर कर्ममुक्त सिद्ध हुए। आप मुझे गुणरूपी भव्य अनंत गुण श्री को प्रदान करें।

16

सव्वे य भाउ भगिणीउ इधेव काले
मे संगए बहुवए हरिसे अपारे।
इट्ठं च मंत णवकार सुकण्ण कण्णं।
पत्तेज्ज ओम सह सम्मदि सम्मभावं॥16॥

सभी भाई बहिने इस मांगलिक प्रसंग पर अति हर्षित हमारे साथ हैं, वे लघु वय वाले हैं। जब इष्ट मन्त्र नवकार मन्त्र कर्णो में प्रवेश करते हैं तब मानो वह ओम, ओम के साथ सन्मति के सम्यक् भाव को प्राप्त हो रहा हो ऐसा प्रतीत हो रहा था।

भाउ विजोगो

17

चंद व्व कंत सिसु झुल्लय झुल्लमाणो
छम्मास भूद सयलाण पियो हु बालो।
हत्थेसु हत्थ भवमाण सुकील भावो
भाउ त्तु अड्डगय मिच्चु सिरिं च पत्तं॥17॥

वह ओम चन्द्र की तरह कान्त झूले में झूलता हुआ छहमास का सबका प्रिय बालक था। वह एक दूसरे के हाथों में क्रीड़ा करने वाला था। तभी इसका डेढ़ वर्षीय भाई मृत्यु श्री को प्राप्त हो जाता है।

18

जो आगदो इध भवे अणुगच्छिदो सो
णो सासदो परम इट्ठ पियो हु बालो।
संजोग पच्छ स वियोग लहुत्त काले
दाएज्ज गच्छदि कुधो ण हु जाणदे को॥18॥

जो आया इस संसार में वह जाता है, परम इष्ट प्रिय बालक भी शाश्वत नहीं। संयोग के पश्चात् अल्प समय में वियोग दे जाता है, कहाँ जाता यह कोई नहीं जानता हैं।

19

सुज्जे गदे पउम मंडल सोग जुत्ता
सव्वे जणा वि जणणी जयमाल मुत्ता।
जोगं च पच्छयविजोग जुदा हवेदि
ओमो वि अस्सु-गद मादु पपस्स भूदो॥19॥

जैसे सूर्य के अस्त होने पर पद्म मंडल शोक युक्त हो जाता है वैसे ही पुरवाल जन, माता जयमाला की मुक्ता संयोग के पश्चात वियोग को प्राप्त हो जाती है। ओम अश्रुगत माता को देख रहा था।

वियोगे वि चिंतणं

20

णिक्कंटगो दु मिदुहास विहीण जादो
अप्पाविसुद्ध परिणाम मुणंत माणो।
अरोग्ग देह गिह जोव्वण वेहवादी
वत्थु त्थि वाहण सुहं सुरचाव तुल्लो॥20॥

मृदुहास विहीन यह निष्कंटक आत्म विशुद्ध परिणाम की ओर अग्रसर आरोग्य, देह, गृह, यौवन, वैभवादि, वस्तु एवं सुख के वाहन सभी सुरचाप की तरह (इन्द्रधनुष की तरह) हैं।

21

तिणणग्ग विंदुजल भत्ति पडेज्ज भूए
आऊ विलास विणिपादुग सीलहोज्जा।
अग्गेसरो वि जमराय इधेव चिट्ठे
को साहु दिव्व पुरिसो ण हु जाणदे सो ॥21॥

जैसे तृण के अग्रमान की जल बिंदुएँ शीघ्र नीचे गिर जाती हैं, वैसे ही आयु का विलास शीघ्र पतन के सम्मुख हो जाता है। इधर यमराज भी साधु या दिव्य पुरुष नहीं जानता है वह तो यम में अग्रणी रहता है।

22

अक्खम्म आउ गदिसील समो हि सेण्णा
णं एस बाल सिसुणो ण हु पस्सएज्जा।
भूए स पेसिद-इमाण जणाण दुक्खं
दाएज्ज अम्हि मह पाव-पमाण भूदा ॥22॥

वृद्धावस्था गतिशील सेना है, पर बाल शिशु के लिए वह यमराज नहीं देख पाया। भू पर भेजा, पर इन लोगों के लिए दुःख दे गया सो ठीक हैं इसमें मेरे पाप-कर्म प्रमाण भूत हैं।

23

पाणीण अप्प-सुह विज्जुसमा हु अत्थि
भूइट्ठ दुक्ख-विसयाण कुणेहि तोसो।
धीरो हवेदि तणयो कुण हत्थ-उच्चे
णं बोहएज्जदि दुहं ण कुणेहि मादुं ॥23॥

प्राणियों के लिए इस संसार में सुख विद्युत (आकाश विद्युत) की तरह हैं। विषयों के दुःख हैं इसलिए संतोष रखें। मानो धीर तनय हस्त ऊँचे करता हुआ मातुश्री के लिए सम्बोधित कर रहा कि दुःख मत करो।

24

भिक्खू इगो हु सम इच्छय माणभूदो
वासं इगं च सिसु-दंसण-कुव्व-णंदो।
एसो मणीसि-तवसी कर-भाग-रेहा
भासेज्जदे हु जयमाल जयं णएदि ॥24॥

एक भिक्षु भिक्षा की इच्छा वाला एक वर्ष के इस शिशु के दर्शन कर आनंदित होता है। वह कहता-यह मनीषी है, तपस्वी होगा ऐसा कर भाग की रेखाएँ कह रही हैं तब जयमाला अपने आप जय से (अति हर्ष) धारण करती है।

25

दुक्खं वियोग-परिसुण्ण-इमा जया वि
अग्गे ण दंसदि समागद-भिक्खु भासी।
सच्चं च होहिदि वयं गिह कज्ज रत्ता
हत्थि त्थि रेह परिदंसदि सुद्ध सीलं ॥25॥

यह जया वियोग से रहित उस समय हो गयी जब समागत भिक्षु सामने नहीं दिखता है। उसका वचन सत्य होगा क्योंकि इस गृहकार्य में रत गृहिणी के लिए कहा था-कि इसकी रेखाओं में हस्ति रेखा (गजरेखा) है, जो शुद्ध भाव एवं शील को दर्शाती है।

केलीए सहेव सिक्खा

26

मिट्टीअ कीलण सदा हु सुहावणा वि
कीलेंति बाल कुमरी वि कुमार बाला।
हत्थेहि णिम्मिद करी लहु-गुड्डि गुड्डा
णंदेति ते तिय चदुक्क वए रजिल्ला ॥26॥

तीन चार वर्ष के बालक बालिकाएँ रज से सने हुए जब मिट्टी में क्रीड़ा करते हैं, तब वे सुहावने लगते हैं। वे अपने हाथों से हाथी, लघु गुड्डा गुड़िया बनाते हैं तब वे अति आनंदित होते हैं।

27

देवा कुमार सुउमाल इमे पदंसे
ओमो वि सव्व-भगिणी सह मिट्टिकीलं।
कुव्वेंति ते तध वि देह इमो वि मिट्टी
जाणेंति णो स हु विणस्सदि कील रूवे ॥27॥

देवों के कुमार इन सुकुमाल बालकों की ओर दृष्टि करते हैं। उसमें ओम अपने भाईयों और बहनों के साथ मिट्टी से खेलते हैं। वे मिट्टी जानते हैं, पर यह देह भी क्रीडनांकन (खिलौनों की तरह) नष्ट हो जाती, ऐसा नहीं समझते हैं।

28

अग्गे हु अग्ग-सयला भगिणी वि भाऊ
मादुत्त णेहगद भत्ति सुसज्ज भूदा।
गच्छेंति ते जिणगिहे णवकार मंतं
बोल्लेंति भत्ति पहु अक्खद पुंज पुण्णा ॥28॥

वे भाई बहिनें मातृत्व स्नेह युक्त तैयार होकर शीघ्र अग्रणी हुए जिनगृह में जाते हैं, वे वहाँ नमस्कार मन्त्र को बोलते हैं। प्रभु पतित की भक्ति भी बोलते और अक्षत पुंज चढ़ाते हैं।

29

संझासु पाढ पढणं जिणधम्म साले
गच्छेंति ते जयजिणिंद पणम्म भूदा।
भासेंति पाद पउमे गुरु णाण हेदुं
सम्मं च सम्मदि सुदं सुद पाढ पाढे॥ 29॥

जब वे सभी संध्या में जिनधर्म की पाठशाला में पाठ पढ़ने जाते हैं, तब वे प्रणम्य भूत गुरुचरणों को गुरुज्ञान हेतु जय जिनेन्द्र बोलते हैं। सो ठीक है सम्यग्ज्ञान, श्रुत से सन्मति श्रुत पाठ के पढ़ने के लिए आदर आवश्यक है।

30

पाढं पढंत सयला बहु णम्म जादा
बाला कुमारि जणणी सह कज्ज मुत्तं।
णेएंति किंचि ववहारि सुसिक्ख सुत्तं
भाउ त्तु आपण विहिं अणुसिक्खएंति ॥30॥

वे सभी नम्रीभूत पाठ पढ़ते, बालाएँ छोटी कन्याएँ जननी के साथ कार्य मुक्ताओं की ओर अग्रसर होती हैं, कुछ व्यावहारिक शिक्षा सूत्र की ओर अग्रसर होती हैं। भाई आपणविधि (दुकानदारी) को सीखते हैं।

31

पुत्तीइ भाणु-सुग बिट्ट सुदा गुणी हु
काले विवाह-परिणेज्ज कुमारि भूदा।
सव्वा लहु त्थि कणगा सुउमाल माला
लाला पियार मरणे अदि खिण्ण भूदा ॥31॥

भानुमति, शुकमति, बिट्टो सभी गुणी थीं वे विवाहित हुई कुमार काल में। सबसे छोटी कनकमाला अति सुकुमार पितुश्री की प्यारी प्यारे लाल की मृत्यु होने पर खिन्न हुई।

32

णेही गुणी हु अदिवच्छल भाव मादू
गेहस्स कज्ज कुणमाण इणं विजोगं।

साहेज्जदे कध कधं ण कहेज्जदे सो
एगो सुदो अवर पाण पियादु रित्ता ॥32॥

स्नेही, गुणी एवं अतिवात्सल्यभाव वाली मातुश्री गृहकार्य करते हुए इस तरह के वियोग को प्राप्त हुई। उसे कैसे सहती कहा नहीं जा सकता है। एक पुत्र और दूसरा प्राणप्रिय से रिक्त हुई जयमाला।

मालिनी

33

इध परम-विभूदिं भोगवंतं खिदीसं
विदुस-तवि तवंतं सव्व कम्मंत ईसं।
ण हु परिचयदि बंहं रज्जराजं गुणीसं
जम-जमहरदि अत्तो अप्पसुद्धे रमेज्जो ॥33॥

इस संसार में यमराज परम विभूति वालों, भोगियों, क्षितीसों, विदुषों तप तपने वालों एवं सर्वकर्मक्षय के ईश, ब्रह्म लीन, राजा महाराजों एवं गुणीसों को नहीं छोड़ता, इसलिए आत्मा के शुद्ध भावों में लीन हों।

34

सुह-परम णिहाणं ठाण-णाणं सुमाणं
धण-धणिग-धणड्ढं कज्ज वंता ण अंते।
सम समय-समित्तं धारएज्जा पमाणं
विसय-विस-रसाणं चत्त कंतं सुकंतं ॥34॥

परम सुख का निधान, स्थान एवं मान तो ज्ञान में है। धन से धनिक, धनाढ्य की कार्य प्रमाणी अंतकाल में काम नहीं आती है। श्रम, समय-आत्मा के समत्व रूप प्रमाण को धारण करना चाहिए। विषयों के अतिकान्त भाव के रसों का त्याग अंत समय में समत्व को प्राप्त कराते हैं।

35

पंडिदा जयमाला सा, चिंत-विचिंत-धीमदा।
अचिंत-सम्मदी भूदा, ओमं वड्डेदि अण्णगं ॥35॥

वह पंडिता जयमाला, अति चिन्ताशील बुद्धिवाली अचिन्त सन्मति युक्त ओम एवं अन्य बालक-बालिकाओं का भरण पोषण करती है।

॥ इति तदिय सम्मदि समत्तो ॥

चदुत्थ सम्मदी

सिक्खाए अणुसासणं (शिक्षा में अनुशासन)

विज्जाहर छंदो—विद्याधर छंद वारहदिग्घा पत्तेगे चरणे
SSSSSSSSSSSS = 12 वर्ण

ओमो ओमो आदी ओमो सिक्खाधारो
बंहा आदी सिप्पी कंतो सव्वाधारो।
वण्णी-सुब्भा सूणू णाही-णंदा णंदा
विज्जाहारा णम्मे आदिं सव्वे छंदा॥11॥

ओम तो ओम है, आदि में ओम शिक्षाधार है, ब्रह्म, आदिब्रह्म शिल्पी कान्त सभी के आधार हैं। आप शुभ्र वर्ण वाले नाभिराय के पुत्र नन्द ही नन्द वाले सभी विद्याओं के आधार एवं सभी छंद वाले हैं मैं ऐसे आदि शिक्षक को नमन करता हूँ।

2.

विज्जुमाला-अट्ठा अट्ठा दिग्घा वण्णा
विज्जू जोदी सिक्खा दिण्णा बालो एसो
सोम्मो चंदो, तारा कंती गेहे रम्मे।
कीले भाऊ पाढं पाढे कीलंगाए॥2॥

यह सौम्य चन्द्र सम बालक रम्य गृह में मानो ताराओं की कान्ति हो। यह खेल खेल में भाई-बन्धु युक्त क्रीडांकन (खिलोनों से) खेलता हुआ पाठ के अभ्यास में रत था।

धवला छंद

अ ड र ह ल हु इ ग दिग्घो अंतिल्ले
—अडरह-लहु-परम-पद-समय-सरसिणो
III III III III IIऽ

3

तणय-चरण पउ सम समय समय सु समे
सुर-समय-समहिद-रमि-अरह-अरह पदे।
णमि णमि सद सद धवल मदि-दिणयर-समो
अरुण-अरुणिम दिवद पउम भमिद सुगणो॥3॥

यह तनय तो पद्म सदृश चरण वाला समय पर समय में श्रम शील (अध्ययन में प्रयत्नशील) होता है। यह स्वर समय (स्वराक्षर) में समाहित, रमता हुआ मानो अ-अरह-अरह पद में लीन होना चाहता है तभी तो बारबार शत शत कर धवलमति भी दिनकर के समान अरुण की अरुणिमा को अधिक दीप्त करता हुआ पद्म को प्रफुल्लित करता प्रसन्न मन बना रहता है।

बसंततिलका-छंद

4

मादा-ममत्त-जुद-पुत्त-ससुत्त-बद्धा
जाएंति धीर-कुसला कपडादु मुत्ता।
तत्तो हु गाम-विरलस्स कुडुंबि-बंधू
छिण्णेंति धण्ण-परिपुण्ण सुखेत्त-वित्तं॥4॥

माता के ममत्व से युक्त पुत्र एक सूत्र में बंधे रहते हैं। वे धीर एवं कुशल होते हैं, पर कपट से मुक्त रहते हैं। उससे कुटुम्बिबंधु बेरल गाम के धन-धान्य से युक्त उत्तम क्षेत्र को छीन लेते हैं।

5

वेधव्व-जुत्त-जयमाल-सुसील-माला
बाला हि धम्मिग-गुणी णिय-कम्म-किण्हं।
दोसं दएज्जदि विजोग-विजोग-गत्ता।
माउल्ल-जोग सहजोग सुदं च पाढे॥5॥

वैधव्य युक्त जयमाला तो सुशील माला युक्त वे अनभिज्ञ निज कर्म की कृष्णता को दोष देती है, सो ठीक धार्मिक गुणी ऐसा ही चिन्तन करते हैं। वियोग में

भी क्षीण शरीर उसमें भी मामा योग के साथ श्रुत योग सुत को पाठ पढ़ाता ही है। अध्ययन का मार्ग प्रशस्त करता ही है।

6

दुक्खेण विज्ज-अणुजोग-गदी-विहीणो
वित्तादु वित्तचरणे ण हु बाहगो त्थि
माइ त्तु भाउ-णिय भाणजिणं च रक्खे
तत्तो वि सा वि जणणी कध गेह-णेहे ॥6॥

दुःख हो तो विद्या के अनुयोग में गति नहीं होती है। वित्त (धन) से बाधा, पर वित्तचरण में (चरित्र पालन में) बाधा नहीं होती हैं। इधर मामा अपने भानजे ओम पर ध्यान देते, वे सभी की रक्षा में प्रयत्नशील हैं, पर वह जननी गृह और स्नेह में बाधक नहीं बनती है।

7

एटाइ सो पढदिं किंचि फफोतु-गामं
पच्छा स णेदिग-सुवाद गणिज्ज पाढं
कुव्वेदि सिस्ससरलो गुरुपाद मूले
सोवारणं च मुलवी गुरु धम्मि कम्मी ॥7॥

वह ओम फफोतु में कुछ पढ़ता, फिर एटा में नैतिक शिक्षा गणित आदि के पाठ को पढ़ता है। वह ओम सरल शिष्य मौलवी जैसे धार्मिक और सोवारण सिंह जैसे गुणी से शिक्षा ग्रहण करते हैं।

8

सो सव्व-कम्म-कुसलो गणि अंगलेज्ज
पासाणिगं कलय वाणिय णाण-लाहं।
मुण्णा-सुरेश-सह-विज्जपहाकरं च
उत्तिण्ण-भूद-ववसाय-रदो वि अण्णे ॥8॥

वह सर्व कर्म कुशल (प्रतिभा सम्पन्न) ओम गणित, अंग्रेजी, प्रशानिक, कला, वाणिज्य आदि के ज्ञान लाभ को मुन्नालाल एवं सुरेश जैसे मित्रों के साथ प्रभाकर परीक्षा उत्तीर्ण होता, फिर दूसरे के यहाँ (बोधराज सिंघी के यहाँ) व्यवसाय में लीन हो जाता है।

9

सिक्खप्पवेस-गद-ओम-सदा विचिंते
विज्जा-गुरु त्थि पढमो वसहो हु लोए।

विज्जागिहस्स पढमा हु सुदाउ बाला
बंही वि सुंदरि गणिज्ज वणिज्ज-सिक्खा ॥9॥

शिक्षा में प्रवेश पाते ही ओम सदा सोचता कि प्रथम गुरु वृषभ हैं, वे प्रथम पाठशाला में अपनी ब्रह्मी एवं सुन्दरी को शिक्षण देते हैं। एक ब्राही लिपि और दूसरी गणित वाणिज्य की शिक्षा युक्त बनती हैं।

10

बाहत्तरी लिहण-गण्णिय-रूव-णट्ट
गीयं च वाइय-सरं जणवाय-पासं।
अट्ठावयं च पुररक्खण लेवणं च
अज्जं पहेलिय-सिलोय-हिरण्ण-सोण्णं॥10॥
माहिक्क अण्ण-हय-गज्ज-सुपाण-चुण्णं
इत्थी-णरं सयण-आभरणं च गेहं।
बाहुँ लदं च पडिचार णिजुद्ध मुट्ठिं
णाणाविहं गरुलवूह-सुपाग-विज्जं॥11॥
ईसत्त-चक्क-सगडं धणुवेद अट्ठिं।
सुत्तं च वट्ट-घरुपवाय सुगाह वत्थुं
णालिल्ल-पत्त-कडगं भरणं जयं च।
खंधं पुरं तरुणि-डंड-सउण्ण-वोहं॥12॥

कला 72 है—लेखन, गणित, रूप परिवर्तन, नृत्य, गीत, वाद्य स्वर, व्यंजन ज्ञान, जनवाद, पास-पासों से खेलना, अष्ठापद-चौपड़, पुररक्षण, वस्त्र विलेपन, अज्ज-आर्याछंद, वाद्य ठीक करना (यंत्र विद्या-अभियांत्रिक कला) प्रहेलिका श्लोक बनाना, हिरण्य, स्वर्ण बनाना, मागधी पहचान अन्य, हय, गज, सुपान, चूर्ण, स्त्री, नरबोध, शयन, आभरण गीली मिट्टी से घर बनाना, बाहु, लता, प्रतिघात, नियुद्ध, मुष्ठि युद्ध, नाना प्रकार के व्यूह-चक्रव्यूह, गरुडव्यूह, सकटव्यूह, सपाक विद्या, ईसत्व-छोटा, बड़ा दिखाना, चक्र, सकट, धनुर्वेद, असि, अस्थि, सूत्र, कृषिकला, छरुप्रवाद-आंस मुष्ठि की कला, गाथा, वास्तु विद्या, नालिका-कमल दंड भेदन कला, पत्रछेदन कला, कडक-कंगन छोदन, मरे को जीवित, जीवित को मृत करना, स्कंध, पुर कला, तरुणी ज्ञान, डंड, शकुनि ज्ञान आदि विद्याओं को जानना। (देखें—ज्ञाताधर्म : 1 पृ. 48)

13

बोए हु बंहिलिवि-बंह-सु-अप्प-बंहं
आलेहदे परमबंह-सरुव-ओमं
तस्सिं समाहिद जणो हु विरागभावं
पत्तेज्जदे गणहराण ससुत्त-सुत्तिं ॥13॥

लोक में ब्राह्मी लिपि तो ब्रह्म रूप है, वह आत्मब्रह्म, परमब्रह्म के स्वरूप एवं ओम को अभिव्यक्त करती है। उसमें समाहित जन गणधरों के सूत्र, सूक्ति एवं विरागभाव को प्राप्त होता है।

14

जस्सिं रमेदि अ अरहे असरीरि-अप्पे
आए दु आइरिय चारु चरित्त चित्ते।
इत्थेइ ई वि इरिसं उ ऊमाइ ऊहे
ए ऐ इरावयइ ईसर-ओइ ओमो ॥14॥

जब प्रारंभिक समय में 'अ' में अरह, अशरीरीर (सिद्ध) रूप आत्मा में प्रवेश करता है। 'आ' तो आचार्य की उत्तम आचार संहिता चित्त में लाता है। इ-इसलोक और 'ई' परलोक 'उ' तो उमा का पाठ पढ़ता है 'ऊ' में ऊहा चिन्तन के स्वर होते हैं। ए ऐ में ऐश्वर्य है ऐरावत है और ओ-ओ-ओम रूप हैं।

15

सव्वे हु विंजण-गदी अभिविंजदे हु
मंगिल्ल-मोत्तिग-मणी गणि-हार-कंठी।
विज्जा मदी पमुह-बुद्धि-पही य पण्णा
आणावणी अरह-अत्त सुही सुकण्णा ॥ 15 ॥

सभी व्यंजनों की गति मांगलिक, मौक्तिक, मणि युक्त हार का कंठाधार है। यही विद्या मति प्रमुख, बुद्धि, प्रधी, प्रज्ञप्रज्ञी, प्रज्ञा, आज्ञापनी, अरह, आप्त की सुधी सम्यक् कन्या (सरस्वती) है।

16

वेरग्ग-चारुचरणे सुउमालि-विज्जा
छंदे पबंध-कलणे गदि सील-विज्जा।
लावण्ण-दित्त-कुमराण पराग-विज्जा
आभूस-राग कमणिज्ज कले ण विज्जा ॥16॥

वैराग्य के चारुचरण में सुकुमारी विद्या है (कौमारी दृष्टि को सुरक्षित करने

वाली विद्या है) छन्द, प्रबन्ध कला में गति विद्या देती है। यह पराग (स्वर-व्यंजन रूप राग) गुरु विद्या गति शील होती है। आभूषणादि कमनीय राग कला में सहकारी हैं, पर वैराग्य कला में नहीं।

17

सुत्ते स संति-ससि-सेस-विसेस-सोहे
जम्मं जरं च मरणं जमराज-राजे।
वित्तिं महव्वदणु-धम्म दहाणु सीलं
कुव्वेज्ज पेह अणुपेह सुभावणाए॥17॥

स-तो सूत्र है, श-शान्ति, शशि है, श ष दोनों शेष-विशेष में सुशोभित है। जन्म जरा और मरण को 'ज' धारण किए हुए है। य-यमराज की पहचान है। व वृत्ति चरित्र महाव्रत, अणुव्रत, धर्मदश के अनुशीलन की ओर ले जाते हैं। इसलिए अपने प्रेक्षा में सुभावना का (द्वादशानुप्रेक्षा का अणुप्रेक्ष) (अनुचिन्तन) करें। बारंबार चिन्तन को अपनी बुद्धि का आधार बनाएँ।

18

विज्जालए पढदि सम्मदि धार-जुत्तो
कज्जे रदो वि ववसायिय-बोध-राजा।
साकाइहारि-सद-चार-गुणी विदंसे
ओमं च बाल-णिय तुल्ल पियं कुणेदि॥18॥

विद्यालय में विद्याध्ययन सन्मति हेतु पढ़ता है। वह जब व्यवसाय कार्य में रत होता तब शाकाहारी बोधराज को सदाचारी गुणी देखता है। वह ओम को बालक की तरह प्रेम करता है।

19

ताए पिया सदद कोह जुदी कुवाची
झल्लेदि तम्हि विणयो हु सुसेव भावी।
कुक्कुट्ट सद्द मरणं च इमस्स वाए
बोहो वि बोहदि भये हु भवेज्ज णिच्चं॥19॥

उस बोधराज की पत्नी क्रोधी, कुवाची ओम पर चिल्लाती, तब भी विनय युक्त सेवाभावी बना रहता है। उसके हृदय में मुर्गे की वेदना थी, तब बोधराज समझाते हैं—ऐसा इस जगत में सदैव होता रहता है।

20

लोए ण को वि सुह-संति-जुदो त्थि अस्सिं
सव्वे असंत-भयकंत जमेण णिच्चं।
संसार-सार-समलं किद-कूर वाणी
लच्छी सिरीइ अणुवद्ध-गुणादु हीणा ॥20॥

इस संसार में कहीं भी सुख-शान्ति नहीं, सभी अशान्त एवं यम से आक्रान्त भी असार संसार में अति अलंकृत देही क्रूर प्राणी लक्ष्मीश्री (धन-वैभव) में जकड़े हुए गुणों से हीन हैं।

21

ओमस्स माणसि हिए खण-खण्ण-सद्दा
अक्कूर कुक्कड रवा सवणेसु गुंजे।
बोहं च भासदि इमो गिह-गच्छणत्थं
सोम्मो इमो वि सरलो ण हु बाहगो वि॥21॥

ओम की मानसिकता में क्षण क्षण में वे ही शब्द थे। अक्रूर एवं कुक्कुट के शब्द कानों में गूंज रहे थे। यह बोधराज जी से कहता गृह जाने के लिए। वे सहज, सौम्य सरल थे तभी तो उसमें बाधक नहीं बनते हैं।

22

सीलादु भूसिद-गुणादु जुदा हु विज्जा
धण्णं कुणेदि इध जम्म जसं पदेज्जा।
णारी णराण वि जगदे बहुमण्ण-माणा
बोहाइराज-बुहचिट्ठिद-सेट्ठि-विज्जा ॥22।

बोधराज की सचमुच (वास्तव में) बुद्धिशाली हैं वे व्यवसायी श्रेष्ठी विद्या युक्त (समझदार) हैं। सो ठीक है शील एवं गुण से भूषित विद्या इस लोक में जन्म के यश को देती है, यह धन्य करती है। नर-नारियों के लिए इसी से जगत में बहुमान प्राप्त होता है।

23

सेयक्करी णय-णयंत पमाणि-गीदी
सारस्सदी किरिय सील सुकज्जलेही।
सा कामधेणु उवयारि गुणेहि पुण्णा
सोक्खे दुहे परम-अत्थकरी हु विज्जा ॥23॥

विद्या सुख दुःख में परम प्रयोजन वाली है। यह श्रेयस्करी नय (निर्णय) की

ओर ले जाने वाली प्रमाणी है यह गीति, सरस्वती है। क्रियाशील सुकार्य की लेखी है। वह कामधेनु के सदृश सदैव गुणों से उपकारी एवं पूर्णा सर्वकार्य सिद्धि करती है।

24.

चिंतामणी सम-समत्त पदायिणी सा
अक्कंद भीदि भय काल सुबोह बोही।
बंधु त्थि बंधवजणा भव पार कारी
चित्ते चिदं पुरिस अत्थ पसंत मुत्तं ॥24॥

विद्या तो चित्त में चित स्वरूप (विशुद्धात्म-चैतन्य स्वरूप) पुरुषार्थ से प्रशान्त मुद्रा (अशान्ति में शान्ति) को देती है, विद्या बंधु और बांधवजन (परिजन) भी है, यह भव (संसार) से पार ले जाने वाली है। यह आक्रान्त, भीति, भय आदि के समय उत्तम बोधी देने वाली है तथा यह बोधराज की तरह है जो हमारे अशान्त चित्त को प्रशान्त कर रही है। यह वास्तव में चिन्ता से मुक्त कराने वाली चिन्तामणि की तरह है, जो हमारे श्रम में समत्व दे रही है।

25

भव्वादिभव्व-परमागम-सुत्त-विज्जा
ओमे सुदं च अणगार-विसेस-सेवं।
जाएज्ज धण्ण-धण हीण विचिंत भावे
उज्जोग-सील-तणयो जणणीइ पादे ॥25॥

उस ओम में भव्यातिभव्य परमागम सूत्र रूप विद्या थी तभी तो श्रुत और अनगार विशेष सेवा को प्राप्त होता है। वह धन-धान्य विहीन विचार में निमग्न उद्योग शील तनय जननी के पैरों में झुक जाता है।

26

आलिंगदे वि परिचुंवदि सीस-मत्थं।
मे चंद-चंदण-समो तुह पुत्त-पुत्ती।
संती-णिकेतण-सिरी-सिरमोर-विज्जा
कासी पुरी मदण-खंडण-जोग-विज्जा ॥26॥

मेरे लिए पुत्र-पुत्री तो चन्द्र हों, चंदन सम हों। मैं शान्ति निकेतन की विद्यार्थी काशीपुरी की विद्या आदि जानती हूँ। यदि योग विद्या होती है तो मदन खंडित करती ही। ऐसा कहती हुई उसके शिर पर हाथ रखती, परिचुंबन करती और उसे गले लगा लेती है।

27

णो चिंत णो तुम सदी मुदिदेज्ज णम्मि
किं इच्छसे गिहगिहस्स सुकज्जकम्मं।
कुव्वेज सासण-जिणं जिणणायगाणं
सिक्खेज्ज तुम्ह ववसाय कलं कलग्गिं॥ 27॥

तू चिन्ता मतकर सदा प्रसन्न रहो, जिन शासन, जिननायकों को नमनकर तुम व्यवसाय कला में अग्रणी बनो। गृह के कार्य एवं कर्म करते हुए भी क्या चाहते हो, कहो।

28

मादू सिरी दुहिद पुत्त दुहं पढेदि
पीदिं कुणेंति भगिणीउ पमोदिणीए।
भाऊ तुमं च गिह-अंगण-रम्म-ओमो!
संसार रीदि-गिहणीइ गहेज्ज तुम्हे ॥28॥

मातुश्री दुःखित पुत्र के दुःख को पढ़ लेती। प्रमोदिनी बहने भी प्रीति को प्राप्त होती हैं। भो गृहाँगन के प्रिय रम्य भाई ओम! तुम संसार रीति से गृहिणी को ग्रहण करो।

29

गेहे ण किंचि धण-धण्ण-पमाण-भूदो
मादू सिरीइ सिर-पालण-पोसणं च।
वावार-संग-गिह-अंगण-गेहिणी किं
किंपाग-पाग-सरिसा का इधे हु भोगा॥29॥

गृह में धन-धान्य भी पर्याप्त मात्रा में नहीं है। मातुश्री के शिर पर हम लोगों के पालन-पोषण भी है। व्यापार के साथ गृहांगन में गृहिणी एवं संसार भोग क्या किम्पाक फल के सदृश नहीं?

30

अम्हे चिदे पउम-गंध-पमोदिणी णो
धिग्गत्थु में विसय रुद्ध-जणं च ओमं।
विल्लीयदे सरद-मेह-खणे णहंगे
लच्छी-सुहं तडिद-इंदु-सया हु लोला॥30॥

वह ओम सोचता कि मेरे चित्त में खिले हुए पद्म की गंध नहीं। मैं प्रमोदिनी वाला नहीं बनना चाहता हूँ। विषयासक्त इस ओम को धिक्कार। जैसे नभांचल में

शरद-ऋतु के मेघ क्षण में विलीन हो जाते हैं उसी तरह लक्ष्मी सुख (धन-धान्य वैभव का सुख) बिजली के समान चंचल है।

31

एदे वि लोभयदेंति इधे हु भोगा
जंतूण मोदय पमोद सुहं च किंचि।
दासज्ज जोव्वण सुहं गिह धम्म-कम्मं
णो दाण-सील-सम-संति-सुबंह-हेदुं ॥31॥

इस संसार में ये भोग लुभाते हैं। यौवन सुख, गृह धर्म-कर्म आमोद प्रमोद आदि जो कुछ भी प्राप्त होता है वह शील, समत्व, शान्ति एवं सुब्रह्म के दान को नहीं दे सकता है।

उत्तम बंहचेरो

32

सो साहु संगदि गदं अणुसील धम्मं
णाणं लहेदि चरियं अणुपेहणं च।
पत्तेदि तित्थ-गिरि-सोण-सुसम्म-बंहं
सूरीमहामुणिवरो महवीरकित्तिं ॥32॥

वह ओम साधु संगति को प्राप्त, शीलधर्म की ओर अग्रसर ज्ञान, साधु चर्या और अनुप्रेक्षण को प्राप्त होता है, वह सोनागिरि की तीर्थयात्रा करते हुए ब्रहचर्यव्रत को अंगीकार करता है। सूरि महावीरकीर्ति की कीर्ति को वह आधार बनाता है।

33

तिज्जोग-जोग-जुद-अप्पहिदं च सम्मं
णंगं अणंग-मुणिराज-पहुँ च चंदं।
दंसेविदूण मणसा वयसा वि काए
एट्टाइ आगत-इमो वदणिट्ठ-भूदो ॥33॥

ये त्रियोग युक्त सम्यक् आत्म हित की ओर अग्रसर होते हैं। यह नंग अनंग मुनिराजों एवं चन्द्रप्रभु के दर्शन कर मन, वचन और काय से व्रतनिष्ट एटा में आते हैं।

34

एसो जुवो वि जुवदीण कुमारिगाणं
बंहे समाहिद-सदा वरणेज्ज दंसे।

लालीउ माउ जणगा परणेज्ज हेदुं
भासेंति सा वि जयमाल सुबोह सज्जा ॥34॥

यह ब्रह्म में समाहित युवा युवतियों एवं कुमारियों के वरण योग्य दिखने लगा था, तभी तो अपनी अपनी ललनाओं के माता-पिता जयमाला को परिणय हेतु कहते हैं। इधर मातुश्री समझाती है।

35

अट्ठारहे हु वयकाल-इमो दु बंहे
लीणो चरेदि जणणीइ पभासमाणा।
कुव्वेज्ज णो परिणयेज्ज कहेदि बंहं
एसा तुहं कणगमाल विवाहएज्जा ॥35॥

मातुश्री कहती यह तुम्हारी बहिन कनकमाला भी विवाही गयी। परन्तु यह अठारह वर्ष की अवस्था में ब्रह्म में लीन ब्रह्मचर्य व्रतधारी ब्रह्म को महत्व देता है। परिणय के लिए नहीं।

सासकिज्ज सेवी

36

ओमस्स मोरमुउडो अदि णेह पुव्वं
तं सासकिज्ज-मलरेय-पभाग-भागे।
जाएज्ज साकरिलि-गाम-सुसेव-भावी
किं धम्मिगं चरिय बंह-चरेज्ज बाही ॥36॥

ओम के बहनोई मोरमुकुट अति स्नेह पूर्वक उसको शासकीय मलेरिया विभाग में नियुक्ति करा देते हैं। वह ओम साकरोली ग्राम की सेवाएँ व्यवस्थित करता है। तब क्या धार्मिकता एवं ब्रह्मचर्य की चर्या बाधा बनती है।

37

बंहेस भिम्ह-दिढि-तित्थ-जिणं च दंसं
तावं तवेदि अडमी-चउदिस्सगाणं।
जालेसरे हु विमले मुणिराज पादे
वच्छल्ल मुत्ति रदणायर दंसणं च ॥37॥

यह ब्रह्मचर्य व्रत में दृढ़ी भीष्म प्रतिज्ञ, तीर्थ दर्शन, जिन दर्शन अष्टमी चतुर्दशी को एकासन आदि तप को तपता (करता है)। इसी मध्य वह जलेसर आगत (1960) आचार्य विमल सागर जी के चरणारबिंद में रमता है। वह वात्सल्य मूर्ति रत्नाकर के दर्शन को प्राप्त होता है।

38

मत्थेज्ज णेज्ज विमलं च मयूर-पिच्छिं
मेहाण दंसण-समो हु मयूर-मण्णे।
णच्चेज्ज अप्पहिद आसिस-पत्त-एसो
किं किं ण चिन्तदि मणे भव-पारणावं ॥38॥

मस्तक पर विमल (निर्मल) मयूर पिच्छी को पाकर मेहों के दर्शन के समान इसका मयूर मन नाचने लगा। भव पार लगाने वाली इस नाव को प्राप्त यह आत्महित के आशीष युक्त क्या क्या नहीं चिन्तन करता है?

39

संसारदो विरदमाणस-ताव लोए
मज्झे गदो हु उवचार-पबंध-जुत्तो।
डक्केज्ज-कूर-मणुजाण वि कूर-कज्जं
जाणेज्जदे सुदग णीर-पचक्ख-एसो ॥39॥

यह ओम शूद्र जल का त्यागी डाकुओं के क्रूर कार्यों को भी समझता है। इधर संसार से विरत मानस ताप-मलेरिया से पीड़ित लोगों के मध्य उपचार प्रबंध में लीन हो जाता है।

40

दीणाण हीण-मणुजाण सुसेव-सीलो
सव्वत्थ-संसजुद-अप्पहिदं च णिच्चं।
सज्झाय-कुव्वगद-सील-तवं दिढेज्जं
कुव्वेदि अप्पदिढि-भाव चएज्ज भिच्चं ॥40॥

यह दीन-हीन मनुजों की सेवा वाला सर्वत्र प्रशंसा युक्त आत्महित हेतु स्वाध्याय करता हुआ शील एवं तप को दृढ़ बनाता है। फिर आत्मदृढ़ी भाव वाला यह भृत्य (नौकरी) छोड़ देता है।

41

जेट्ठो वरिट्ठ-अहियारि-सदा पवुत्ते
धम्मं कुणेहि उवचारय-कज्ज मुत्तो।
होज्जा तुमं ण हु पमण्णदि कंत केसिं
के मे जगे हु सयला हु भवादु मुत्ता ॥41॥

ज्येष्ठ-वरिष्ठ अधिकारी सदा ही बोलते रहते कि धर्म करो व उपचारशील के कार्य से मुक्त हो जाओ। वह ओम किसी की बात नहीं मानता और कहता इस जगत्

में कौन हैं मेरे, सभी इस संसार से चले गये।

42

ओमो दिढी हु बहणोइ समक्ख-भासे
अस्सिं भवे भमण एव ण सार-किंचि।
सो मेरठे विमलसायर-पादमूले
छुल्लक्क-चारुचरियं चरएज्ज संघे ॥42॥

ओम दृढ़ संकल्पी अपने बहनोई के समक्ष कहता कि इस संसार में भ्रमण के अतिरिक्त कुछ भी सार नहीं। वे मेरठ में आ. विमलसागर के पादमूल में क्षुल्लक चर्या को प्राप्त संघ में विचरण करने लगते हैं।

43

अत्थेव मादु-जयमाल-असार-लोए
रागी ण सा वि हु विरागिय रोग काले।
तं णेमिसागर-पदं कुलभूसणो सो।
सावण्ण-सुक्क-अडमीइ विसे अडेरे ॥43॥

यहाँ मातुश्री जयमाला भी असार संसार में रागी नहीं विरागी बनी, पर रोग ग्रस्त हो गयी। वे ओम-जो कुलभूषण ब्रह्मचारी थे क्षुल्लक नेमिसागर के पद को प्राप्त होते हैं। श्रावण शुक्ला अष्ठमी 2018 में।

सासदधाम-सम्मेद सिहरं पडिगमणं

44

गामाणुगाम चरमाण-ससंघ-सुत्ता
सम्मेद सेल सिहरं पडि सव्व-साहू।
रम्मं सुठाण-मणुहारि-मणुण्ण-माणं
सो खुल्लगो दिढवदी तवसी भणेज्जा ॥44॥

आ. विमलसागर ससंघ ग्रामानुग्राम सूत्रबद्ध विचरण करते हुए सम्मेद शैल शिखर की ओर गतिशील होते हैं। वे रम्य, उत्तम, मनोहारी एवं मनोज्ञ स्थान तथा मान को प्राप्त होते हैं। वे क्षुल्लक दृढ़व्रती, तपस्वी कहलाने लगते हैं।

45

सो णेमिसागर पदेस पदेस मज्झं
छत्तीसगड्ड बहु गच्छ चरंतमाणं।

उपहत्त-ताव तवमाण सरीर-तावं
णं अंतराय पद कंकड दुक्ख रोहं ॥45 ॥

वे नेमिसागर एक प्रदेश (उत्तर प्रदेश) से मध्य प्रदेश, छत्तीसगढ़ आदि में विचरण करते हुए गर्मी की ताप से तप्त शरीर (बुखार) से पीड़ित मानो अंतराय पर अंतराय बाधाएँ मानते, पद में कंकर के दुःख को सहते हैं।

47

संघे पबुद्ध अदिबुड्ड-मुणी वि अत्थि
ते तिंस तिंसय-किलो कध गच्छएंति।
सूरी-सुरेण विमलेण मुदा भवंति
चित्ता दिघे चउकिए सयलासणेज्जा ॥47 ॥

संघ में प्रबुद्ध, अतिवृद्ध मुनि भी थे। वे तीस-तीस किलोमीटर कैसे चल सकते, फिर सूरी के स्वर-विमलवाणी से वे विमल परिणामी होते हैं। चित्रा दिघे चौका में असन (आहार योग्य-शुद्ध आहार) तैयार करती है।

48

खंडंगिरिं च उदयं च कलिंग भूमिं
फासेंति मेह खरवेल जिणग्ग चंदं।
हत्थिं च राणिगुह सिप्प कलं च दंसे।
गच्छेंति संघ कडगे जिण भत्त वेदे ॥48 ॥

यह संघ खंडगिरि, उदयगिरि की कलिंगभूमि को स्पर्श करते हैं। यहाँ के सम्राट् मेहवाहन, खारवेल एवं जिनाग्र (जिनभक्त) चंद्रगुप्त को भी स्मरण करते हैं। हाथीगुंफा एवं रानी गुफा की शिल्प कला को देखते हैं इसके अनंतर संघ कटक में प्रवेश करता, तब कटकवासी जिनभक्त चातुर्मास का निवेदन करते हैं।

49

ते सव्व भत्त-जिण-सासण-अग्ग-भूदा
साहूण भत्ति पडि सेवग-भाव-जुत्ता।
विस्साम-दाण-पगुहा अदिणाम णंदा
कुव्वेंति सेव-असणादु अणेग-भत्ता ॥49 ॥

वे सभी भक्त जिनशासन में अग्रणी साधुओं की भक्ति सेवा भाव युक्त विश्राम दान में प्रमुख होते हैं, वे अतिनम्र अति आनंदित आहारादि से सेवा को करते हैं।

पुरुलियाए समाही

50

संघे विराग-परिपुण्ण-पसंत चंदं
आरोग्ग वड्ढण-सुसेव-समग्ग-णेमी।
सम्मं समे पुरुलियाइ समाहि कज्जं
माणं च आण-अवमाण सहंत कुव्वे॥50॥

संघ में विराग परिपूर्ण प्रशान्त चन्द्रसागर के प्रति आरोग्य लाभ सुसेवा आदि का सभी उत्तरदायित्व लेकर नेमिसागर क्षुल्लक विधिवत पुरुलिया नगर में समाधिकार्य के सहभागी बनते हैं। मान, सम्मान एवं अपमान सहते हुए सभी साधु क्रियाओं में सहभागी बनते हैं।

51

बंगाल-खेत्त-पुरवासि-जुवा अभद्दं
कुव्वेंति संतिपरसाद-इणं च सामं।
हिंसाइ रोह-सव-अद्ध पजल्लमाणं
तं ईसरे पजलएंति विहिं च सम्मं॥51॥

बंगाल क्षेत्र के पुरवासी युवा अभद्रता करने लगे तब साहू शान्तिप्रसाद इस हिंसा को शान्त करने के उपाय करते, फिर भी अर्द्ध जले हुए शव को ईसरी में विधिवत सम्यक् रूप में जलाया जाता है।

52

तत्तो जवाहरय लाल पहाणमंती
दुक्खं कुणेदि मणुजाण पसंत-हेदुं।
रट्ठिज्ज-रज्ज-पुलिसेहि बलेहि रक्खे
ते सव्व-सम्म-विहरंत-इधं च पत्ते॥52॥

इससे प्रधानमन्त्री जवाहरलालजी दुःख व्यक्त करते हैं। वे मनुजों को शान्त करने के लिए राष्ट्रीय एवं राजकीय पुलिसबल से रक्षा करते। तब ईसरी में विहार करते हुए संघ आ जाता है।

53

वंदेज्ज सव्व-मुणिसंघ-सुसिद्ध-सिद्धं
सम्मेद सेल उवरिं अणुगच्छमाणा।
णंदेदि खुल्लग-इमो अवरा पसण्णा
णं पत्त अत्थ परमत्थ-विसुद्ध-रूवं॥53॥

मुनिसंघ यहाँ आया, सम्मेदशिखर को प्राप्त हुआ, इसके ऊपर की वंदना करता समग्र सिद्धों के सिद्धस्थान की। वे सभी प्रसन्न और क्षुल्लक नेमिसागर भी आनंदित मानो यहाँ परमार्थ के विशुद्ध स्वरूप को प्राप्त कर रहे हों।

54

सम्मेद सेल-परमत्थ-विसाल खेत्तो
पुव्वे पुरे महुवणे अवि ईसरी वि।
वंदेज्ज अत्थ जिणगेह-जिणाण पच्छा
गच्छेंति धम्मथलए सयला मुणीसा ॥54॥

वास्तव में सम्मेदशैल परमार्थ में विशाल क्षेत्र (शाश्वत तीर्थक्षेत्र) है। सबसे पहले मधुबन में जाते, फिर ईसरी यहाँ जिनगृहों के जिनबिंबो की वंदना करते, फिर धर्म स्थल की ओर मुनि संघ चलते हैं।

ईसरी पवासो

55

अत्थेव ईसरि पुरे हु गणेस-वण्णी
सम्मं च सम्म-समहिं अणुपत्तएज्जा।
सामण्ण-भत्त-पुर-वासि-सुसावगा ते
आहारएज्ज विहिपुव्व-सुसेव-कुव्वे ॥55॥

यहाँ ईसरी में ही गणेश प्रसाद वर्णी सम्यक् समाधि को प्राप्त हुए थे। श्रमणभक्त पुरवासि श्रावक विधिपूर्वक उत्तम सेवाभाव करते हैं।

56

संघे तवी मुणवरा परमत्थ-सुत्ती
तेसिं गुणीण सुदभत्ति-सुतित्थगाणं
जे कोलकत्त मुणिभत्त जणा वि सव्वे
वंदेंति सम्म-सयलं चदुमास-भासे ॥35॥

संघ में तपस्वी मुनिवर थे, वे परमार्थ सूत्री थे। उन श्रुतभक्ति युक्त तीर्थ मार्गी गुणियों की सभी कलकत्ता वासी मुनिभक्त वंदना करते हैं और वे सभी चातुर्मास का निवेदन करते हैं।

57

सेट्ठी हु संति-मुणि भत्त-सुसावगो वि
आगच्छिदूण कचलुंच-मुणिं च पुच्छे।

झत्ति त्थि एस इणमं ण णवित्तु कुव्वे
साहू अहं कुणमि तुं इध सज्झ भूदो ॥57॥

इधर श्रेष्ठी साहू शान्ति प्रसाद मुनि भक्त श्रावक आकार शीघ्र केशलोंच को पूछते हैं—ऐसे केश नाई भी नहीं बना सकता है। तब मुनिश्री कहते हैं—मैं बना सकता हूँ आप तैयार हैं।

58

सो खुल्लगो पढम-वास-सुदिक्ख कालं
गच्छेति माउलवरो परिवारजुत्तो।
अस्सिं करे पढम गुच्छग-सुत्त पोत्थं
दंसेविदूण पडिपुच्छदि रूप्प किं णो ॥58॥

वे क्षुल्लक नेमिसागर प्रथमवर्ष दीक्षा काल को प्राप्त हुए, तब मामा परिवार सहित आए। वे सूत्र ग्रंथ प्रथम गुच्छक इनके हाथ में देखकर पूछ लेते हैं कि इसमें रुपए तो नहीं।

59

सो मोण-माणस-सुसत्त सुपंथ-पंथी
तुम्हे हु रुप्प-पणगादि पदिण्ण-गच्छे।
वेय्याइवच्चविमुहा कुणएंति एदं
कल्लाण मग्ग-गमणत्थ इणं पपुच्छे ॥59॥

वे क्षुल्लक मान सरोवर के हंस (इस संघ के प्रिय क्षुल्लक) अपने सूत्र (चर्या) में उत्तम पंथ पंथी कहते हैं—तुम्हारे जैसे ही रुपया पैसा देकर चले जाते हैं आप सभी सेवाभाव से विमुख ऐसा ही करते हो। कल्याणमार्ग के गमनार्थ इनके प्रति ऐसा प्रश्न?

60

खम्मेहि तुं वदगुणी तवि-खुल्लगो मे
णाणं विहीण-सुद-हीण-जिणिंद-भत्तिं।
णो दोस-तुम्ह भव-लेहि-इणं च होज्जा
भो! जोग पुण्ण-सुद-चिन्तग-साहु लोए ॥60॥

आप मुझे क्षमा करें, आप व्रती, गुणी एवं तपस्वी क्षुल्लक हो। मैं ज्ञान, श्रुत एवं जिनेन्द्र भक्ति विहीन हूँ। तब वे समझाते इसमें तुम्हारा कोई दोष नहीं है, जो लिखा है वह होगा। अरे! योग पूर्ण श्रुत चिन्तक (परमागम-चिन्तक) साधु भी लोक में होते हैं।

अज्जिग्गा विजया मदीए पेरणा

61

आरा-पुरी सरवदी वदि बंहचारी
सारस्सदीइ विजयामदि-अज्जिगाउ।
भागिण्ण-तुल्ल-अदिविण्ण-सुसाहिगाउ
मे तुम्ह सीसउ गुरुत्तु कदा भविस्से ॥61॥

आरा नगरी की शरवती व्रती, ब्रह्मचारिणी सरस्वती के पश्चात् विजयामति आर्यिका बनी थीं। वे भगिनी तुल्य थीं, अति विज्ञ एवं सुसाधिका भी थीं। वे कहती तुम गुरु और मैं शिष्या कब बनूंगी?

62

वंदामि सम्म कुणमाण-इमो वि णेमी
णेमी दिढी वि णियमे वि मुणी वि होस्से।
साहू समागम-मणोहर-वित्ति-एसो
मुस्सेदि दूर-दुरितादु पपुस्स-मोक्खं ॥62॥

वे क्षुल्लक नेमिसागर सम्यक् वंदना पूर्वक कहते-यह नेमि हठी है, नियम में भी। मुनि बनूंगा। क्योंकि साधुओं का समागम एवं मनोहर वृत्ति (आचार-विचार आदि की प्रवृत्ति) पापों से दूर करती और मोक्ष को पुष्ट करती हैं।

63

मुत्तिं च मग्ग-परमं अणुसंधए हु
लोयाणुवित्ति-अणुसंस-कदा सुमग्गो।
णो पोक्खरो मलमले परिपुण्ण-सोहे
राजीव-राज-पउमेहि सुपुप्फएहिं ॥63॥

वास्तव में मुक्ति के परम मार्ग की ओर लगना ठीक है। सांसारिक विचार वालों की अनुशंसा कब सुमार्ग युक्त हो सकती है? पोखर जब तक मल युक्त होते हैं तब तक वे शोभित नहीं होते, अपितु वे राजीव पद्म पुष्पों से सुशोभित होते हैं।

64

कप्पदुमा हु फल-दाण-सदा हवेज्जा
दुद्धादि-रिद्धि-रस-दत्त-सुइट्ठ-लाहं।
सीदुण्ह-आदि परिसग्ग-दुहादि-बाहिं
साहेज्ज सम्म-रदणत्तय-सेज्ज-चिट्ठे ॥64॥

दुग्ध आदि रस ऋद्धि देने वाली ऋद्धियाँ इष्टलाभ देती हैं। कल्पद्रुम तो सदैव फलदान में तत्पर रहते हैं। इस जगत में सम्यक् रत्नत्रय की शय्या पर स्थित शीत-उष्ण आदि परीषह के दुःख एवं व्याधियों को साधु सहते हैं।

मुणिभावो

65

सेणीयवड्ढण गुणट्ठ-विसुद्ध-भावं
सो उत्तरोत्तर-तवं बल-रिद्धि-दाणं।
अप्पस्सहा हु विददो अणुबद्ध साहू
सो खुल्लगो मुणिमणे महदिं च चागं॥65॥

श्रेणी प्रवर्धन के गुणस्थान में विशुद्ध भाव तप, बल, ऋद्धि एवं उत्तरोत्तर वृद्धि दान को महत्व दिया जाता है। आत्मा के स्वाभाविक स्थान में स्थित तो साधु होते हैं। यही नेमिसागर क्षुल्लक के मन में महत् त्याग रूप मुनि भाव जागृत हुआ॥

66

खंतिं च मद्दवसु अज्जव-सच्च-सोचं
सम्मं च संजम-तवं परिचाग-मग्गं
आकिंचिअण्ण-महबंहचरिज्ज धम्मं
इट्ठा हु इट्ठ दस धम्म-मुणीस-काले॥66॥

क्षान्ति, मार्दव, आर्जव, सत्य, शौच, संयम, तप, त्याग मार्ग, आकिञ्चन्य और ब्रह्मचर्यधर्म को मुनीश काल में अतिइष्ट रूप धर्म माना है।

67

पत्तेग काल समए अणुपेह पेहं
जो पेक्खदे मुणिवरो वि अणिच्च आदिं।
संसार देह अणुराग ममत्त मोहा
खिण्णो गदो परम णिम्मल-झाण मूले॥67॥

इस मुनिवर अवस्था में जो मुनिवर अनित्यादि अनुप्रेक्षाओं का प्रतिकाल, प्रतिक्षण प्रेक्षण करते हैं, वे संसार, शरीर, अनुराग, ममत्व एवं मोह से रहित परम निर्मल ध्यान के मूल में प्रविष्ठ होते हैं।

68

आउं बलं च सुह-संपदणिच्च-लोए
जम्मं जरं असरणं मरणं भयं च।

संसार-दुक्ख-परिवत्तण-दव्व-खेत्ते
थी-बंधु-भाउ-सयला पुढु अप्प-सुद्धे ॥68॥

इस संसार में आयु, बल, सुख और संपदाओं को अनित्य कहा गया।
जन्म, जरा, मरण और भय को अशरण।
संसार द्रव्य, क्षेत्र, काल, भव और भाव रूप परिवर्तनशील है।
स्त्री, बंधु, भाई आदि सभी आत्म-शुद्धता होने पर पृथक् हैं।

69

णाणं च दंसण-सरूव-इमो त्थि आदा
एगो हु सासद-विसुद्ध-विराग-पुण्णो।
एगत्तओ णवदुवार-मलादु जुत्ता
पुण्णादु पावसव आसवमूल-रूवो ॥69॥

ज्ञानदर्शन स्वरूप यह आत्मा है। यह शाश्वत एक, विशुद्ध, विराग पूर्ण है, एकत्व युक्त है। यह व्यवहार रूप मल से युक्त है। इससे पुण्य पाव रूप कर्म का आस्रव होता है।

70

गुत्तीइ पंचसमिदीइ वसादु णिच्चं
सो संवरो हु तवसा हवदे हु णिज्जे।
राजुप्पमाण-चदुउच्च इमो हु लोओ
बोही दया पमुहधम्मय-दुल्लहो त्थि ॥70॥

तीन गुप्तियाँ, पाँच समितियों के वश से जीव संवर और तप से निर्जरा करता है। यह लोक चौदह राजू प्रमाण ऊंचा है। बोधि, दया आदि धर्म भी दुर्लभ हैं।

71

सम-समिद-दुबारं णिप्पवीचार-दव्वं
किद-सुकिद फलाणं कप्प लोगुत्तराणं।
सुह-मुणिवर-दिक्खे कम्म-बंधाणुणासं
दमण-पणय इंदं संत सब्भव्व णंदं ॥71॥

इस तरह वे क्षुल्लक सम्यक् रूप शमित द्वार वाले, प्रवीचार रहित, दिव्य, उत्तम कृत फलों की कल्प के लोकोत्तर सुखद मुनिवर दीक्षा में ही कर्मबंधों का नाश, इंदिय दमन एवं अतिभव्य शान्त-आनंद मानते हैं।

72

सम-दम-यम-सुद्धं आण माणं जिणिंदं
दु-दसविह-सुभावं भावणं-साहु-रूवं।
सरदि पवदि-मूले आण-पायाण-दिक्खं
चरदि विमल-सूरी आणदे सम्मदी तं ॥72॥

वे शम, दम एवं यम में शुद्ध क्षुल्लक जिनेन्द्रप्रभु की आज्ञा, मान आदि युक्त बारह भावना का चिन्तन करते हुए साधु रूप को स्मरण करते हैं और आज्ञा युक्त दीक्षा की ओर अग्रसर होते हैं। वे आचार्य विमलसागर से दीक्षित हो सन्मतिसागर कहलाते हैं।

॥ इति चदुत्थ-सम्मदी समत्तो ॥

पंचम सम्मदी

मुणि-दिक्खाए पढम-चाउम्मासो

दिक्खेज्ज भाव-विमलं विणिवेददे सो
णाएदि सो वि विमलो तवसिं च णाणिं।
तं खुल्लगं जध तधेव सुआण-दाणं
कुव्वेदि ताहु सयले घणमेह-सक्खी ॥1 ॥

जैसे ही दीक्षा के भाव आ. विमलासागर जी को व्यक्त किए वैसे ही वे विमल इस तपस्वी एवं ज्ञानी क्षुल्लक को आज्ञा दान करते तब सर्वत्र घनें मेघों की साक्षी रहती है।

2

कत्तिल्लमास-अड-अण्हिग-मास-सोम्मो
हारिल्ल-कंति-मण-भावण-मेह-माला।
दिक्खादु पुव्व-अमरेहि हु ओहिणाणे
दिव्वा हु पाउस पिऊस-कुणंतभावा ॥2 ॥

कार्तिक माह की अष्टाह्निका का सौम्य वातावरण, हरित-क्रान्ति (चारों ओर हरियाली) एवं मन भावन मेघों की माला थी। सो ठीक है दीक्षा से पूर्व अमरों के अवधि ज्ञान में ऐसा आया हो तभी तो दिव्य प्रावृट् पीयूष करते हुए आ गये।

3

संघे हु सूरि विमलो उणबीस-संवे
वासट्ठ-सण्ण-अणुपूरि-जएज्ज अज्ज।

दीक्खुच्छवो महुवणे महुमास-सुण्णे।
सोवण्ण-अक्खर-णिरुविद कूड-गूंजे॥ 3॥

संघ में सूरी विमल सं 2019 सन् 1962 जयकार से परिपूर्ण हो गया। मधुबन (शिखर जी तलहटी) में दीक्षा उत्सव द्वादशी-कार्तिक का मधुमास बिना मधुबन वासंती छटा युक्त हो गया। यह स्वर्णाक्षरों में अंकित इस क्षेत्र में प्रत्येक कूट में व्याप्त हो गया।

4

जे जे वि संघ-विमलंगण-मज्झ-अत्थि
ते ते सिरीफल समिप्प णिवेदएंति।
आसास-वंत-मणुजा विहरेज्ज संघो
धम्मप्पहावण सुवंदण-गच्छमाणा॥4॥

जो जो भी संघ विमलांगन में स्थित थे वे सभी श्री फल समर्पित कर चातुर्मास का निवेदन करते हैं। वे आश्वासन युक्त विहार में सहभागी हुए। संघ भी धर्म प्रभावना एवं उत्तम वंदनादिपूर्वक गतिशील रहा।

5

तेसट्ठि-वास-वरिसाइ अवार-णंदो
चागेहि संग-तव-संजम-भावणाए।
सो सम्मदी वि तव-झाण-कुणंत-णिच्चं
सज्झाय-सामइग-अज्झयणेण णाणं॥5॥

वे सन्मतिसागर सन् 1963 के वर्षा वास में अपार आनंद युक्त त्याग, तप संयम एवं भावना के साथ निरंतर तप-ध्यान, स्वाध्याय, सामायिक एवं अध्ययन से ज्ञान की ओर अग्रसर होते हैं।

6

कायोस्सगे खडग-आसण जुत्तए सो
साहू हु काल-उववास-दुवे-चदुण्हे।
सामाइगे वि हविहेज्जदि वे वि काले
पुच्छेंति सावग-जणा मुदएदि तस्सिं॥6॥

वे सन्मतिसागर कायोत्सर्ग, खडगासन में स्थित मुनि-अवस्था में दो चार दिन के उपवास में रत सामायिक भी दो दो घंटे करते हैं। श्रावक जन पूछते तो भी वे उस पर हँस देते हैं।

7

तं सम्मदिं विमलसागर-वच्छलत्ते
दाणं कुणदि अणुवच्छल भाव-सीलो।
पूजा-विहिं बहुविहाण-समासिएज्जा
पुण्णे हवेदि चदुमास-तवे हु झाणे ॥7॥

आ. विमलसागर वात्सल्यमूर्ति थे, इसलिए विमल (पवित्र क्षीर) सागर की तरह उन सन्मतिसागर को वात्सल्य प्रदान करते हैं। तप एवं ध्यान में ही चातुर्मास पूर्ण होता है तथा विविध पूजा विधि-विधान भी समायोजित किए जाते हैं।

8

उल्लास-उच्छव-महुच्छव-पच्छ-वासो
णंदेज्ज सावग-जणा सुधि-साविगाओ।
तित्थे तलेहटि-सुठाण-सुसिद्ध-सिद्धं
लाहं दएदि सयला विहरेंति तत्तो ॥8॥

उल्लास, उत्सव, महोत्सव आदि के पश्चात् वर्षावास में श्रावक-श्राविकाएँ आनंदित होती हैं। सम्मेदशिखर के पश्चात् बाराबंकी में उन सिद्ध आत्माओं के स्थान को लाभ लेते फिर वहाँ से विहार कर जाते हैं।

9

गामे पुरे णयर-पंत-अरण्ण-खेत्तं
तित्थाणं वंदण-कुणंत-तवं तवंतं।
सीदे ण कंपण-मुहे ण मिलाण भावो
सीहो समो चर चरंत-पदेसमज्झे ॥9॥

ग्राम, पुर, नगर-प्रान्त, अरण्य, नीर आदि क्षेत्र को पार करते हैं। वे तीर्थो की वंदना में तप तपते हुए शीत में मुख पर कम्पन नहीं लाते, वे अम्लान भावी सिंह सम विचरण करते हुए मध्यप्रदेश में प्रवेश कर जाते हैं।

10

वाराणसिं सिहपुरिं अवि चंद गामं
सिद्धाण ते अदिसयाण अणेग-धामं।
पावागिरिं परमसिद्धय-ऊण-ठाणं
णिव्वाण खेत्त वडवाणि-सुखेत्त-पत्ते ॥ 10 ॥

संघ वाराणसी, सिंहपुरी, चंद्रपुरी आदि सिद्धक्षेत्रों, अतिशय क्षेत्रों के अनेक धाम को प्राप्त हुआ। वह पावागिरि ऊन परम स्वर्ण भद्रादि के स्थान निर्वाण क्षेत्र एवं

वड़वानी के उत्तम भाग को प्राप्त हुआ।

गुरु-सिस्स-मंगलमय-संगमो

11

साहस्स णेत्त-पउमेहि सुआगदम्हि
अग्गेसरा हु वडवाणि-सुभाग-भागी।
इंदोर-आदि-बहुभाग-जणा जएज्जा
वच्छल्ल पीदि-मिलणेण पसण्ण-भूदा ॥11॥

वात्सल्य मूर्तियों (विमलासागर एवं महावीरकीर्ति) के प्रेरित पूर्ण मिलन से सभी सहस्त्रों पद्म नयनों से स्वागत में अग्रेसर वड़वानी वासी इन्दौर आदि के बहुत से लोग प्रसन्न भूत जय जयकार करते हैं।

12

मण्णुण्ण-बिंब-पडिबिंब-जिणाण अग्गे
साहू वि अज्जिग-गणा गुरुदंसणेणं।
वच्छल्ल-गंग-जल-रासि-णिमग्ग-भूदा
चाउव्वमास-महवीर-सुकित्ति-कित्ती ॥12॥

इधर मनोज्ञ बिंब-प्रतिबिंब जिन प्रतिमाओं के आगे सभी साधु, आर्यिकाएँ गुरुदर्शन से वात्सल्य रूप गंगा की जल राशि में गोते लगाते हुए आचार्य महावीरकीर्ति की कीर्त्ति युक्त हो जाते हैं।

णाणज्झाण-तवो-रत्तो

13

णाणं च झाण-तवकित्ति-महा हु कित्ती
आणा हु पव्व-इध-सम्मदि-सम्मदिं च।
पत्तेदि णीरस-रसी उववास-वासी
अज्झेदि सुत्त-सुद-सत्थ-पुराण-आदिं ॥13॥

वास्तव में आ. महावीरकीर्ति की कीर्ति महान थी विलक्षण थी। विमलसागर जी की आज्ञा पूर्वक सन्मतिसागर सन्मति की ओर अग्रसर हुए। वे नीरसी, रसत्यागी, अनेक उपवास को स्थान देने वाले सूत्र, श्रुत, शास्त्र एवं पुराण आदि का अध्ययन करते हैं।

14

सव्वोत्तु-उच्च गिरिचूल-सुसिद्ध-भूमिं
इंदं च-कुंभ-करणादि-सुभाग-भागं।
दाहिण्ण-भाग वडवाणि-जिणाण बिंबे
णिव्वाण सील-सयलाण णमो णमोत्थु॥14॥

सर्वोत्तम, उन्नत चूलगिरि को सिद्धभूमि-इंद्रजीत, कुंभकर्ण, मेघनाद आदि के भाग को प्राप्त हुए। वे दक्षिणभाग में स्थित बड़वानी के जिनबिंबों की एवं निर्वाण शील सिद्धों की वंदना करते हैं।

15

सोम्माकिदिं च मणमोहग-बिंब-बिंबं
झाणग्ग-पोम्म-चरणेसु णमेंति सव्वे।
कित्तीइ सद्ध-परमं सुणिदूण एसो
सम्मासणं च उववास मुणी वि गच्छे॥15॥

सौम्याकृति, मनमोहक बिंबों की ओर ध्यानाग्र पद्मचरणों में सभी नमन करते हैं। इस बावनगजा की वंदना के समय महावीरकीर्ति के कीर्ति युक्त परम शब्द सुनकर ये उपवासी मुनि सन्मति सागर यात्रा हेतु पर्वत की ओर चल पड़ते हैं।

16

ते बावणे हु गज जुत्त पहुँ च आदिं
णम्मेंति मंडव-पदे भगवंत-गोट्ठी।
दंसेज्जएंति पमुदिण्ण-भवे हु सव्वे
किं वीदराग अणुसासण-ठाण एसो॥16॥

वे सभी मुनि आचार्य संघ के साथ बड़वानी के बावन गज युक्त प्रभु आदि को नमन करते हैं। वे वहाँ मंडप पद में (मंडप के मूल में) मानो भगवंतों की गोष्ठी हो ऐसा सभी प्रमुदित होते हुए देखते हैं। क्या वीतराग प्रभु का अनुशासन स्थान यही है?

17

हत्थग्ग-छत्त-सिरसे मुणि सम्मदिम्हि
जस्सिं हवेदि उववास-वसेज्ज अप्पे।
ओसग्ग जाद सयला कि थुवेंति आदिं
कम्माण किण्ह-महुमक्खिगणा पसंते॥17॥

इधर शिष्यों पर आचार्य महावीरकीर्ति का हस्ताग्र था ही उपवासी मुनि

सन्मतिसागर के शिर पर मानो वही छत्र का कार्य कर रहा था। उपसर्ग को प्राप्त सभी कर्म रूपी कृष्ण मधुमक्खियों के समूह आदिप्रभु की स्तुति करने पर शान्त हो जाती हैं।

18

अस्सिं च सम्मदि मुणिम्हि विसेस-वाहिं
मुण्णेविदूण उवयार-सुसावगेहिं।
घीए कपूर-अणुलेव-सरीर-सव्वे
कीएज्ज सो अणुलहेदि अपुव्व-लाहं॥ 18॥

इन सन्मतिसागर मुनि के ऊपर विशेष व्याधि को समझकर श्रावकों द्वारा विशेष उपचार किया जाता है। घी में कपूर के मिश्रण रूप लेप शरीर के सम्पूर्ण भाग पर लगाया जाता है। उससे वे सन्मतिसागर मुनि अपूर्व लाभ को प्राप्त होते हैं।

19

संघो वि बावणगजं अणुपच्छ-पंतं
रट्ठं महं पडि हु अग्गसरो हु गामं।
पत्तेदि सेंधवय-सोणगिरं धुलीयं
कोसंब माल मणमाड-सुचंद-खेत्तं॥19॥

संघ बावनगज के पश्चात् महाराष्ट्र की ओर अग्रसर हो गया। पुर, ग्राम, उपग्राम, सेंधवा, सोनगिर, धूलिया, कोसंब (कुसुम्बा), मालेगाँव, मनमांड एवं चांदवड़ आदि क्षेत्र को प्राप्त होता है।

20

सो चागि सम्म-रस-झाण-णिमग्ग-जुत्तो
मंगी सुतुंगि-जिण-तित्थ-सुवंदणत्थं।
अज्जेव जत्थ सय-अट्ठ-सुदिव्व-मुत्ती।
णो अत्थि कूड-सिहरा अणु पुव्व-बिंबा॥ 20॥

वे रस परित्यागी ध्यान में निमग्न रहते हैं। वे संघ सहित मांगी-तुंगी जिनतीर्थ वंदनार्थ प्राप्त हुए। आज 2017 में 108 फुट मूर्ति यहाँ स्थापित है। जो पूर्व में नहीं थी। यहाँ के शिखर अपूर्व बिंब वाले हैं।

21

तुंगेव तुंग करि-पत्थर-मंगि-तुंगी
सो सिंखलाइ अणुबद्धय लिंग रूवो।

सिद्धो हु खेत्त गव णील महाइणीलो
रामो हणू गवखयो सुडिलो सुगीवो ॥21 ॥

उन्नत हस्ति पाषाण का यह मांगीतुंगी श्रृंखला बद्ध लिंग रूप है। यहाँ गव, नील, महानील, राम, हनू, गवाक्ष, सुडील एवं सुग्रीव जैसे महापुरुष सिद्ध हुए।

22

कोडीइ णिण्णणव-झाण तवेहि मुत्ता
अंतिल्ल केवलि सुदीहरभद्दबाहू।
ते विंस-पुव्व-सद-संघ-इगे-गुफाए
किण्हस्स अंतिमपयाण इधेव किज्जो ॥22 ॥

कोटी निन्नानवें सिद्ध पुरुष ध्यान एवं तपों से मुक्त हुए। यहाँ पर अंतिम श्रुतकेवली भद्रबाहु तेईस सौ वर्ष पूर्व संघ सहित यहाँ आए। यहाँ की एक गुफा में जिन्होंने ध्यान किया। यहाँ पर ही श्रीकृष्ण का अंतिम संस्कार किया गया।

23

साहस्स-इक्कचदुतेचदु-उच्चमंगी
ते चत्तरी छह छहे फिड उच्च-तुंगी।
वेण्हे हु कूड-गमणस्स ति सहस्स सेढी
सामुद्द-तल्लदु गदादु गुहा वि दुण्हं ॥23 ॥

समुद्र तल से मांगी शिखर 4143 फीट एवं तुंगी शिखर 4366 फीट ऊंचा है। यहाँ जाने के लिए तीन हजार (3000) सीढ़ियाँ हैं। मार्ग में दो गुफाएँ भी हैं।

24

सुद्धे गुहाइ तिफुडस्स य अद्ध पंचे
बुद्धे गुहाइ मणुहारि सुतित्थ बिंबा।
वीरस्स अद्धतयबिंब-सिदे हु आदिं।
पोम्मासणे खडग-आसण बिंब-साहुँ ॥24 ॥

शुद्ध गुफा में साढ़े तीन फुट और बुद्ध गुफा में साढ़े पांच फुट की प्रतिमाएँ हैं प्रथम गुफा में वीर (महावीर) की साढ़े तीन फुट की प्रतिमा है। आदिनाथ की प्रतिमा श्वेतवर्ण की है। कुछ पद्मासन एवं खड्गासन के बिंब हैं साधुओं के बिंब भी है।

25

तित्थाण साहु-पुरिसाण सुबिंब राजे
एगे सिसाइ चरणाणि सियाइ अज्जी।

कीएज्ज ताव-इध ठाण-सियाइ झाणं
तुंगीइ चंद णल-णील-गवक्ख-रामं॥ 25॥

यहाँ तीर्थंकरों, साधुओं की रमणीय प्रतिमाएँ पाषाणों पर उत्कीर्ण हैं। एक स्थान पर आर्यिका सीता के चरण हैं। यहीं पर सीता ने तप एवं ध्यान किया। तुंगी शिखर पर चंद्रप्रभु, नल, नील, गवाक्ष एवं राम को उत्कीर्ण किया गया है।

26

उक्किण्ण-बिंबपडि बिंब-मणुण्ण-रूवं
णेदूण रम्म-पडिमाण अणेग-बिंबं।
भट्टारगाणं असदी वि सुरम्मभावं
णाएज्जदे धरमसाल सुजत्त-जत्ती॥ 26॥

यहाँ बिंब-प्रतिबिंब मनोज्ञ रूप को प्राप्त कर रहे हैं प्रतिमाओं के अनेक बिंब उत्कीर्ण हैं। यहाँ भट्टारकों की गद्दी भी सुरम्य भाव दर्शाती है। यहाँ यात्री शाला धर्मशाला भी सुसज्जित है।

27

एलोर-चाउ-वरिसं च समत्त-साहू
अज्जो हु णंदि चदुसट्ठिय-पुण्ण-किच्चा।
वच्छल्ल-भाव-सदुवे ण दुवे णमोत्थु
वंदेज्ज आइरिय-संघ-मुणी वि अज्जो॥27॥

आर्यनंदी मुनि एलोरा का चातुर्मास 1964 का समाप्त कर मांगी-तुंगी आए। यहाँ वात्सल्य भाव सहित दोनों नमोस्तु करते हैं। आचार्य संघ के साथ आर्यनंदी भी वंदन करते हैं।

28

कित्तीइ कित्ति महवीर-सुदे वि कित्तिं
मंगल्लि-सुत्त-वयणादु कुणेदि णंदं।
वासेज्ज सम्मदि सदा मुणिराय-संगे
उण्हे दिवायर-तवेण तवंत-देहं॥28॥

कीर्ति की कीर्ति महाकीर्ति वाले आचार्य महावीरकीर्ति श्रुत में भी कीर्ति को प्राप्त थे। वे सूत्रानुसार मांगलिक वचनों से लोगों को आनंदित करते हैं। आचार्य के साथ सन्मतिसागर सदा साथ रहते हैं। सूर्य की तपन में भी तप करते हुए देह को तपाते हैं।

29

वेज्जाइविच्च कुणमाण-जणाण दिट्ठी।
तस्सिं हवेदि मुणिराय-तिच्चिंतएज्जा।
भामंडलो दिणयर व्व इमस्स तेजो
दिप्पेज्जदे मुणिवरस्स कधं कहेज्जा॥29॥

इधर वैय्यावृत्ति करते हुए लोगों की दृष्टि महावीरकीर्ति की कीर्ति पर पड़ती है। सन्मतिसागर जी भी उन मुनिवर (आचार्य) की ओर दृष्टि करते हैं तब उन्हें ज्ञात होता है आचार्य का आभामंडल दिनकर की तरह तेज युक्त दीप्त हो रहा है। सो वह कह रहा है उनकी कीर्ति कथा को।

मांगी तुंगी चाउम्मासो

30

अत्थेव वास-विहरंत-अणेग-खेत्तं
दंसेविदूण गदओ अवरे पदेसे।
गंतुं च इच्छमि अहं तध खेत्तवालो
मं रोहदे सिहर-तुंगिय मंगि-मंगे॥30॥

आचार्यश्री कहते हैं—यहाँ विहार करते, अनेक क्षेत्र देखकर बहुत समय हो गया। अब अन्य प्रदेश में जाने की इच्छा करते हैं, परन्तु क्षेत्रपाल एवं मांगी-तुंगी के तुंग शिखर मुझे रोक रहे हैं।

31

सो कित्ति-सील-मुणिराय-इधे हु चिट्ठे
कज्जे तवे सुदवरे सुद-साहणाए।
अप्पाणु-सासण-महो महपुण्णएणं
पत्तेज्ज अत्थ चदुमास-पणे दु छक्के॥31॥

1965 का चातुर्मास यहाँ मांगीतुंगी में आत्मानुशासन की महनीयता वाला होगा। महापुण्योदय से 'साधोः कार्य तपःश्रुते' रूप लक्षण श्रुत साधना के लिए है। अतः वे महावीरकीर्ति इस स्थल पर चतुर्मास के लिए ठहर गये।

32

ते सावगा हु अदि पुण्ण-सुधण्ण-धण्णा
मण्णेज्ज साविगगणी बहुसेव-सेट्ठी।

पण्णाजणा फिरुजबाद-मणीसि-सामो
पावट्ट-काल-सुद-चिन्तण-दायएज्जा ॥32॥

वे श्रावक एवं श्राविकाएं, श्रेष्ठीजन, सेवाभावी मुनिभक्त अपने को पुण्यशाली मानते, अपने आपको धन्य करते हैं। यहाँ प्राज्ञजन आते, मनीषी श्याम सुंदर शास्त्री भी प्रावट्-वर्षाकाल में श्रुतचिन्तन का लाभ देते हैं।

33

पीऊस-वाणि-परमं अणुलाह-हेदुं
आराधएंति सुदराहग-सम्मदिं च।
मल्ली वि पारसमुणी अदिवीर-वीरा
सेयंस-धम्म-पहुदी गिह-दिक्ख-दिक्खे ॥33॥

इधर मांगी तुंगी में पीयूष वाणी के परम लाभार्थ आते हैं, श्रुताराधक जन सन्मति हेतु को। यहाँ मुनि मल्लि, पार्श्वमुनि, पार्श्वमति, अतिवीरमति, श्रेयांसमति एवं धर्ममति आदि दीक्षित होती हैं।

34

सल्लेहणा हवदि अज्जिग-एग-अत्थ
सिद्धाण पूजण-विहिं कुणमाण-सेट्ठी।
सामण्ण-धम्म-तव-पेक्खण-पेहणं च
कुव्वेंति माणुजमणा अणुसील-बंहं ॥34॥

यहाँ एक आर्यिका की सल्लेखना होती है। यहाँ श्रेष्ठीजन सिद्धों की पूजन विधि को करते हुए श्रामण्यधर्म, तप एवं अनुप्रेक्षाओं के प्रेक्षण को करते हैं तथा कई लोग ब्रहचर्य को पालन करते हैं।

सवणबेलगोल-जत्ता

35

सो गोम्मटेस-पहु-बाहुबली तवस्सी
चामुंडरायमदि धण्ण-महो हु अत्थि।
पासाणए परम-पाण-पदिट्ठ-कज्जं
सत्तावणं अदिसयं पडिबिंब-बाहुं ॥35॥

वे चामुण्डराय अतिधन्य हैं जिन्होंने सत्तावन फुट के अतिशय युक्त (57 फुट) बाहुबली के जिनबिंब की स्थापना कराई। सो ठीक है, पाषाण में प्राण प्रतिष्ठा प्राप्त तपस्वी बाहुबली प्रभु गोम्मटेश तो गोम्मटेश ही हैं।

36

संघो विहार-गद-णंद-कचे अडूलं
ओरंग-एलुर-पुरम्हि पवास-वासं।
वंदेज्ज तित्थ-अणुतित्थ छिछक्क काले
सो गोम्मटेस-पहु-चादुरमास चिट्ठे।।36।।

संघ विहार करता हुआ नांदगांव, कचनेर, आडूल, औरंगाबाद, एलोरा आदि नगरों में प्रवास को प्राप्त अनेक तीर्थों की वंदना को प्राप्त 1966 में गोम्मटेश प्रभु के चरणों में चातुर्मास के लिए स्थित हो जाता है।

37

बिंझासिरी-अचल-सासद-रम्म-मोल्लं
णेदूण ताव सजणाण तवेसु सम्मं।
पासाण-हारिद-वणप्फदि-संत-सव्वे
आगच्छमाण-तवसीण सुणंदएज्जा।।37।।

विन्ध्यश्री अचल एवं शाश्वत रम्य मूल्य को लेकर यहाँ आगत तपसी तप युक्तजनों के भली प्रकार से पाषाण तथा वनस्पतियाँ संत की तरह शान्त सभी तपों में लीन जनों के लिए आनंदित करती हैं।

38

सा अंचलादु तवसीण सुछत्त-छायं
सीदं णिवारदि सदा उसणे वि वाउं।
दाणं च किट्ठ किसगाण किसिल्ल-लाहं
णिच्चं कुणेदि सुदमाण-सुदाण कंतिं।।38।।

वह विन्ध्यश्री अपने अंचल से छत्र रूप छाया करती तपस्वियों के लिए। वह शीत निवारण करती एवं उष्ण में वायु का दान करके कृष्ण कर्मों के क्षय वालों तथा कृषकों को भी लाभ पहुँचाती है। सो ठीक कांति महावीरकीर्ति की कान्ति को श्रुत रूप सुत के लिए ऐसा दान करती ही है।

39

णं गोम्मटेस-महणिज्ज-सुतुंग-बिंबो।
छासट्ठि-मत्थग-महा अहिसेग-कत्तुं।
आकस्सएंति तवसीण सुसम्मदीणं
अप्पेग संघ-जण-जुत्त-सुपाद-पत्तं।।39।।

सन् 1966 के महा मस्तकाभिषेक करने लिए मानो गोम्मटेश की महनीय

उत्तुंग प्रतिमा तपस्वियों एवं सौम्य सन्मतियों को आकर्षित करती हैं। तभी तो मोटा जनसमूह संघ युक्त पादमूल को प्राप्त हुआ।

40

तित्थं च तित्थ-गद-वंदण-तित्थ-हेदुं
गच्छेदि बिंझगिरि-मूल-पदेस-भागे।
पत्तेज्ज सागद-भडारग-भट्ट-भट्टे
सो सम्मदी वि विजयामदि-अज्जिगा वि ॥40॥

मुनि सन्मतिसागर एवं आर्यिका विजयामति भी एक तीर्थ से दूसरे तीर्थ की वंदना कर इस संसार से पार होने के लिए ही विन्ध्यगिरि के मूल प्रदेश भाग में (श्रवण वेलगोल की तलहंटी में) पहुँचे। भट्टारक अपने भट्ट उत्तम शिष्यों के साथ स्वागत करते हैं।

41

पत्तेग-आगद-तवी मणुजा वि जत्ती
कल्लाण-णीरछसदे अणुसीढि-मग्गं।
ते दोडुवेट्ट-सिहरं अणुगच्छएंति
साहस्स-वासपडिमं पडिदंसएंति ॥41॥

प्रत्येक आगत तपस्वी एवं यात्री जन कल्याण नीर (सरोवर) से 600 सीढ़ियों के मार्ग को पार करते हैं वे दोडुवेट्ट शिखर पर पहुँचते हैं वहाँ पर एक हजार वर्ष की प्रतिमा (57 फुट उच्च बाहुबली की प्रतिमा) का दर्शन करते हैं।

42

णीले हु रम्म-गगणे अणुफास-माणं
पासाण-बिंब-अदिरम्म-पुणीद-भावं।
दाएज्ज अज्ज मणुजाण तवं च झाणं
कालल्लदेवि जणणी पमुहा हु पेण्णो ॥42॥

नील गगन को छूने वाला पाषाण निर्मित बिंब (प्रतिमा) अतिरम्य है जो आज भी तप ध्यान को मनुष्यों के लिए प्रेरणा प्रदान करता है। यह प्रतिमा (मैसूर नरेश राचमल्ल के प्रमुख सेनापति चामुण्डराय की) मातुश्री कालकदेवी की प्रेरणा से बनवाई गयी थी।

43

सो गोम्मटेस-पहु-पाद-विणम्म भूदो
सिद्धंत चक्कवरदी-सिरिणेमिचंदं।

चंदंगिरिं च इदिवुत्त सुणाण-सव्वं
एगे हु तिंससद उण्णद-भाग वंदे ।।43 ।।

वे सन्मतिसागर गोम्मटेश प्रभु के पाद में नत हुए सिद्धान्त चक्रवर्ती नेमिचंद्र एवं चंद्रगिरि के सर्व वृत्तांत को जानते। यह चन्द्रीगरि 3100 फुट ऊंचा है, उस पर स्थित प्रतिमाओं तथा सिद्धात्माओं का वंदन करते हैं।

44

णं देसभूसण-मुणीसर-देस-देसं
मण्णेज्ज साहु-हुकुमोसिरि भागचंदो।
सत्तेव छक्कय महाअहिसेग हेदुं
आगच्छिदूण तिहि-तिंसय मज्झ काले ।।44 ।।

यहाँ गणमान्य साहू शान्तिप्रसाद, सरसेठ हुकमचंद्र एवं श्रेष्ठी भागचंद्र जी सोनी सन् 1967 मार्च 30 के अभिषेक-महामस्तकाभिषेक हेतु आकर मानो आचार्य देशभूषण के आदेश को महत्व दे रहे हों।

45

साणंद-जाद अहिसिंच-विहिं च सव्वं
लक्खाहिदादु जणमाणस सिंच-लाहं।
पत्तेंति माणस मुणीसर-अज्जि-साहू
सेट्ठी वि पण्ण जण-सड्ढ गणा हु सव्वे ।।45 ।।

महामस्तकाभिषेक की सम्पूर्ण विधि तो आनंदित करती है। लाखों से अधिक जिनमानुष अभिषेक के लाभ को प्राप्त होते हैं। मानुष, मुनीश्वर, आर्यिका, साधु, श्रेष्ठी, प्रज्ञजन एवं सभी श्रद्धालु भी उसका लाभ प्राप्त करते हैं।

46

सत्तेवरंगि अहिसेग दिवाकरो वि
कुव्वेदि तिक्खकरिएहि सुमाणुसंगे।
णिद्दोस साहग गुणीण सुपत्तगाणं
संघो चरेदि करकल्ल पडिं च जग्गी ।।46 ।।

दिवाकर अपनी दीप्त किरणों से सप्तरंगी अभिषेक करता है। अतः वही मानवों के साथ निर्दोष साधकों, गुणी जनों एवं उत्तम पात्रों के बीच अभिषेक के लिए तत्पर हुआ है। अभिषेक के बाद संघ कारकल के लिए विहार कर गया।

47

कारेकले तिविस-बिंब-जिणालएसुं
उत्तुंग-बाहुबलि-वेचदु फुट्ट बिंबं।
माणस्सथंभ-पहुपारस सीदलं च
णेमि भडारग-सुठाण मुणीण दंसे ॥47॥

कारकल में 300 फुट ऊंची पहाड़ी पर जिनालयों में बाहुबली के 42 फुट ऊंचे जिनबिंब, मानस्तंभ, प्रभु पार्श्व, शीतलनाथ, नेमिनाथ का दर्शन करते हैं। वहाँ भट्टारक और मुनियों के बिंब स्थान को भी देखते हैं।

48

जत्थेव गच्छदि स सम्मदि सागरो वि
झाणं तवं च चरणं अणुचिंतणं च।
सिप्पीण सिप्प कल-कित्ति विचारणत्थं
कुव्वेदि अज्झयण-सुद्ध-विसुद्ध-अप्पं ॥48॥

मुनि सन्मतिसागर जहाँ भी जाते वहाँ ध्यान, तप, चारित्र एवं अनुचिंतन को महत्व देते हैं। वे शिल्पियों की शिल्पकला की कीर्ति के विचारार्थ लगे रहते हैं। और वे शुद्ध, विशुद्ध आत्मा का अध्ययन करते हैं।

उपेन्द्रवज्रा

49

सदा सुझाणे तव-णाण-जोगे, पसण्णभूदो समदिं च गुत्तिं।
जिणिंद-वाणि गुणचंद-भागं, पमाणभूदो चरदे चरित्तं ॥49॥

वे सन्मतिसागर प्रसन्नभूत, प्रमाणभूत सदा ही उत्तम ध्यान में लीन, तप, ज्ञान एवं योग में रत समिति, गुप्ति, जिनेन्द्र वाणी रूपी गुणचंद (चंद्र रूपी किरणों की तरह) भाग चरित्र की ओर अग्रसर होते हैं।

उपजाति

50

पीऊस-तुल्लं सुद-सत्थ-अंगं, चंदं इवंसुं समसीदलंसुं।
जिणंसु-पज्जंत उपेच्चु एसो, सुतित्थ-तित्थं णमि णम्मएज्जा ॥ 50 ॥

ये सन्मति सागर तो प्रत्येक तीर्थ पर वंदना करते हैं वे जिनांशु पर्यंत को प्राप्त चंद्र की तरह शीतल किरणों की प्राप्ति के लिए पीयूष तुल्य श्रुत-शास्त्र रूप अंगागमों की ओर अग्रसर रहते हैं।

वंशस्थ छंद

51

किमेस अप्पा लहदे सुहं हिदं, किमप्पहाकंत-दिणेस तेजसं।
इमे ण तित्थे परमप्प-संपदं, जगत्तयालोक-सुसंत वंदणं ॥51॥

क्या ये तीर्थ जगत्रयालोक (त्रिभुवनपति के आलोक) से आलोकित सुखद शान्त पूज्य नहीं बनाते हैं? क्या ये परमात्म संपदा नहीं देते हैं? क्या यह आत्मा यहाँ पर प्रभाकान्त दिनेश के तेज रूप शुभ हित (परमहित) नहीं पाता?

52

भुजगशशि भृत- ।।। ।।। SSS = 9 वर्ण

मरकत-सरिसं पत्तं, मणिमय-धवलं चंदं।

करकल-जिण-वंदणं, करि-करि लहि हुम्मच्चं ॥52॥

वे सन्मतिसागर करकल के जिन वंदन करके हुम्मच आए। यहाँ मरकत मणिमय सदृश धवल चंद्र प्रभु को प्राप्त हुए।

चित्रपदावृतम्-51

53

तित्थ-इमे परमप्पे, तोसकरा भगवंता।
झाण तवे सुदणाणे, णेय-णए सम-संता ॥53॥

इन परमात्म के तीर्थ पर आनंद है, ये भगवंत, समत्व एवं शान्त रूप स्थान नय की ओर ले जाते हैं। ये ध्यान, तप एवं श्रुतज्ञान की ओर ले जाते हैं।

॥ इदि पंचम सम्मदी समत्तो ॥

छह सम्मदी

रसिका-चदुवर गण धरि जुगल
।।। ।।। ।।।

हुम्मचचाउम्मासो

पहुवर गण णमि णमय,
वसहय-वस पद पणय,
चउविस-भगवद चरण,
धवलिद-हिययर सरण,
इह मुणि मुणिवर णयण
अदिसय, अणुवम गयण ॥1॥

ये मुनिवर अपने नेत्रों में अतिशय, अनुपम गमन (तीर्थ स्थान पर गमन) चिन्तनकर प्रभुवरों को एक साथ नमन करते। ये वृषभ की वृष पदों में (उत्तमचरणारविंदों में) प्रणत चैबीसों भगवत के धवलित स्वरूप को अपने लिए हितकर मानकर उनकी शरण को प्राप्त होते हैं।

2

भट्टारगो हुमचखेत्त-पबंध मूले
णाणत्थलीइ भुवणे सुद-सिक्खणं च।
दाएज्ज पाइय-सुसक्किदभासणाणं।
लोकिल्ल-अज्झमिग-धम्म-सुझाण-पाढं॥2॥

इस हुम्मचपद्मावती क्षेत्र पर भट्टारक ज्ञान स्थली के भक्त प्रबंध, संस्कृत आदि भाषाओं का ज्ञान, श्रुतशिक्षण, लौकिक, आध्यात्मिक, धर्मज्ञान एवं उत्तमध्यान के पाठ को पढ़ाते हैं।

3

उत्तुंग-गेहजिण-मंदिर-तित्थ-तित्थं
वंदेज्ज सम्मदिमुणी दुव-छत्त-संघे।
मग्गे बिलाडि दहिणादु हु वामएज्जा
छिक्केज्ज मेह-वरिसादु हवेज्ज अत्थ ॥3॥

यहाँ उतुंग जिनग्रहों में तीर्थकरों की प्रतिमाएँ थीं, सन्मतिसागर दो छात्रों के साथ वंदनार्थ जाते, मार्ग में दाएँ से बाएँ बिल्ली रास्ता काट गयी। छींक भी हुई और थोड़ी ही देर में मेघों ने अतिवृष्टि की अर्थात् बादल फट पड़े, जिससे चारों ओर पानी पानी हो गया।

4

मत्थेग-सिंचिणविहिं अणुपच्छ-अत्थ
अज्झप्प जोगि मुणि कुंदय-कुंद-अद्दिं
साहस्स ते हु फुड-उण्णद-खेत्त पंतं
तित्थेव-वंदणविहिं कुणएंति सव्वे ॥4॥

महामस्तकाभिषेक विधि के पश्चात् हुम्मच में अध्यात्म योगी मुनि कुंद कुंद की कुंदाद्रि जो तीन हजार फुट ऊंची थी, उसे प्राप्त हुए। यहाँ सभी तीर्थेश वंदन विधि को पूर्ण करते हैं।

वेज्जाविच्चसंलग्गो

5

सत्तेग-छक्कचदुमास-समापणं च
किच्चा हु सम्मदि मुणी णव दिक्खसिस्सं।
सिक्खेदि संभव-सुकुंथय-णेमि-साहुँ
वेय्याइविच्च गुरु-आण इमे हु अग्गी ॥5॥

सन् 1967 को चातुर्मास समापन करके सन्मतिसागर नव दीक्षित संभवसागर कुंथुसागर एवं नेमिसागर को सिखाते हैं। ये वैय्यावृत्य में एवं गुरु आज्ञा में अग्रणी थे।

6

कित्ती गुरू अदि हु रोग-असाद-जुत्तो
जादो तदा भिसग-पत्थ-विहीइ रोगा।
मुत्तो सरीर-बलहीण-मुणीस-अज्ज
चल्लेज्ज ठाण-इणमो हु णिरोग-जादो ॥6॥

आचार्य महावीरकीर्ति असाध्य रोग युक्त जैसे हुए वैसे भिषक धर्मेंद्र के पुत्र डॉ. महावीर उनकी सेवा में उपस्थित हुए। पथ्य उपचार से वे रोग मुक्त हुए, पर शरीर की कमजोरी थी, जिससे उन्हें निरोग हेतु उस स्थान का परित्याग करना पड़ा।

7

सूरी इमो परमपावण-भावणाए
पायच्छिदं पडिकमणण-विहिं लहेज्जा।
सो सम्मदी विहरएज्ज महाहुरट्ठे
सोलापुरं फलटणं अकलूज-बस्सिं॥7॥

ये सूरि परम पावन-भावना के साथ प्रायश्चित, प्रतिक्रमण विधि पूर्ण करते। गुरु के साथ सन्मतिसागर सोलापुर, फलटण, अकलूज एवं बार्शी आदि की ओर महाराष्ट्र में प्रवेश कर जाते हैं।

कुंथलगिरि-चाउम्मासो—

8

पत्तेज्ज कुंथलगिरिं कुल-देस-ठाणं
अत्थेव अंकलियरस्स पवज्ज-खेत्तो।
भू-संतिसायर-मुणीस-समाहि-थल्लो
अट्ठेव छक्क चदुमास-पवित्त-अत्थ॥

कुलभूषण-देशभूषण के स्थान, अंकलीकर (आ. आदिसागर) का दीक्षा क्षेत्र, आचार्य शान्तिसागर की समाधि स्थल की भूमि वाले कुंथलगिरि को प्राप्त संघ (सन्मति सागर) यहाँ 1968 के चातुर्मास को पवित्र बनाते हैं।

9

सामो धणिंद सिरितेज-सुमेरचंदो
अज्झप्प-णाण-सुदणाण-पदिण्णमाणा।
एदे हु पण्णजण-तच्च-पहाण-णाणं
कुव्वाविएंति सुद-भावण-जग्गवंता॥9॥

यहाँ श्यामसुंदर, धनेन्द्र एवं सुमेरचंद्र (दिवाकर) प्रज्ञजन तत्व ज्ञान कराते है। ये अध्यात्मज्ञान, श्रुतज्ञान (चारों अनुयोगज्ञान) देने एवं श्रुत भावना जागृत करने वाले थे।

गजपंथा-चाउम्मासो

10

छक्केव-णो हु चदुमास गजे हु पंथे
कुव्वेंति सत्तबल-भद्द-अडेव कोडिं
णिव्वाण-ठाण-विजयं अचलं च णंदिं।
णंदीइमित्त सुपहं सुदरिस्स बल्लं॥10॥

सन् 1969 का चातुर्मास विजय, अचल, नन्दी, नन्दीमित्र, सुप्रभ, सुदर्शन एवं बलदेव के निर्वाण स्थान को प्राप्त स्थल गजपंथा पर करते हैं। यहाँ से सात बलदेव एवं आठ कोटि मुनियों को निर्वाण प्राप्त हुआ।

11

सिप्पी-गुहा चमरलेणि-गिरिस्स अत्थि
सेढी चदुस्सद-गदे चदु अद्ध-बिंबं।
हत्थीअ-चिट्ठ-गद-देविय-पासचिण्हं
पोम्मावदी-मउडबद्ध-सुमुत्ति-दंसे॥11॥

इधर गजपंथा में चागर लेणी गिरि की शिल्प युक्त गुफाएँ हैं। पर्वत पर जाने के लिए चार सौ सीढ़ियां है यहाँ चार हाथ ऊंचे बिंब को देखते हैं। यहाँ पर पार्श्वचिह्न युक्त मुकुटबद्ध हस्ति पर बैठी हुई पद्मावती की मूर्ति हैं।

12

अत्थे हु सण्णिगड-पंडवलेणि-गुप्फा
अस्सिं च वीर पडिमा दुवि मल्लि बिंबा।
कोडे जिणालय-सुमाण सुधम्म साला
कुव्वेदि राम-चदुमास इधेव झाणं॥12॥

यहाँ समीप में पांडवलेणी गुफा है, इसमें वीर प्रभु की प्रतिमा है। आगे दो गुफाएँ है जहाँ मल्लिप्रभु एवं अनेक जिन प्रतिमाएँ हैं। परकोटे में जिनालय मानस्तम्भ, धर्मशाला आदि हैं। यहाँ राम वर्षावास चतुर्मास ध्यान करते हैं।

13

एगे दिवे गुरु सिरी जिणबिंब अंके
चिट्ठंत-सप्प-कर-अंगुलि-गिण्हएज्जा।
सो सम्मदी तव तवी मुद-झाण-चिट्ठे
सामाइगे विसहरस्स विसो विसज्जे॥13॥

एक दिन गुरु जिन बिंब की अंक में बैठे हुए सर्प को देखते हैं, वह उनकी अंगुलि पकड़ लेता है तब भी वे तपस्वी तप-ध्यान में स्थित सामायिक में बैठ जाते, तब विषधर का विष समाप्त हो जाता है।

14

तावे तवस्सि विस-कम्म-णियं ण कुव्वे
जोगादु सो वि खलु खीयदि किं विचिन्ते।
इत्थेव कित्ति-गुरु जाद-सुसेट्ठ सत्थं
गोट्ठी तवादि विहि पंत समत्तए सो॥14॥

यह सत्य है कि तपस्वी के तप में विष अपना प्रभाव नहीं दिखलाता है। उसमें भी योग से युक्त मुनि क्या उस योग तप से उसे क्षय नहीं करते? विचार कीजिए! यहाँ पर ही आचार्य महावीर कीर्ति का स्वास्थ ठीक हो गया। यहाँ गोष्ठियाँ, तपाराधना आदि के विधि विधान होते हैं और चतुर्मास समाप्त हो जाता है।

मांगी तुंगी चाउम्मासो

15

अत्थेव मल्लि-गुरु-पाद-सलेह-भावे
आगच्छदे अदि पकंपय-सीद-काले।
झाणे णिमग्ग-मुणिमल्लि-सुसेव हेदुं
सो सम्मदी पडिदिणं विणिवेद सच्छं॥15॥

यहाँ मल्लिसागरजी सल्लेखना भाव से आचार्य महावीरकीर्ति के पास कड़कड़ाती सर्दी में आए। वे ध्यान में लीन मुनि मल्लि सुसेवा को प्राप्त हुए। सन्मति सागर ने प्रतिदिन सेवावृत्ति से स्वास्थ्य लाभ की कामना की।

16

संघो जदा गमण इच्छगदो हु अण्णे
सेट्ठीगणाण मणसे इध णो अभावं
जाणेविदूण विहरज्जदि जत्थ तत्थं
णीरेहि णीर घणमेह तदेव कुव्वे॥16॥

श्रेष्ठीजनों के मन में इधर ठहराने के भाव नहीं थे, ऐसा जानकर संघ जैसे ही अन्यत्र गमन की इच्छा करता वैसे ही विहार के समय घनघोर मेघ उस स्थल को नीर से पूर्ण कर देते हैं।

17

तिव्वा हु तिव्व घण-घोर-घडाहि णीरं
वाउप्पवाह-बवडंवर-गाम रोसो।
खम्मेह तुम्ह सयलं च समाहि-भावं
कुव्वेज्ज तुम्ह तव मुत्ति मुणीस-अम्हे ॥17॥

तीव्रतितीव्र घनघोर घटाओं से नीर, वायु प्रवाह रूप बवंडर एवं इधर ग्रामीणजनों का रोस था। अतः वे सभी ट्रष्टिगण क्षमा माँगते हैं और ठहरने का निवेदन करते हैं और आप सभी तप मूर्ति हैं मुनीश हो हमारे।

18

कित्ती गणी तवसि सम्मदि सम्म सेवे
सम्मं समाहि गुणि मल्लि इधेव जादे।
वे सत्तरे गुणसमुद्द-सिरी मुणीसा
मंगीइतुंगि चदुमास अणेग दिक्खा॥

आचार्य महावीरकीर्ति एवं तपस्वी सन्मति सागर के सम्यक् सेवा होने पर एक मुनि समाधि को प्राप्त हुए। गजपंथा के पश्चात् सन् 1970 में गुण समुद्र रूपी सभी मुनिवर मांगी-तुंगी चातुर्मास में अनेक दीक्षाएँ कराते हैं।

19

वासू सुधम्म-मुणि सुव्वद णेमि-साहू
णेगा हु अज्जिय गणा हु महव्वदी हू।
पव्वज्ज-पुव्व-सयला अणुचारि-सव्वे
भावेज्ज तित्थ-गिरणार-सुवंदणत्थं ॥19॥

मांगीतुंगी में वासुसागर, सुधर्मसागर, सुव्रतसागर, नेमिसागर एवं अनेक आर्यिकाएँ प्रव्रज्या युक्त सभी महाव्रती उनके अनुचारी बने। आचार्य श्री महावीरकीर्ति ने गिरनार तीर्थ वंदन के उत्तम भाव किए।

20

इंदोर-सेट्ठि रदणो अणुलाह जुत्तो
सिद्धादु पच्छ इध किंचि-पवास-भूदो।
पावादि-सिद्धवरकूड-धरामणावि
जुल्लो भवंत-पदपत्तय पाव खेत्तो ॥20॥

इन्दौर के श्रेष्ठी रतनलाल जी काला संघ विहार के लाभार्थी सिद्धक्षेत्र मांगीतुंगी के पश्चात् इन्दौर कुछ प्रवास युक्त हुआ। फिर पावागिरि, सिद्धवर कूट, धरमपुरी, मनावर, बाकानेर, जुलवनिया, आदि होता हुआ पावागढ़ क्षेत्र गत होता है।

21

पावागढादु पुरिसुत्तम-राम-पुत्ता
लव्वो मदंकुस-मुणीस-सुमुत्ति पत्तं
लाडो णरिंद पहुदी मुणिमोक्खगामी
सल्लेहणं च अदिवीरय पत्त अज्जी ॥21॥

यहाँ पर अतिवीरमति आर्यिका भी सल्लेखना को प्राप्त हुई। यहाँ पावागढ़ से पुरुषोत्तम राम के पुत्र अनंग लवण एवं मदनांकुश (लव-कुश) मुक्ति को प्राप्त हुए तथा लाड़ नरेन्द्र आदि मुनि यहाँ से मोक्षगामी हुए।

22

तत्थेव पंचमहलं णवसारि सूरं
संघो वि सोणगढ़-सत्तुंजय-गिरिं च
जोहिट्ठ भीम मुणि-अज्जुण-पालिताणं
णिव्वाण-भुं उसह देसण-णेमि-तित्थं ॥22॥

पावागढ़ से पंचमहल, नवसारी, बड़ौदा, सूरत आदि के पश्चात्, सोनगढ़ फिर शत्रुंजय-तीर्थ को प्राप्त हुआ। युधिष्ठर भीम, अर्जुन आदि की निर्वाण स्थली पालीताना, ऋषभ के समवशरण स्थल तथा नेमिप्रभु के देशना स्थल को प्राप्त हुए।

23

साहस्स-चाउ-जिणगेह-ति-पंडु मुत्ति
वंदेज्ज संति-पहु-भत्ति-समेज्ज-सव्वे।
णेमिं च संभु-पजुमण्ण-तवंत मोक्खं
उज्जंत-सेल-तलए मुणि-मल्लि-सग्गं ॥23॥

शत्रुंजय चार हजार जिनालय और तीन पांडवों की मुक्ति स्थल (युधिष्ठर, भीम एवं अर्जुन की निर्वाणस्थली) है तथा शान्तिप्रभु की सभी भक्ति सहित वन्दना करते हैं। गिरनार से नेमिप्रभु, शंभुकुमार और प्रद्युम्न तप करते हुए मोक्ष प्राप्त हुए। ऊर्जयन्त शैल की तलहटी में मुनि मल्लिसागर स्वर्गस्थ हुए।

24

एसो गिरी परम-सिद्धगणाण खेत्तो
अस्सिं अतच्चमणुजा अवि संत-भागे।
कुव्वेंति हिंस परिदंसण माणवाणं
सम्मं पबोहिदजणा ण असंत संता ॥24॥

यह गिरनार परम सिद्धगणों का क्षेत्र है। इस पर अतत्वजन शांत भाग में

दर्शनार्थी मानवों के लिए आतंकित करते हैं, पर आ. महावीरकीर्ति से सम्बोधित आशान्त लोग शान्त नहीं होते हैं।

25

अस्सिं विधम्मिमणुजा कुणएंति रोसं
तेसिं पसंत पुलिसा समएंति अत्थ।
बंहा हु पारण दिवं मणुएंति सूरी
तावत्थली-वि धरसेण-सु-पुप्फ-भूतिं ॥25॥

यहाँ पर विधर्मीजन रोष (आक्रोश) करते हैं, उनके रोष को पुलिस शान्त करती है। यहाँ ब्रह्म (आदिब्रह्म ऋषभ) का पारणादिवस मनाते हैं। आचार्य महावीरकीर्ति धरसेन की तपस्थली और पुष्पदंत भूतवलि के शिक्षा स्थान को देखते हैं।

26

तित्थो सिरोमणि गणिं अणुरोचदे हु
तित्थाण वास-उववास तवो वि अस्सिं
सो सत्तरेग चदुमास गिरे कुणेदि
वंदेज्ज तत्थ उवसग्ग सहंत सव्वे ॥26॥

तीर्थ शिरोमणि आचार्य को तीर्थ क्षेत्र वास, उपवास, तप आदि रुचते हैं इसलिए सन् 1971 के चातुर्मास के लिए गिरनार क्षेत्र में रुक जाते हैं। यहाँ उपसर्ग सहन करते हुए सिद्धों की वंदना करते हैं।

गिरणारादु विहरणं

27

सज्झाय झाण-तव णिट्ठ इमो हु संघो
संते समाहि कुण खुल्लग-एग-पच्छा
पत्तेदि सोणगढ-धम्मथलं च काणिं
आहार-पच्छ अणुचारि इमो हु संघो ॥27॥

यह संघ स्वाध्याय, ध्यान एवं तप निष्ठ साधुओं का संघ था। यहाँ एक क्षुल्लक की समाधि हुई, इसके पश्चात् कानजी भाई के धर्मस्थल सोनगढ़ को गये वहाँ से संघ आहार के पश्चात् विहार कर देता है।

28

संघेण किज्ज अहमदाइ पभावणं च
सीदे पकंप-गदकंप विहार जुत्तो।
सिंहस्स वित्ति मुणिराय-कलोल गामे
सम्मेदलक्खिय-गणी अणुरोग-जुत्तो ॥28॥

संघ के द्वारा अहमदाबाद में महती प्रभावना की गयी। शीत में कड़कड़ाती सर्दी और अस्वस्थ आचार्य सिंहवृत्ति पूर्वक सम्मेद-शिखर के लक्ष्य वाले मुनिराज कलोल ग्राम में आ गये।

29

छक्के जणेवरि दुसत्तर दिण्ण कित्ती
सम्मत्तिए हु महसाणपुरे हु सम्मं।
सक्कार साम मुणिभत्त अणूवलालं
किज्जा गुरुस्स गुरुवार महोच्छवं च ॥29॥

जनवरी, सन् 1972 के दिन महावीरकीर्ति की मेहसाना में समाधि हो गयी। वहाँ पं. श्यामसुंदर अनूप लाल एवं धर्मेन्द्र ने गुरु का गुरुवार को अंतिम संस्कार व मृत्यु महोत्सव किया।

30

कित्तीइ मिच्चु णिगडं मुणिदूण पुव्वं
सूरिं च सम्मदि पदं दइदूण सम्मं।
सम्मं समाहि मरणं किद-कित्ति एसो
अट्ठारहा हु बहुभासि इमो हु संतो ॥30॥

आ. महावीरकीर्ति ने मृत्यु को जानकर पहले ही सन्मतिसागर को उचित सूरी पद को देकर सम्यक् समाधिमरण किया। यहीं महावीरकीर्ति अठारह भाषाओं के भाषी संत थे। समाधि से पूर्व महावीरकीर्ति ने संघ के पंचाधारों की स्थापना करते हुए सन्मतिसागरजी को आचार्य व उपाध्याय, कुंथुसागरजी के गणधर, संभवसागरजी को स्थाविर, नेमिसागरजी को प्रवर्तक तथा आर्यिका विजयमति को गणिनी बनाया था।

आइरिय पदारोहण विही

31

संघस्स संघ-गणणायग-आवसो हु
एदं विणा हु अणुसासण संभवो णो।
बीसे पुरे हु अरहस्स समाहि-जादि
तारंग-खेत्त-अणुपत्त-इमो हु संघो ॥31॥

संघ का एक गणनायक अवश्य होता है। इसके बिना अनुशासन संभव नहीं। आवश्यक क्रियाएँ भी संभव नहीं। इसी बीच अरह सागर की बीसनगर में समाधि हो जाती है। तब वहाँ से यह संघ तारंगा आ गया।

32

सिद्धं च चक्क अड-दिव्व-दिणं च णंदं
संघे हु अज्जि-विजया वि णिरोग-कायं।
भत्ता मुणीस-परमं अणुरोहदे तं
माहुच्छवं च उदए पुर-सूरि-जोग्गो ॥32॥

यहाँ पर आठदिवसीय सिद्ध चक्र मंडल विधान सानंद सम्पन्न हुआ। उससे विजयमति आर्यिका स्वास्थ्य लाभ को प्राप्त हुई। भक्तजन आचार्य श्री को उदयपुर का अनुरोध करते है। ताकि मुनीश आचार्य सन्मतिसागर का उत्कृष्ट महोत्सव मनाया जा सके, उदयपुर में सूरि पदारोहण योग्य है।

33

हंडावदो सिरि-अणूव ससंघ-णेदुं
अण्णे पदिट्ठिद-जणा अणुगामि-हेदुं।
गच्छेंति तित्थ-सिरि-तारग-भव्व-जीवं
तारंगए अणुमदे चरदे वि संघो ॥33॥

श्री अनूपलाल जी हंडावत संघ की अगवानी हेतु अन्य प्रतिष्ठितजनों युक्त तारंगा क्षेत्र जाते हैं। यह तारंगा भव्य जीवों का तारक है तभी तो उदयपुर की अनुमति प्राप्त संघ उदयपुर की ओर विहार कर जाता है।

34

फग्गुण्ण-सुक्क-विदिए सण-बाहतेरे
बंहो हु सूरजमलो बिहि मंत-अग्गी।
णेगा हु पण्ण-बहु सेट्ठिजणाण मज्झे
सक्कार मंत विहि आइरियाइरोहो ॥34॥

फाल्गुन शुक्ला दोज सन् 1972 को ब्र. सूरजमल जी विधि विधान एवं मन्त्र में अग्रणी हुए। इसमें अनेक प्रज्ञजन, बहुत से श्रेष्ठीजनों का योगदान रहा। संस्कार मन्त्र विधि पूर्वक आचार्य पदारोहण सम्पन्न हुआ।

स्वागतावृत्त

35

सोम्म-माणस-सरोवर-हंसा, पण्ण-तावस महुच्छव-सुब्भं।
खेइए जल-विहंग-सुपक्खी णं णभे जिण-उवासिद-सूरिं॥35॥

इस सौम्य मान सरोवर के हंस, प्रज्ञजन तापस के महोत्सव को शुभ्र बनाते हैं। ये खेचर, जल विहारी, आकाश के पक्षी मानो उपासित सूरी को नमन कर रहे थे।

॥ इदि छट्ठ-सम्मदी समत्तो ॥

सप्तम-सम्मदी

णील (नील ऽ।। ऽ।। ऽ।। ऽ।। ऽ।। ऽ = 16 वर्ण

सम्मदि-सम्मदि भासिद-भासिद णम्मिद ते
सम्मदि-इच्छिद-रम्मउ अम्हउ माणस रे।
सूरि-सरोवर माणस हंसउ णच्चउ रे
णाण-णरिंद सुदंसण-चारिद वित्तउ रे ॥1 ॥

ये मनुज आज सन्मति, सन्मति, सन्मति कहते हुए नम्र हैं। ये सन्मति के इच्छुक अपने मानस में उन्हें ले रहे हैं। क्योंकि ये सूरि रूपी सरोवर मान सरोवर हैं तभी तो आनंद से नाच रहे हैं। ये ज्ञान रूपी नरेन्द्र, उत्तम दर्शन एवं चारित्र चित्त वाले हैं।

वसंततिलका-छंद

2

तुम्हे णमोत्थु भगवं अरहं जिणिंदं।
णाणं च दंसण-सुहं बल-णंत-तुम्हे।
चारित्त धम्म-अणु-भूसण-सोम्म-भावं
तुम्हे णमोत्थु भुवणेग-तिलोगिणाहं ॥2 ॥

वे आचार्य पदारोहण महोत्सव युक्त सन्मति सागर-आचार्य सन्मति सागर भगवत् अर्हत्, जिनेन्द्र के प्रति नमोस्तु करते हैं, वे चारित्र भूषण, धर्म-भूषण, सौम्यभाव युक्त अनंत दर्शन, अनंत ज्ञान, अनंत सुख एवं अनत बल को नमन करते हैं तथा वे तीनों लोकों के त्रिलोकी नाथ को नमन करते हैं।

3

अट्ठ-कम्म-वियलं सिरि-सम्मदिं च
णाणंसुधंबु-सयलं जगदीस-ईसं।

सेयं फलं च अणुलाह-पसण्ण-धी सो
जोदी-सरूव-सददं च पगास-हेदुं ॥3 ॥

वे आचार्य श्री प्रसन्नधी श्रेयफल के लाभार्थ सदा-ज्योति स्वरूप अष्टकर्मों से विकल भी सन्मति के ज्ञानाम्बु रूप अमृत हेतु जगत् के ईश जगदीश को नमन करते हैं।

4

पीऊस-वाहिणि-सियाद-वए हु रत्तो
सव्वण्हु-थोद थवणे भय-दुक्ख-णासो।
संबुद्धि सम्मद इमो दुरितादु दूरं
णिण्णेयदे लिहदि सारद सार-सुत्तं ॥4 ॥

ये संबुद्धि हेतु सन्मति पीयूष वाहिनी स्याद्वाद वचन में रत सर्वज्ञ की स्तुति एवं स्तवन में लीन भय तथा दुःख नाश हेतु शारदा के सार सूत्र अपनी बुद्धि में लिखते और उसी के अनुसार निर्णय करते हैं।

5

झाणे रदो हु परिमुंचदि अट्ट-रोद्दं
आणा-विवाय-विचयं च अवाय-झाणं।
संठाण-धम्म-विचयं सुह-दायगं च
मण्णेज्ज एस अणुचिन्तदि जुत्ति तच्चं ॥5 ॥

आ. सन्मतिसागर आर्त रौद्र को छोड़ते। वे आज्ञा, विपाय, अपाय और संस्थान विचय की ओर अग्रसर सुखदायक तत्त्व युक्तियों के सूत्रधार की आज्ञा मानते और तत्त्वानुशीलन करते हैं।

6

जेणप्पगार जिण-धम्म सुबिद्धि हेदुं
झाए अवायविचयं च सुहासुहं च।
भोगे विवायविचयो अणुसीलदे सो
दुक्खं सुहं च अणुचिन्तदि संठए हु ॥6 ॥

जिस किसी प्रकार से जिनवृद्धि हेतु अपाय विचय को ध्यान में लाते हैं। वे शुभ-अशुभ भोगों में विपाक विचय का अनुशीलन करते हैं। सुख-दुःख रूप संस्थान पर दृष्टि रखते हुए धर्म ध्यान करते हैं।

7

सुद-सुर-गुरु भत्ति सव्व भूयाणुकंपं
थवण-णियम-दाणं णिंद भावाविरत्तं।
मणसि-थिर सुणाणं पण्ण-वंताण संतं।
कहिद-हिद गुणाणं धम्म झाणं च अत्थि॥

देव, शास्त्र और गुरु की भक्ति, सभी प्राणियों पर करुणा, स्तवन, नियम, दान युक्त, निंदा भाव से रहित, मन में स्थिर ज्ञान, प्रज्ञावंतों को शान्त बनाना एवं कथित गुणों के लिए जो हितकारी मानता है, उसका धर्मध्यान है।

8

सुत्तत्थ-मग्गण-महव्वद-भावणाए
पंचिदियाण समणं च दयं च भूदे ।
मोक्खस्स मग्ग-समिदिं तय गुत्तिं-गुत्तं
धम्मे रदो हि अणुपालगधम्म झाणं॥8॥

सूत्रार्थ, मार्गण, महाव्रत, भावना, पंचेन्द्रियों का शमन, प्राणियों पर दया, मोक्ष के मार्ग, समिति, तीन गुप्ति गुप्त जो धर्म में रत एवं धर्म का पालक होता है उसका धर्मध्यान है।

9

संसार-कारण-णिवारण-तप्परो जो
सुद्धप्प तच्च परमत्थ पगासणत्थे।
दक्खो हवे मद-खए तव जोग जुत्तो
तस्सेव झाण परमो अदि सुक्कझाणं॥9॥

संसार के कारणों के निवारण में तत्पर जो शुद्धात्म तत्त्व, परमार्थ के प्रकाशनार्थ में दक्ष होता जो मदक्षय में लीन सदा त्रियोग युक्त होता है, उसका भी ध्यान परम शुक्ल ध्यान होता है।

10

णिव्वाणभूमि-सुद-चिन्तण-अप्पपेम्मी
सिद्धंत सागर-णिमग्ग-तवो हु कम्मी।
जो वीदराग परमेसर मग्ग धम्मी
अत्थित्थि आइरिय सम्मदि सम्मदी हु॥10॥

जो वीतराग परमेश्वर के मार्ग के धनी हैं, जो सिद्धांत सागर में निमग्न तपस्वी निर्वाण भूमि के प्रति श्रद्धाशील श्रुतचिन्तन में लीन, आत्मप्रेमी आचार्य सन्मतिसागर तो वास्तव में सन्मति हैं।

11

आ अंग पंचविहचार चरे-सुसीमे
आ आयरेज्जदि हु आसिवएदि सम्मं।
आचार पंच अणुपालग-आइरिज्जो
गंभीर-धीर-उवएस-सुदेसु रत्तो॥11॥

आ आङ् पूर्वक जो मर्यादा युक्त पंचविध आचार का आचरण करते, उसका सम्यक् पालन करते, पंचाचार परायण होते वे आचार्य होते हैं। वे धीर गंभीर एवं श्रुत उपदेश में रत रहते हैं।

12

पंचेमहव्वय गिहे पण-सम्मिगो सो
मेरु व्व धीर-अचलो गगण व्व वित्तं।
आचार सज्जदि सदा खिदि सेज्ज सूरी
आयार-णिट्ठ तव जुत्त इमो हु साहू॥12॥

वे सन्मति सागर, पंच महाव्रत रूपी निलय में स्थित, पंच समिति पालक, मेरु की तरह अचल, गगन की तरह विस्तृत क्षितिशयन वाले आचार एवं तप निष्ठ साधु सदा पंचाचार का आचरण करते हैं।

मथुरा चाउम्मासो

13

आयारणिट्ठ-तव-संजम आणसीलो
जंबूइ पावणथलिं महुरं च पत्ते।
सम्मेदसेल अदिदूर मुणंत-सूरी
बाहत्तरे हु चदुमास इधे कुणेदि॥13॥

अचार निष्ठ, तप, संयम एवं आज्ञाशील सूरी सम्मेदशिखर को दूर जानते हुए 1972 के चतुर्मास को मथुरा में करते हैं। जंबू स्वामी की निर्माण स्थली को प्राप्त होते हैं।

14

सो लोण मिट्ठ अणुचागि इगं च मासं
मूगप्फलिं च असणे उववास-पुव्वं।
तेल्लं दहिं घिद-रसं परिचागि एसो
पच्छा हु दुद्ध असणं चदुमास-मासं॥14॥

वे आचार्य श्री लवण, मीठा आदि के त्यागी एक माह पर्यंत मूंगफली को आहार में लेते हैं। उन्होंने तैल, दहि का क्रमशः त्याग किया। आहार में दूध लेते, वह भी इस चातुर्मास में त्याग कर दिया।

15

वीरा सुपासमदि दिक्ख इधेव जादि
पुण्णे हु वासचदु टुंडल सीदलस्स।
दिक्खामुणिस्स पढमो परणंद दाई
विंसे हु सूरि पण-णिण्णु समाहि-सूरिं॥15॥

वीरमति एवं सुपार्श्वमति की दीक्षा मथुरा में हुई। चातुर्मास समाप्ति के पश्चात् टूंडला में शीतलसागर की प्रथम मुनि दीक्षा आनंदपूर्वक हुई। बीसवें वर्ष में आचार्य पद पर प्रतिष्ठित आचार्य सम्मेदशिखर जी में 1998 में समाधि को प्राप्त हुए।

16

सोरीपुरे मिलवदे सिरि-संभवो वि
संघो फिरोजय-पुरे मुणि विण्हु-दिक्खा।
कंता-णिवेदयदि इम्मरदीइ फत्ते
पायच्छिदे दु उववास-गणी कुणेदि॥ 16॥

सौरीपुर (मथुरावर्ती नगर) में संभवसागर का मिलन होता है। संघ फिरोजाबाद में मुनि विष्णुसागर की दीक्षा होती है। कंता देवी फतहपुर में विनोद में इमरती आहार में खिलाने का कहती है तब आचार्य सन्मतिसागर वहाँ प्रायश्चित में उपवास कर लेते हैं।

सम्मेदचाउम्मासो

17

संकप्प-सीलमुणिराय इधं च पच्छा
सम्मेद-पत्त-अणुगम्म-चरंतमाणे।
तेसत्तरे चदुयमास इगेव अट्ठे
तित्थस्स वंदणाय मूंग उसेव णीरं॥17॥

आचार्य संकल्पशील थे। वे चलते-चलते यहाँ सम्मेदशिखर जी में मूंग और उष्णोदक के सेवी 108 तीर्थवंदना को 1973 के चातुर्मास में महत्व देते हैं। ये गतिशील अनेक ग्रामों में विचरण करते हुए जब यहाँ आते, तभी से।

18

तित्थस्स वंदण-तवं कुण णाण-झाणं
मादूजया भगिणि-विट्ठु-सुदिक्ख-भावं।
णेमीमदी णियमए गुरुतच्चलाहं
मेणा वि बंहिरदि संघ-सदा हु अग्गी ॥18॥

तीर्थ की वंदना, तप, ज्ञान एवं ध्यान को प्राप्त आचार्य श्री के दर्शनार्थ मातुश्री जयमाला, बहिन विट्टो आती। बहिनजी दीक्षा को प्राप्त नेमिमति नियम से गुरुज्ञान एवं तत्त्वचर्चा को महत्व देती है। इधर संघ में अग्रणी ब्रम्हचारिणी मैनावाई हुई।

रांची-

19

चोहत्तरेणयर-रांचि रचेज्ज पोत्थं
सो वण्णजादि धरमो बहुमुल्ल-जादि।
अत्थेव अक्खि वरसल्लय-साहू एगे
मुत्तावरोह उपचार बहुत्त सच्छी॥ 19॥

आचार्य श्री का 1974 का चातुर्मास रांची में होता। यहाँ एक पुस्तक वर्ण जाति धर्म लिखी यहीं पर एक साधु की अक्षि वेदना पर शल्यक्रिया कराना पड़ी, पर मूत्रावरोध का उपचार वैद्य से कराया तब वे स्वस्थ्य हुए।

20

णाणी गुणी इगजणो जल दव्व-णेत्तू
आगच्छदे हु चदु-संझ-सुसुत्त-पाढे।
हं भोयणं च कुणएहिमि पूय-किच्चा
धण्णो तुमं असण-पुव्व-कुणेसि पूयं॥20॥

एक ज्ञानी संध्या के चार बजे स्वाध्याय के समय जल और द्रव्य लेकर आता है। वह कहता मैं अभिषेक पूजन करके भोजन लूँगा तब आचार्य श्री ने कहा तुम धन्य हो जो असन के पूर्व पूजा अभिषेक करते हो।

कोलकत्ता

21

भव्वादिभव्व-इग-कोडिय माणवाणं
सो कोलकत्त-णयरी ववसाय-केंदो।

पच्चीस-वीर-परिमुत्ति-महुच्छ्वे हु
पच्चत्तरे इग दुबे चदुमास-वासं ॥21॥

कोलकत्ता नगरी व्यवसाय का केन्द्र है। यह भव्यातिभव्य है, एक करोड़ मानवों का स्थल वीर निर्वाण 2500 के महोत्सव में संलग्न थी, तब 1975 एवं 1976 में यहाँ चातुर्मास वर्षावास को प्राप्त हुए।

22

अस्सिं थले विजय अज्जिग हिंदि भासं
पुण्णं किदी भगवदीइ महा हु वीरे।
जाए विमोचण परं गुरु आसीसेज्जा
अण्णं च चाग किद सम्मदि सम्मझाणं ॥22॥

इस स्थल पर विजयमति अर्यिका की हिन्दी भाष्य युक्त कृति भगवती आराधना पूर्ण हुई। यहाँ पर महावीर निर्वाण महोत्सव पर इसका विमोचन गुरु आशीष से होता है। यहाँ पर आचार्य सन्मतिसागर अन्न का त्याग कर सम्यक् ध्यान की ओर अपनी दृष्टि करते हैं।

23

एसो वि चाग-तव-साहण-झाण-मूलो
पंचारसी हु परिचागि-वदे दिढी वि।
आदंकि-माणुज-पहे सयला हु ते हु
णिव्वाह-भत्त-असणं णयएंति तं च ॥23॥

पंच रस त्यागी, व्रत में दृढ़ि ये आचार्य सन्मतिसागर अन्न त्याग को तप साधना एवं ध्यान का मूल मानते हैं। वे आतंक स्थल पर आहारार्थ जाते हैं तब आतंकी मनुज के पथ में वे ही भक्त असन (आहार विधि) में निर्वाध उन्हें ले जाते हैं।

24

अप्पेण के वि ण वरो भय-तंक जुत्तो
एदे वि माणुज-मणी मणसे ण दंडी।
पादेसु णम्म भय-मुत्त-सुसंत सव्वे।
आसीसएंति णयएंति किवं च दिट्ठिं ॥24॥

आत्मा से कोई भी अच्छा या आतंकी, भय करने वाला नहीं होता है। ये भी मनुष्य रूपी मणि (मानसरोवर के मानुष हंस) मन में आतंकी नहीं, तभी तो इनके पैरों में नत सुशान्त सभी निर्भय बने आशीष लेते तब वे आचार्य की कृपा दृष्टि को प्राप्त होते हैं।

25

पण्णी गणी रुवग-लित्त-सदा हु णम्मी
आगच्छिदूण हु णएंति असीरवादं।
एगो धणी वि धणि सुक्कति-साहसं च
विक्केज्ज लक्ख मम खंडगिरिं णएज्जा ।।25 ।।

पण्यगणी (व्यापारी) सदा रुपए में लीन नम्रीभूत यहाँ आकार शुभाशीष लेते, एक धनी सूखे धनिया का व्यापारी तीस हजार के धनिए को एक लाख की कामना का निवेदन करता। खंडगिरि-उदयगिरि की यात्रा का वचन देकर।

26

आसीस-पत्त-ववसायि-गदो हु तत्थ
लाहं तिगुण्ण-अणुपत्त-मुणंत-अज्ज।
णो दामि लोभवसदो णो लहेदि मोल्लं
वाए मणे गुरुवरं पडिओ उपेक्खो ।।26 ।।

आशीष प्राप्त व्यवसायी पहले तिगुने लाभ को प्राप्त होता, जैसे ही यात्रा या लाभ देने के प्रति उपेक्षा करता वैसे ही लोभ के कारण उसे उसमें मूल्य भी नहीं मिलता है।

27

लाहो जधा तध हु लोह हवे हु जस्सिं
कोडीइ पत्तय इमो मण-तोस-णत्थि।
अट्ठण्हिगे परमसिद्ध पहुँ च झाणं
झाणे हु सूदग मणे ण हु सिद्धचक्कं ।।27 ।।

जहाँ लाभ है, वहाँ लोभ होता है। जिसमें कोटी के प्राप्ति का मानस हो वह कभी भी मन में संतोष नहीं ला सकता है। अष्टाहिनका के पर्व में सिद्धचक्र प्रभु के ध्यान में सूतक आ जाए, फिर मन में सूतक सूतक हो—तब उसका लाभ नहीं होता है।

28

आराहए सिहरचंद मणीसि देसं
देज्जा जणाण समए हु असुद्धि जादे।
कासाय-सुत्त विसएहि विहिं च सम्मं
कुव्वेज्ज जे हु परमं अणुलाहएंति ।।28 ।।

पं. शिखरचंद जी (खरखरी वाले) मनीषि विद्वान थे। उन्होंने लोगों को

सूतक का और अशुद्धि का उपदेश दिया और यह भी कहा जो विषय कषायों से मुक्त जन उत्तम विधि को करते हैं। वे परम लाभ को प्राप्त करते हैं।

बीए हु चाउमासो

29

अस्सिं पुरे विदिय चादुयमास-जादो
देसेज्ज देस अणुदेस अहिंस मुल्ले।
सेदे दिगंबर-मुणीहि जणाण सव्वे
छाइत्तरे भगिणि-णेमि सुपण्ण-भद्दो ॥29॥

1976 के चातुर्मास में कोलकत्ता नगर में द्वितीय किंतु अद्वितीय चातुर्मास हुआ। इसमें श्वेताम्बर एवं दिगम्बर मुनिवरों द्वारा अहिंसा-मूल्यों पर प्रकाश डाला गया। इसी चातुर्मास में भगिनी नेमिमति, प्रज्ञसागर एवं भद्रसागर भद्र बने (दीक्षित हुए।)

30

पज्जुस्सणे चरमदिण्ण इगा हु इत्थी
झाणत्थ जोगि पुरए सिद आरदिं च।
रत्तिम्हि मज्झ दिव-दीवजुदेण तं च
दंसेदि वे हु खण-पच्छ-अदंस-भूदा ॥30॥

पर्यूषण पर्व के अंतिम दिन एक स्त्री ध्यानस्थ योगी के सम्मुख रात्रि के मध्य जलते दीप युक्त आरती को संपत देखता है। वह दो मिनट तक दिखती फिर अदृश हो जाती है।

31

अच्छेरअं पडि ण भासदि किंचि सूरी
मज्झे जणाण परिदंसण-वाग-गुंजे
चादुस्समास तव-णिट्ठ-गुणेहि जादो
अग्गे चरेदि गुरुणो हु अणत्थ-घट्ट ॥31॥

परिदर्शन करते सभी लोगों के वचन आश्चर्य के प्रति होते, पर आचार्य सन्मतिसागर कुछ भी नहीं बोलते। चातुर्मास तपादि गुणों से सम्पन्न हो जाता। गमन करते गुरु के सम्मुख अनर्थ घट जाता है।

32

आरक्खि-रक्ख गुणजुत्त इणं ण जाणे
साहूण णो पुलिस ठाण-वसेज्ज माणे।
तेसिं च रक्खण-गदा मुणि संघ-अग्गे
याता हु यातकर मज्झ-सुवाहणं च ॥32॥

आरक्षी का कार्य रक्षा है, वे रक्षा गुण को जानते हुए अनजान रहते। साधुओं को पुलिस स्थान पर नहीं ले जाया जाता, फिर भी ले गये तो मान रहित उन्हें रक्षण दिया जाता है। आगे यातायात वाहन रोक लिया जाता है।

कडगे पवासो

33

पुव्वे सुणेंति विण्णाणु सहाइ भूदा
संपत्तराय-झुणिदूर-सुणंत-सव्वे।
संघो गदी वि कडगे उदए हु खंडे
पत्तेदि खारविल ठाविद गुज्झ-हत्थिं ॥33॥

जो अधिकारी पूर्व में कुछ नहीं सुन रहे थे, वे ही संपतराय की दूरभाष ध्वनि सुन कुछ नहीं बोलते। संघ खंडगिरि उदयगिरि कटक पार करते हुए खारवेल राजा द्वारा स्थापित हाथी गुफा को प्राप्त होता है।

34

तेसिं जिणाण पडिबिंबगणाण वंदे
आगच्छदे हु कडगे तव झाण-लीणे।
अत्थेव बंहयरि-रोगगसो हु जादि
वालुं जलं सह हु तप्प-सुपाण-सेयो ॥34॥

कटक के समीप खंडगिरि-उदयगिरि की गुफाओं के जिनबिंबों की वंदना करते फिर कटक में तपध्यान में लीन हो जाते हैं। यही पर एक ब्रह्मचारी रोग ग्रस्त हो जाते, तब उन्हें गर्म पानी एवं वालुकण की उकाली दी जाती है, उससे वे स्वस्थ्य हो जाते हैं।

35

सेट्ठीजणा अणुचरा सयला हु अत्थ
सेवारदा पडिदिणं कुणएंति सेवं।
सद्धाणुसील गुरु संमुह-आदरं च
णेएज्ज मज्ज महु चत्त-वदं च तेणं ॥35॥

यहाँ श्रेष्ठी जन और उनके अनुचर सेवा में रत हुए प्रतिदिन सेवा करते हैं वे श्रद्धाशील गुरु सम्मुख आदर युक्त मद्य, मधु आदि का त्याग करने का संकल्प उनसे लेते हैं।

36

देवो कुमार-पुर-आरय-सत्थ-ठाणं
जालाइ मालिणि-पहुँ जिण चंद-दंसं।
बिंबाण दंसण-विहिं-कुणए हु सव्वे
दिक्खेज्ज आगम-सुपण्ण-मुणिस्स अत्थ॥

देवकुमार-बाबू का आरा स्थित सरस्वती भवन (शास्त्र सदन) ज्वाला मालिनी, प्रभुचंद के दर्शन एवं अन्य जिनबिंबों की दर्शन विधि को सभी करते हैं। यहीं पर आगमसागर और प्रज्ञसागर मुनि की दीक्षा हुई की।

37

वाला विसाम गद राम हवे हु संती
दिक्खं च पच्छ अणुलेहण सल्लिहण्णं।
पत्ता इमा विहि सहेव सुधम्म णिट्ठा
चंदासिरीइ अणुदाण गुणीण सोहे॥37॥

बाला विश्राम में राम सुंदरी शान्तिमति हुई। वे दीक्षा के पश्चात् विधिपूर्वक सल्लेखना को प्राप्त हुई चन्द्राबाई के आश्रम की यह शान्तिमति शान्ति को प्राप्त हुई सो ठीक है गुणियों की शोभा ऐसी ही महान् आत्माओं से होती है।

डाकू वि दाणी

38

पासं सुपास णयरिं सिरिचंद सिंहं
वाराणसिं मुणिवरो वि अउज्झ-गामं।
सीदे पकंप अणुभूस जुदो हि संघो
डाकूहि सेव-गुरु दाण-इगो हु रुप्पं॥38॥

पार्श्व एवं सुपार्श्व की नगरी चंद्रपुरी एवं सिंहपुरी, वाराणसी के दर्शनकर संघ अयोध्या के एक ग्राम में शीत में कांपते हुए भूसे से आच्छादित हुआ। वहाँ पर डाकूओं द्वारा सेवा की गयी और एक रुपया देकर प्रस्थान कर गये।

तित्थयराणं जम्मभूमी अउज्झा

39

तित्थेसराण उसहा जिद णंदणं च
णाहाण णाह सुमदी य अणंतणाहं।
सागेद जम्मथलि रम्म इणं च खेत्तं
बंहीइ सुंदरिय चक्कि-बलं च रामं।।39।।

तीर्थेश्वरों का क्षेत्र अयोध्या है। यहाँ ऋषभ, अजित, अभिनंदन सुमति प्रभु, अनंत नाथ जन्म को प्राप्त हुए हैं। यहीं ब्राम्ही सुंदरी कलाविद होती हैं और राम ने यही मर्यादा स्थापित की। भरत का राजतंत्र चक्रवर्ती पना यहीं था।

40

तत्तो विहारगद संघ-इगेव सुण्णं
ठाणं च पत्त तध विच्छुगये हु विच्छू।
ते झाण-सूरि-दुह दिण्ण ण आगदा वि।
पच्छा चरेंति विरमेंति णिए हु झाणे।।40।।

वहाँ से विहार कर संघ एक शून्य स्थान को प्राप्त हुआ। जहाँ विच्छू ही विच्छू थे। वे ध्यान युक्त सूरि के ध्यान में विघ्न नहीं डालते। वे शीघ्र अपने स्थान को प्राप्त हो जाते हैं।

कुट्ठगदो आगदस्स

41

झाणत्थ सूरि तवसे अदिलीण जादो
तत्थेव कुट्ठिमणुओ गुरुपादमूले।
आगच्छदे हु जलठाण-लुलुंठजाए
सादं गहेदि स णमेदि गुरुं च पादे।।41।।

जिधर ध्यानस्थ सूरि तप में लीन थे, उधर एक कुष्ठरोगी मनुष्य गुरुपाद मूल में आ जाता है। वह उनके शरीर शुद्धि के स्थान पर लोट जाता उससे उसे साता प्राप्त होती है। वह गुरु के पैरों को नमन करता है।

42

जे सावगा परिसुणेंति सुसड्ढजुत्ता
पुण्णप्पताव-तव सत्ति-गुणं पसंसे।

वाराइबंकि चदुमास-इधं कुणेदि
सोम्मो हु सूरि-तव सम्मदि देदि पुण्णं ॥42॥

जितने भी श्रावक-श्राविकाएँ सुनती वें सभी श्रद्धाशील हो जाते हैं। वे उनका पुण्य प्रताप, तप शक्ति और गुणों की प्रशंसा करते हैं। यहाँ पर प्रथम चातुर्मास के श्रावक बाराबंकी के लोग चातुर्मास का निवेदन करते हैं। उनसे आचार्य श्री पुण्य करो ऐसा कह देते हैं।

इटावा

43

गामादु गाम-लखु-काणपुरं च पच्छा
जेणाण सड्ढणयरिं च इटाव-खेत्तं।
सासत्तरे हु चदुमास-इधं कुणेदि
अत्थेव सुद्दजल चागिजणा वि णत्थि ॥43॥

संघ ग्रामानुग्राम विचरण करता हुआ लखनऊ, कानपुर आदि के पश्चात् जैनों की नगरी श्रद्धाशील जनों को इटावा क्षेत्र 1977 का चातुर्मास प्राप्त हुआ। यहाँ शूद्रजल के त्यागी नहीं थे।

44

आहार-णीर-असणं सयलं च सुद्धं
चोकाविहिं णियम-संजम-चाग-पुण्णं।
खेत्ते चदुं च मणुजा णियमेज्ज णेगा
भत्ता विधम्मि महुमंस अभक्ख चागं ॥44॥

यहाँ पर शुद्ध आहार, शुद्ध जल, चौकाविधि, संयम, नियम, त्याग आदि का अभाव था, उसे इस ओर किया। अनेकों लोग नियम लेते। भक्त बनते हैं। विधर्मी भी मधु-मांस एवं अभक्ष का त्याग करते हैं।

अज्झप्प-जोगी

45

अज्झप्प जोगि-समराड-विभूसमाणो,
सो आगरं तह पवास-गिवालिरेयं।
पंचेव कोडि-मुणिराय-थलं सुखेत्तं
सोणागिरिं च सुहचंद पदे सुवण्णं ॥45॥

अध्यात्म योगी सम्राट पद से विभूषित हो ग्वालियर प्रवास पश्चात् पांच

करोड़ मुनिराजों के स्थल सिद्धक्षेत्र सोनागिर को प्राप्त हुए। आचार्य शुभचन्द्र के पदों से यह क्षेत्र स्वर्ण को प्राप्त हुआ था इसलिए यह सोनागिरि है।

भिंडचाउम्मासो

46

सोणाइ णारियलकुंड-झुणिं-च सेलं
अट्ठेव सत्त-चदुमास-पुरे हु भिंडे।
कुव्वेदि मंगल तवेण सुझाण-पुव्वं
सेट्ठीजणेहि सिहरेण सुपण्ण-पण्णं ।।46 ।।

सोनागिर में नारियल कुंड एवं बजने वाले पत्थर हैं। इसके बाद संघ 1978 के चातुर्मास को भिंडनगर में करते हैं जो उत्तम ध्यान और तप की मंगल कामना से पं. शिखरचंद्र एवं श्रेष्ठीजनों के साथ पूर्ण होता है।

णिम्मल्लो णत्थि तुज्झं

47

सामाइगं परिसमत्ति-सुचिन्तसूरी
चिट्ठेज्ज एग धणिगो पवदेदि तं च।
मे गेह-चोरिय-बहुल्ल हवे असीसं
दाएज्ज पत्त धण-पत्त कुणेज्ज दाणं ।।47 ।।

सामायिक परिसमाप्ति के पश्चात् चिन्तनशील सूरी बैठे ही थे कि एक धनी व्यक्ति कहता मेरे गृह में बड़ी चोरी हुई। वह आशीष लेता, फिर धन मिलने के पश्चात् दान दूंगा ऐसा कहता है।

48

आसीस-साहु-सुह-सूचण-भावणं च
पत्तेदि चोरिय-धणं ण कुणेदि दाणं।
सत्तं दिवंतरपुणो अहिचोरि-जुत्तो
णो पत्तएज्ज धण-धण्ण-सुखिण्ण-देहं ।।48 ।।

वह शुभवचन, साधु के आशीष से चोरी गये धन को प्राप्त कर लेता, पर दान नहीं करता, उससे सातवें दिन पुनः चोरी हो जाती है। तब अति दुःखी धन-धान्य के क्षीण होने पर होता है।

49

पोम्मावदीय पडिबिंब फुडं च मुत्तिं
कुव्वेंति जे अघ समक्ख मुणीस-भासे।
अम्हे ण पंथ पडिपंथ-पपण्ण बुज्झे
माणं कुणे ण अवमाण कधं कुणेह॥49॥

यहाँ पर पद्मावती के सुरम्य प्रतिबिंब जो नहीं मानते वे उसे मंदिर से हटा देते हैं। लोग आचार्य जी के पास यह सूचना देते हैं, तब आचार्य श्री पंथवाद से पृथक् अपने को रखते और समझाते यदि पद्मावती का मान नहीं कर सकते हो तो अपमान मत करो। सभी प्रज्ञों को महत्व दें।

आइरिय-रदणं

50

आयार-णिट्ठमुणिराय-मुणी वि सव्वे
वज्ज व्व वज्ज-मुदुए अदिवच्छलत्तं।
पत्तो हु आइरिय सो रदणं सुसण्णं
पत्तेज्ज दिक्ख अमिदं रिसहो पभासे॥50॥

'वज्रादपि कठोराणि मृदूनि कुसुमान्यपि' युक्त आचार निष्ठ मुनिराज एवं मुनिजन उस वात्सल्य को प्राप्त हुए जिसे आचार्यरत्न से विभूषित किया गया। यहीं बामोर में ब्राह्मण युवक अमितशर्मा तो ऋषभसागर बने।

51

बालाइरिज्ज इणमो परलोगगामी
जोगिंदसागर-मुणी जण-जण्णणामी।
जाएज्ज बामिर-समूह-सुसागदं च
पच्छा दु लारपुरए वि पवज्ज बुद्धी॥51॥

बालाचार्य योगीन्द्र सागर परलोक गामी हो गये (जो ऋषभसागर के पश्चात् इस नाम को प्राप्त हुए। जन मानस में प्रिय। बामोर का जन समाज स्वागत को जब प्राप्त हुआ। इसके पश्चात् संघ लार (टीकमगढ़) पहुँचा, जहाँ बुद्धिसागर क्षुल्लक बने।

बडगामादु दोणगिरी

52

णेगा हु णेगपुर गाम चरंत संघो
गामे बडे णदिधसाण तडे ठिदो जो।

पच्छिल्लभागगिरि-दोण मुणिंद सिद्धं
णिव्वाण पत्त-सयलाण णमोत्थु कुव्वं॥52॥

संघ अनेक ग्राम, नगर आदि में विचरण करता हुआ बड़ा गांव आया। यह ग्राम धसान नदी के तट पर स्थित है। यहाँ के पश्चिमभाग में स्थित द्रोणगिरि है। जहाँ गुरुदत्तादि सिद्ध स्थान को प्राप्त हुए वहाँ सभी नमोस्तु के लिए तत्पर हुए।

परिणिवेदणं

53

दत्तादि सिद्ध-गुरुणो सिरि-सिद्धखेत्तं
गच्छेदि सो मलहरं च दया हु सिंधू।
आहार-सम्मचरियं ण हु पत्तएदि
तत्थे पवास-विस-दिण्ण-अपुव्व जादि॥53॥

गुरुदत्तादि के श्री सिद्धक्षेत्र द्रोणगिरि के दर्शन करके संघ मलहरा की ओर गतिशील हो जाता है तब दयासिन्धु कहते यहाँ आहारचर्या नहीं हो सकेगी, जबकि यह संघ मलहरा (बड़ा मलहरा) आया वहाँ पर बीस दिन का अपूर्व प्रबास होता है।

54

एत्थं च कुंडलपुरस्स सुइच्छमाणो
संघो चरेदि हिरए बगसाह-खेत्ते।
एगो जणो समयसार जुदो हु पादे
पादत्तताण-चरि गच्छदि एत्थ-अग्गे॥54॥

संघ कुंडलपुर की इच्छा वाला हीरापुर (समीप ही तिगोडा) से बकस्वाहा पहुँचता है। यहाँ एक व्यक्ति समयसार युक्त पैरों में जूते धारण कर चल रहा था आगे ही आगे।

55

गामं बगस्सह जणाण पबोहएज्जा
किं देव-दंसण गुरुं करसत्थ पादे।
पादत्तताण अणुधारि कुणेज्ज दंसं
मोक्खे विसुद्धि-पध-णाण-अवस्स होज्जा॥55॥

आचार्य सन्मतिसागर बकस्वाहा वासी जनों के लिए समझाते हैं कि मोक्ष में विशुद्धि पथ परम आवश्यक होता है। क्या देवदर्शन या गुरुदर्शन पैरों में जूते पहने किए जा सकते हैं? फिर हाथ में जिनवाणी का शास्त्र उसमें भी व्यक्ति जूते पहने चले क्या उचित है?

दमोहखेत्ते पवेसो

56

गेहं जिणं च अणुगामि दमोह खेत्तं
एगो जणो वि इगबाल-चरंत-अग्गे।
संघं च चत्त चरदे हु पलायभूदो
एगा गिही हु जिणमंदिर संग अग्गी ॥56 ॥

दमोह क्षेत्र के जिनालय की ओर अनुगामी संघ को एक व्यक्ति (वृद्ध व्यक्ति) और एक बालक छोड़कर यहाँ से दूर हो जाते हैं, तब एक गृहिणी जिन मंदिर के लिए अग्रणी होती हैं।

57

सत्थे वए पवयणे रदणं कुणेदि
सुण्णेज्ज सावगगणाण मुणीस तुम्हे।
जाणेदि तं मुणिवरं च अणाणजुत्तो
पुज्जा इमे हु तुह पूजग किं मुणेहि ॥57 ॥

शास्त्र प्रवजन सभा में एक व्यक्ति रत्नकरण्ड श्रावकाचार रखता और कहता भो मुनीष! हम लोगों के लिए इसे सुनाओ। वह उन मुनिवर को अज्ञान युक्त समझाता है। इस पर आचार्यश्री ने कहा-मुनि पूज्य हैं और आप सभी पूजक हो। क्या समझें?

जबलपुर-वासो

58

पुज्जाण साहुमणुजाण सुसेव भावो
एसिं च माण-बहुमाणजणाण दिट्ठी।
गेहे समागदसिरिं ण हु देहि तुम्हे
जाबालि कोमलसिरी सुफलं पवासं ॥58 ॥

ये पूज्य हैं, पूज्य साधुओं की सम्यक मान हो, इसके प्रति मान बहुमान की दृष्टि हो। गृह में समागत को श्री नहीं दे सकते हो तो श्री फल (बहुमान का निवेदन) तो प्रदान करते। इधर जाबालि-जबलपुर के सेठ-वर्षावास के लिए श्री फल चढ़ाते हैं।

59

सो लाडगंज-परिखेत्त-सुमंदिरे हु
एगंतरं च तव णव्वसए हु किज्जे।
पज्जूसणम्हि दसवास-अणेग-साहू
कुव्वेंति सावग-सुसाविग-बंहचारी ॥59॥

संघ लार्डगंज मंदिर परिसर में स्थित हुआ। यहाँ एकान्तर 1979 में प्रारंभ किए। पर्यूषण में आचार्य श्री एवं अन्य अनेक साधु, श्रावक, श्राविकाएँ तथा ब्रह्मचारी दश उपवास करते हैं।

60

एलक्क खुल्लग-सुबोध-पबोह-दिक्खा
संघे रवी वि रविसागर खूल्लगं च।
पत्तेंति माणुस-मणा ववहार-णिच्छं
वादे ण सार-समयं जिणवाणि-रूवं ॥60॥

यहाँ ऐलक सुबोध प्रबोधसागर बने। संघ में रविसागर क्षुल्लक पद को प्राप्त होते हैं। मानुष मन व्यवहार और निश्चय के वाद विवाद में न जाकर समय के सार जिनवाणी के रहस्य को समझने लगते हैं।

61

संघो विसाल तव संजम-सील सुत्तो
सम्मं च पूजण विहिं बहुमाणसाणं।
लेहेण तं च हणुमाण तडागभागे
किज्जेज्ज सड्ढ बहु संत पहावणाए ॥61॥

संघ विशाल, उसमें तप, संयम एवं शील युक्तभाव भी विशाल था। यहाँ सम्यक् पूजन विधि विधान को अनेकों जनों ने मान दिया जिससे उसे हनुमान ताल के भाग में स्थित मंदिर में श्रद्धा के साथ शान्त पूर्ण एवं प्रभावना से पूर्ण हुआ।

62

चारित्त-णिट्ठ-चरणेसु पसण्ण-भूदा
सेट्ठीजणा सयल-सावग-साविगाओ।
चारित्त चक्कवरदिं च उवाहिदाणं
कुव्वेंति उच्चजय-घोस पवाद-पुव्वं ॥62॥

चरित्र निष्ठ आचार्य सन्मतिसागर के चरणों में प्रसन्नभूत श्रेष्ठीजन, सकल श्रावक-श्राविकाएँ जबलपुर में 'चारित्रचक्रवर्ती' उपाधि उच्चजय घोष पूर्वक देते हैं।

पहावी संकप्पो

63

तत्थे पणागर-सिहोर-बहोरिवंदं
चित्तं इकस्सगजिणं पहुसंतिमुद्दं।
जत्थेव वाकलपुरे परिपत्त संघो
एगो विदी पडिमधारी जणो पवुत्ते ॥63॥

यहाँ से पनागर, सिहोरा एवं बहोरीबन्द को प्राप्त हुए आचार्य संघ चित्ताकर्षक प्रभुशान्ति की मुद्रा के दर्शन करते हैं। यहाँ से वाकल जाता है संघ, तब एक व्रती प्रतिमाधारी व्यक्ति कहता है।

64

हं णो गिहेज्ज पडिमं जल-इच्छरत्ती
वासे हु वास-उववास किदा हु मादा।
आहार विग्घ रहिदो जदि जाइएज्ज
चत्तेमि णीर रयणीइ तदेव अज्ज ॥64॥

मैं रात्रि में जल लिए बिना नहीं रह सकता था, इसलिए प्रतिमा नहीं ली, माता जी के उपवास पर उपवास हो गये तब मैंने संकल्प किया यदि माताजी के आहार निर्विघ्न हो गये तो में रात्रि में जल नहीं लूंगा। आहार निर्विघ्न हुए। मैं भी दृढ़ प्रतिज्ञ हुआ।

भत्ति-पहावो

65

आराहएज्ज पहुसिद्धगुणाण भत्तिं
दालिद्द खीण सयमेव भवे हुए लोए।
सोहग्ग मंगल णिहीइ सुपत्त-अज्ज
सेट्ठाणि चाग महिलाउ सेट्ठ दाणं ॥65॥

सिद्धचक की आराधना और उनके गुणों की भक्ति दरिद्र होने पर भी लोक में बहुत कुछ दे देती। सेठाणी के त्याग से सौभाग्य के मंगल सूत्र के सूत्र खोई हुई अन्य निधि भी प्राप्त हो गयी। यह महिलाओं का आदर्श उत्तमदान की ओर ले जाता है।

66

बाकल्लए मह-महा दुव दिक्ख जादि
काटण्णि उच्छव दिवे पउमो जगण्णे।

सेट्ठी सुसावग-गणा बहुगाम गामी
माहिंद णाण महदिक्ख पमाणि सव्वे ॥66 ॥

बाकल की दो दीक्षाएँ महानसागर और साधनसागर क्षुल्लक के रूप में हुई। कटनी में आचार्य सन्मतिसागर चारित्रचक्रवर्ती का 41वां (इकतालीसवाँ) जन्म उत्सव मनाया गया। इसमें पं पद्मकुमार, पं जगन्मोहनलाल एवं जमुनाप्रसाद जी थे। यहीं पर महेन्द्रसागर मुनि बने और क्षुल्लिका ज्ञानमति भी क्षुल्लिका बनी। श्रेष्ठीजन, अनेक गांवों के श्रावक जन एवं श्राविकाएँ इसकी साक्षी बने।

67

एगा ण छत्त अणुसासिद संति णेगा
जाएज्ज वच्छ अरविंद सुदिक्ख णंदे।
लुंचेदि केस उववास सहेव रोहे
पुण्णे हु खुल्लग-गदो चरए पमाणे ॥67 ॥

कटनी के शान्तिनिकेतन विद्यालय के छात्र एक नहीं, अनेक अनुशासित होते हैं। अरविंद वात्सल्यमूर्ति आचार्यश्री के वत्स बने। दीक्षा से आनंदित होते हैं, विरोध में भी अरविंद दृढ़ केशों का प्रथम दीक्षा से पूर्व केशलोंच करते, उपवास रखते। वे क्षुल्लक पूर्णसागर बनते और अपनी चर्या में प्रमाणित होते हैं।

68

कप्पूर कप्पुरगदो जध-रक्ख-णम्म
धण्णो तुमं तणय जम्म फलप्पदाइं।
कुव्वेज्ज तस्स विसणादु विमुत्त साहुँ
पावं विणा णहि लिहेमि पमाण किंचि ॥68 ॥

कपूरचंद्र (अरविंद के पिताश्री) के पैरों में जैसे ही आरक्षी (सिपाही) नत होता है, वैसे ही कपूर का कपूर उड़ जाता। वह सिपाही कहता इसका क्या अपराध है, व्यसनों से मुक्त पुत्र यदि साधु बनता है तो आप धन्य कहे जाओगे। आप उत्तम पुत्र के जन्म दाता कहलाओगे। इसलिए मैं रिपोर्ट नहीं लिखता हूँ।

69

आहार हेदुदिव संग मुणीस जादे
तं अंतराय दरिसं कुण अंतरायं।
बुड्ढारदो अकलए गुरु रण्ण-मज्झे
माहिस्स दंडि णवकार सरे हु संतो ॥69 ॥

क्षुल्लक पूर्णसागर (पूर्वनाम अरविंद)आचार्य श्री के साथ आहारार्थ जाते हैं।

अंतराय उन्हें दिखाकर अंतराय विधि करते हैं। संघ बुढार से अकलतरा के जंगल के बीच में आता है। वहाँ पर भैंसा उछलने लगता जब आचार्य श्री कहते-नवकार मन्त्र स्मरण करो। ऐसा करते ही वह शान्त हो गया।

70

सो भेद विण्हू-गुरु-दोस-गुणं च झत्ती
संकप्पसील-णवकार सुमंत-मंतं।
मण्णेज्ज पंच-पद-मुल्ल-अणंत दाई
णेमिप्पहुँ अकलए कहएदि पुज्जो ॥70॥

वे वास्तव में भेदविज्ञानी थे, वे गुण-दोष शीघ्र व्यक्त कर देते थे। वे संकल्पशील नवकार मन्त्र की मन्त्रशक्ति को मानने वाले पाँचों पदों को मूल्यवान एवं अनन्तफलदाई भी प्रमाणित करते। अकलतरा में नेमिप्रभु को प्रथक् रखे हुए दोषयुक्त मानने वालों के लिए निर्दोष एवं पूजनयोग्य है। ऐसा भी सम्बोधित करते हैं।

71

किंचिं च पच्छ-विहि-पुव्व-सुवेदि-मज्झे
संचिट्ठदे हु तध माणुज धण्ण-धण्णा।
जाएंति सुद्दु-परमादु धणादु धण्णं
दोसा मणे वि मणि-कंचय-कंचणम्मि ॥71॥

कुछ समय पश्चात उन नेमि प्रभु की प्रतिमा को वेदिका के मध्य विधि विधान सहित रखवा दिया जाता है। लोगों की परमश्रद्धा उन्हें धनधान्यपूर्ण बना देती है। जो उस प्रतिमा की वास्तविकता का अनुभव करते हैं। धन्य हैं वे धन्य हैं, जो दोष उत्पन्न करते। मणि, स्वर्ण आदि को भी काँच की तरह बनवा देते हैं।

72

समल-वद-विहाणा तावमूले पविट्ठा
मुणिवर-तवसेणा मुक्ख-मग्गं परूवे।
धरिद धर-सुणाणं सत्थ सज्झाय सुत्ते
कधिय जिण पमाणं भासदे सावगाणं ॥72॥

वे सभी मुनि, मुनिवर व्रत विधान से (नियम से) तप में प्रतिष्ठ तप की सेना (तपस्वियों के योद्धा) मुनिमार्ग की मुख्यत: का निरूपण करते हैं वे शास्त्र स्वाध्याय के सूत्र में संलग्न ज्ञान को महत्व देते हैं। वे जिनकथित प्रमाण को श्रावकों के लिए समझाते हैं।

॥ इति सत्तम सम्मदि समत्तो ॥

अट्ठम-सम्मदी

दुग्ग चाउम्मासो 1980

अपुव्व पहावी दुग्गो वि णामी

किं रण्ण गाम-पुर-सीदय-उण्ह खेत्तो
तावं तवे इध मुणेंति अयस्स-तावो।
भूगब्भ-छिण्ण-बहुखिण्ण-जणेसु मज्झे
दुग्गे पवास-चदुमास-अपुव्व-णंदे॥ 1॥

तपस्वियों के लिए क्या अरण्य, क्या गांव, क्या शीत या क्या उष्ण सभी एक से होते हैं। फिर यहाँ अयस्कताप यंत्र (लोह ताप यंत्र) ताप पर तपाते हैं ऐसा सभी मानते हैं। यहाँ भूगर्भ को छिन्न-भिन्न करने वाले लोगों के मध्य में दुर्ग प्रवास का चातुर्मास अपूर्व आनंद को उत्पन्न करता है।

2

अस्सीइ उण्ह-थल-णग्ग-मुणीस-संघो
मेहक्किवा कि अणुकूल-तवप्पहावो।
भासेज्जदे हु जण अच्छरि सड्ढ-सम्मा
खग्गे हु सुत्त उवएसय पुण्ण खुल्लो॥2॥

सन् 1980 में जब स्थल उष्ण था, तब मुनीश का संघ मेघों की कृपा से भी तपन में अनुकूल वातावरण पा लेता था। जहाँ सच्ची श्रद्धा है तो लोग आश्चर्य पूर्ण कथन करेंगे ही। यही पर सूत्र उपदेश में पूर्णसागर क्षुल्लक आगे आते हैं।

3

दुग्गे हु खुल्लिग सुदिक्ख-सुदित्त माणा
जाएज्ज चेदणमदी जय देव दिक्खा।
मुत्तावलिं वद विहिं च सुसंत जादो
अग्गे हु रायपुर पंचकलाण भूदो ।।3 ।।

दुर्ग में चेतनमति, जयमति एवं देवगति क्षुल्लिका हुई। यहाँ पर दीक्षा एवं मुक्तावली व्रत विधि पूर्वक सम्पन्न हुए। इसके पश्चात्, रायपुर में पंचकल्याणक भी सानंद पूर्वक सम्पन्न हुए।

4

गब्भं च जम्म तव-णाण-सुमोक्ख-पंचं
तिव्वा हु उण्ह-समए तव झाण-धम्मं।
चेत्ते हु वेसह-समो उसिणो मुणीणं
मोणी पसंत-समयाणुगए हु देसे ।।4 ।।

पंच कल्याणक गर्भ, जन्म, तप, ज्ञान और मोक्ष को सम्पन्न करते। वहीं मुनियों के तप, ध्यान और धर्म को अति उष्ण समय में चैत्र मास में भी वैशाख सम उष्णता मौनी बना देती। यहाँ आगम अनुसार प्रशान्त चित्त देशना भी देते हैं।

णागपुरस्स चाउम्मासो

5

चित्तं च पच्छ वइसाह खणे हु संघो
तत्तंत-सुज्ज-धर उण्ह इमो हु सव्वे।
वेदब्भ-णागपुर-अक्खद-सुत्त पंचं
पच्छा हु चाउमह वास इधेव जादे ।।5 ।।

चैत्र के पश्चात् वैशाख में संघ तप्त सूर्य, उष्णधरा पर चलते हुए विदर्भ नागपुर में अक्षय तृतीया एवं श्रुत पंचमी को मनाता है। यही पर चातुर्मास स्थापना होती है।

6

सेट्ठीजणेसु परिवार कुलेसु मज्झे
वादं विवाद-मद-णिच्छय-सम्म-वादं।
णेदूण धम्म-रदणं अजिदं मुणिस्स
देवा अणंत अजिदं अवि अज्जि दिक्खं ।।6 ।।

परवार मंदिर (इतवारी परवार पुरा) श्रेष्ठी परिवार कुलों के मध्य में वाद

विवाद एवं निश्चय मत की सामंजस्य स्थापित करके सुधर्म, रयण और अजित मुनि हुए। देवमति, अनंतमति और अजितमति आर्यिका दीक्षा को प्राप्त हुई।

दाहोद-चाउम्मासो

7

वेदब्भ-पच्छ-मुणिसंघ-पदेस-मज्झे
जो खंडवादु बडवाणि-पगच्छ-रण्णे
सिंहो सुणाद-रिसहो भयभीद-जादो
सूरीणरो हु णरसिंह तवे विरामं ॥7॥

विदर्भ के पश्चात् मुनिसंघ मध्य प्रदेश में प्रवेश कर जाता है जो खंडवा बड़वानी की ओर अरण्य में विचरण करता है तभी सिंहनाद होता, सामने सिंहराज और नरराज रूपी सिंह के तप से वह अन्यत्र चला जाता है।

8

इक्कासि-बासचदु पच्छ-दहोद-खेत्तं
पत्तेदि संघ-जिण-दंसण-खेत्त जादं।
दो रज्ज सीम-पडि दाहिद-सूरि-तावी
सो सिंह णिक्किडिद-वे असि-वास-माहो ॥8॥

1981 के चातुर्मास के पश्चात् (बड़वानी के पश्चात्) संघ विविध क्षेत्रों के जिन दर्शन करता हुआ दाहोद क्षेत्र को प्राप्त हुआ। यह दाहोद दो राज्य सीमा के कारण दाहोद भी तपस्वी सूरी युक्त हुआ। यहाँ 1982 में आचार्य सन्मतिसागर द्वारा सिंहनिक्रीडित तप किया चातुर्मास काल में ही।

9

आहार-एग-उववास इगो वि वे वि
सो पंच दस्स-उववास-कमादु खीणं।
जाएदि सिंहणिकिकीडिद ताव तावं
तत्तो इमो तण-तण व्व हु खीण जादि ॥9॥

सिंहनिष्क्रीडित तप के ताप करते हुए क्रम से एक आहार एक उपवास, एक आहार दो उपवास आदि के साथ पन्द्रह उपवास को प्राप्त हुए। ये आचार्य श्री इसी क्रम से एक आहार चौदह उपवास से एक आहार एवं एक उपवास की ओर अग्रसर हो जाते तो यह क्षीण शरीरी तृण की तरह क्षीण शरीर वाले हो जाते हैं।

10

अस्सिं च सावग-जणा अदि-खेद-खिण्णा
भासेंति वास-उपवास-विहिं ण कुव्वे।
सो सूरि-मंद-मुद हास-तणं च रागो
किं किं कधे तव-तवे बहु दंसि-जादा॥10॥

इसमें सभी श्रावक दुःखी उपवास विधि को आगे नहीं करने का कथन करते तब ये सूरी मंद हास पूर्वक कहते तन (शरीर) के प्रति राग क्यों, क्यों है तप ताप। तपने वाले की ओर समाज दर्शियों की बहुलता हो जाती है।

11

सो आइरिज्ज-सिरमोर-तवीस-जोगी
अप्पत्थि-गोदम-मुणी सुमणो वि मेहो।
दिक्खं च पत्त गुरुगारव-जुत्त-सव्वे
खिण्णा गिही वि कमला गिहचत्त-मग्गी॥11॥

वे आचार्य शिरोमणि, तपस्वी योगी थे। गौतम, सुमन, मेघसागर भी दीक्षा प्राप्त आत्मार्थी बने। ये सभी गुरु के गौरव थे। एक खिन्न गृहिणी कमलाबाई (तीन लड़के तीन लड़कियों की मातुश्री) क्षुल्लिका दीक्षा ले लेती है।

12

गेही जणो दिवर-सव्व-सुरक्खणं च
आसीस-जुत्त-मरणं कुणएदि तेसिं।
सो धम्मणिट्ठ-मुणिभत्त-सुभग्ग-भग्गं
मण्णेदि तेण परिकारण-सव्व-इट्ठो॥12॥

कमलाबाई का देवर गृही था, वह पूर्ण परिवार के रक्षण भाव का आशीष लेता है दाहोद में। वह धर्मनिष्ठ, मुनिभक्त अपने को भाग्यशाली मानता है। उस कारण से उसके यहाँ सभी इष्ट होता है।

13

दाहोदए मुणिवरो गिहएदि भुंजं
वावीस-दिण्णचदुमास-सुझाण-लीणो।
सो संतरामपुर-पीढय णाम गामं
तत्थेव दिक्ख-चरणस्स कलाण-काले॥13॥

दाहोद के चातुर्मास में मुनिवर (144 दिन में) मात्र बावीस दिन (22 दिन) आहार लेते हैं। वे ध्यान में लीन संतरामपुर के पश्चात् पीठ नामक गाँव आते। वहाँ

पंच कल्याणक के समय चरणसागर क्षुल्लक दीक्षा को प्राप्त होते हैं।

उदयपुर पवासो

14

माणस्स-थंभ-पहु बाहुबलिस्स भत्ती
आसम्म-ठाणय-असोग-सुखेत्त-पंचे।
कल्लाणगं च कुणिदूण दएज्ज दिक्खं
खुल्लगगो हु गुणसायर-खेर-गज्जं ॥14॥

अशोक नगर (उदयपुर (राज) में भक्तिभाव युक्त मानस्तंभ और बाहुबली की प्रतिमा का पंचकल्याणक हुआ। यहीं कल्याणक करके क्षुल्लक दीक्षा दी जाती है। वे गुणसागर क्षुल्लक हुए और खेरवाड़ा में गजेन्द्रसागर मुनि बने।

डूंगरपुर

15

माहुच्छवा हु महधम्म पभावणाए
णागप्फणिं च पहुपास सुदंसणं च।
पच्छा स डूंगरय गाम-सुडूंगरम्हि
तेरासि-वास चदुमास-तवं तवेज्जा ॥15॥

महती प्रभावना के साथ नागफणी पार्श्वनाथ के दर्शन किए, इसके पश्चात् अति उत्सव युक्त 1983 का चतुर्मास वह डूंगरों के डूंगरपुर में किया।

16

रट्ठोर-गाम सदभावण-दिक्ख दिक्खा
अज्जी हु दंसणमदी खुल णाण-तप्पो।
सोलुंबरे हु पण-कल्लण-णीर-गेहे
जाएज्ज उच्छव-महुच्छव-सम्म-सम्मो ॥16॥

रठोड़ा ग्राम में आर्यिका दर्शनमति, क्षुल्लक ज्ञानसागर एवं तपसागर दीक्षा युक्त सद्भावना का परिचय देते हैं। सलूम्बर के जलमंदिर में पंचकल्याण का उत्सव अति आनंदपूर्वक संपन्न हुआ।

लोहारिया चादुम्मासो

17

चोरासिए हरस-जुत्त-लुहारियाए
साहस्स-णाम-इग वे उववास-पुव्वं।
णिज्जल्ल-पज्जुसण-वास-किएज्ज पच्छा
जम्मं तिहिं च अणुगाम चरंत वामिं॥17॥

सन् 1984 का चातुर्मास लुहारिया में प्रसन्नता पूर्वक हुआ। यहाँ सहस्त्र नाम तप में एकान्तर-बेलान्तर युक्त पर्यूषण-पर्व के दश-दिवस निर्जल ही उपवास किए। यहीं पर माघ शुक्ला सप्तमी पर आचार्य श्री की जन्म जयन्ती मनाई गयी। इसके पश्चात् संघ ग्रामानुग्रामी होता हुआ वामनिया को प्राप्त हुआ।

पारसोला चाउम्मासो

18

अत्थेव सम्मदि-गणी वद-वास-जुत्तो
साहू जयो सरल अज्जिग-दिक्ख-दिक्खं
कल्लाण-पारसुल-गाम य पास-बाहू
साहुण्ण सम्मदि गिहं सुद-साहणाए॥18॥

सन् 1985 में पारसोला ग्राम पार्श्वप्रभु एवं बाहुबली जिन पंच-कल्याणक युक्त तो हुआ ही। यहाँ सहस्त्रनाम व्रत एवं एकान्तर आदि तप भी चले। आचार्य सन्मतिसागर तो सन्मति के सागर थे तभी तो यहाँ साधुओं की साधना के लिए सन्मति-भवन बनाया गया।

19

मुंगाण-गाम-विमलस्स सुमेल मेल्लो
जाएज्ज सो वि णरवालि इधे जयस्स।
सल्लेहणं समसमाहि किदो पतावं
चाउव्व माह छह मासि-विहीइ पुण्णो॥19॥

मुंगाणा ग्राम में आचार्य विमलसागर एवं आचार्य सन्मतिसागर का मिलन (12 वर्ष पश्चात्) हुआ। नरवाली में गौतमसागर जी की सम्यक समाधि सल्लेखना पूर्वक हुई। फिर यह संघ सन् 1986 में प्रतापगढ़ में विधि सहित चातुर्मास पूर्ण करता है।

20

अत्थेव जादि चरणस्स समाहि-सम्मो
संतीइ संत-गुणसायर-सम्म-संती।
बामोत्तरे विहि-विहाण-सुवेदिगाए
कल्लाणगे हु कुसले गणिपुप्फदंतो॥20॥

चरणसागर एवं गुणसागर की समाधि प्रतापगढ़ में शान्तिपूर्वक संतों के सान्निध्य में हुई। बामोत्तर शांतिनाथ में विधि विधान सहित वेदी प्रतिष्ठा हुई। फिर कुशलगढ़ का पंच कल्याणक हुआ। जहाँ आचार्य पुष्पदंतसागर भी आए थे।

21

सम्माड-केसरिय-खेत्त-पखेत्त-पुच्छा
सो मंदसोर-णयरे वि गजिंद-लेहं।
णाणम्मदिं च समहिं कुणएज्ज संघो।
पत्तेदि सो उदय वास-चदुं च हेदु॥21॥

यह संघ मंदसौर नगर के बाद केसरिया आदि क्षेत्रों में विचरण करता जब उदयपुर आया। मंदसौर में गजेन्द्रसागर एवं आर्यिका ज्ञानमति की समाधि होती है। फिर संघ उदयपुर में चातुर्मास हेतु पधारता है।

22

सत्तासि-वास चदुमास सहास पुण्णो
पट्टत्थली गुरुवरस्स य पुण्णसाली
अण्णे मुणीवर गुणी गहएज्ज णाणं
कीरेज्ज घोर तव सम्मदि सूरि सेट्ठो॥22॥

सन 1987 को उदयपुर चतुर्मास महत्व पूर्ण हुआ। यह पुण्यभागी नगरी गुरुवर की पट्ट पदोत्सव धर्मस्थली भी है। यहाँ सूरिश्रेष्ठ सन्मति घोर तप करते हैं। अन्य मुनिवर विशेष ज्ञानाभ्यास करते हैं।

23

टाकाइटूंक णयरस्स हु सावगस्स
दिक्खा हवेदि इगबंह मुणिस्स सम्मा।
सव्वण्हु-सिद्धमुणि जादु-सुणाण-सुत्तं
संघो पगच्छदि हु भिंडर-गाम गामे॥23॥

उदयपुर में टाकाटूंका (गुजरात) के एक श्रावक एवं एक ब्रह्मचारी की दीक्षा होती है। वे सर्वज्ञसागर एवं सिद्धान्तसागर मुनि सूत्र ज्ञान की ओर प्रवृत होते हैं।

पश्चात् संघ भिण्डर-ग्राम को प्राप्त हुआ।

24

अज्जी-विसुद्ध-मदि-गाणितयण्हु वत्थुं
सक्किद्द पाइय सुगंथ विदण्हु-सत्थं।
पण्णा गुरुस्स गुरुणी वि असीस-जुत्ता
सा णंदणे धरियवाद समाहि पत्तं॥24॥

आर्यिका विशुद्धमति जी गणित, वास्तुविद संस्कृत-प्राकृत के शास्त्र सिद्धान्त की ज्ञाता थीं। वे भिंडर में थी तब सन्मतिसागर का आशीष युक्त नंदनवन धरियावाद में समाधि को प्राप्त हुई।

25

सो वंसवाड-णयरे कुणदे तवं च
एगंतरं अजिय देवमदीइ लेहो।
सालुंबरे हवदि दिक्ख-सिवो हु णामो
सिद्धो वि साहु सुदसाहग साहणो हु॥25॥

आचार्य श्री वांसवाड़ा नगर में एकान्तर तप करते हैं। यहाँ ही अजितमति एवं देवमति आर्यिका सल्लेखना पूर्वक समाधि को प्राप्त हुईं। सलूम्बर में शिवसागर एवं सिद्धसागर दीक्षित हुए। यहाँ वे श्रुतसाधक बने रहे।

26

अट्ठासिजण्णवरि पच्चिस-सावलाए
सोवण्णगो जय-जयंति महुच्छवो वि।
सो मुत्ति-णायग-गणी वि सिरोमणी वि
सो ओबरीइ सुमदिं सुमदिं लहेज्जा॥ 26॥

सन् 1988 जनवरी 25 के दिन (माघ-शुक्ला सप्तमी) मुक्तिपथ नायक संत शिरोमणि 'उपाधि से भूषित स्वर्ण जयन्ती महोत्सव सावला के श्रावकों के द्वारा मनाया जाता है। यहाँ से ओबरी में (सोगगढ़ पंथी) एक श्रावक सुमति सागर बन सुमति को प्राप्ा होता है।

सागवाड़ा चातुर्मास

27

मोमुक्खु मोक्खपह गामि-तणस्स रागी
णो जायदे परम-अप्प-विसुद्ध भावी।

डेचा सु तित्थ सुविहिस्स मुणी हु दिक्खा
पत्तेज्ज सागवड-चाउ-वसेज्ज संघो ॥27॥

मुमुक्षु मोक्षपथगामी शरीर का रागी नहीं होता है, वह परम आत्मविशुद्धभावी होता है। संघ डेचा तीर्थ पहुँचा। यहाँ सुविधिसागर की मुनि दीक्षा हुई। संघ यहाँ से सागवाड़ा चातुर्मास हेतु पहुँचा।

28

सज्झाय-सील-मुणि-मंडल-सागवाडे
मूलाइचार-सुद-मूल-पढंत-तच्चं।
सो अंतराय कण-कंकर-अंतरायं
पत्तेज्ज आगम-खु चक्खु सुसाहु-सुत्तं ॥28॥

संघ स्वाध्याय शील सागवाड़ा में मूलाचार के मूल पाठ पढ़ते-चिन्तन करते तत्त्व को तब पाते कंकर भी अंतराय का कारण बनता। वे आगम चक्खु सुसाहु सूत्र को आधार बनाते हैं। कंकर आने पर अंतराय का पाठ सीखते हैं।

29

सीलस्स णाणमुणि-सम्म-समाहि-अत्थ
जाएज्ज पाडवपुरे विहि जम्म-जम्मं।
दाहोदए समहि मेहमुणिस्स होदि
भिल्लोडए पुण हु ओबरि-सम्महीए ॥29॥

शीलसागर एवं ज्ञानसागर की यहीं समाधि हुई। पाडवा में गुरुवर की जन्म जयन्ती मनाई गयी। दाहोद में दीक्षित मेघसागर की समाधि भी होती है। पाडवा से संघ भिलोड़ा पहुँचा वहाँ ओबरी में सुमतिसागर की सम्यक्समाधि होती है।

दाहोदए पंचकल्लाणगो

30

कल्लाणगो हु मह उच्छव-सावगेसुं
दिक्खप्पसंग-सम-साहु-सुदो वि खुल्लो।
खुल्लिग्ग-दिक्ख-सुह-जाद-सुसम्मपण्णे
गुज्जेर गुंजदि धरा बहुभत्ति पुण्णा ॥30॥

गुर्जर की धरा का ग्राम दाहोद श्रावकों में कल्याणक महोत्सव जागृत करता है यहाँ पर समर्पणसागर की मुनि दीक्षा, श्रुतसागर की क्षुल्लक दीक्षा और शुभमति की क्षुल्लिका दीक्षा बहुभक्ति पूर्ण होती है।

इंदोर चाउम्मासो

31

दाहोद-पच्छ-अणुगाम भवंत-संघो
इंदोर-खेत्त-गद-सागद-भव्व-रूवे।
बालाइरिज्ज-णवए सह भत्ति जुत्ता
आसफ्फिलाल-गुरुणो सरणे समाहिं॥31॥

दाहोद के पश्चात् संघ ग्रामानुग्राम विचरण करता हुआ इंदौर आया जहाँ भव्य रूप में स्वागत हुआ। सन् 1990 में बालाचार्य योगीन्द्रसागर भी थे, जहाँ भक्ति ही भक्ति थी। यहाँ के श्रेष्ठी अशर्फीलाल गुरुचरण में समाधि को प्राप्त हुए।

32

सच्चं इणं गुरुवरो गुरुदाण-अग्गी
धम्मीजणाण अणुपेरग-सम्म-दाणी।
दिक्खादि-दाण-समए य समाहि-काले
सेट्ठीण सावगजणाण गिहीण आणी॥32॥

गुरुवर गुरुदान में अग्रणी थे यह सत्य है। वे धर्मीजनों, श्रेष्ठीजनों, श्रावकजनों एवं कुटुंबीजनों की आज्ञा पूर्वक दीक्षा या समाधि को सम्पन्न कराते थे।

33

अस्सिं च आदिमुणवस्स विसेस-सोहो
जाएज्ज गंग-अभयो वि हजारि णाही।
सो अक्क मादुसुद-सिद्धय-पाडिले हु
गोडा सिवो पडुवरो बलबुद्धि-जुत्तो॥33॥

इस चातुर्मास में आचार्य आदिसागर (अंकलीकर) पर विशेष जानकारी प्राप्त हुई अभय गंगवाल, हजारीलाल दोषी एवं नाभिराय हेगड़े इसमें अग्रणी हुए। वे अक्का मातुश्री के सुत सिद्धगौडा पाटिल के लाल शिवगोड़ा अति बल बुद्धि युक्त थे।

34

सो कज्ज-सील-जणगस्स य मिच्चु जादे
मादुं च भज्जणिय-मिच्चुगदं च पच्छा।
संसार-सागर-विरत्त-भडारगेणं,
सो खुल्लगो हवदि आदि-सुसाहणाए॥34॥

वे शिवगौड़ा अपने कार्य शील पिता, माता एवं भार्या की मृत्यु के पश्चात्

संसार सागर से विरक्त हो गये उनकी भट्टारक नांदिणी से दीक्षा होती है। वे क्षुल्लक आदिसागर साधना में लीन हो गये।

35

एलक्कभूद-मुणि-मूलय-उत्तराणं
सो तेरहम्हि मुणि-दिक्खय-कुंथलम्हि।
सूरिं पदं च मुणिकुंजर-जुत्त-एसो
पण्णारहे हु जयसिंह पुरम्हि तावं ॥35॥

ये ऐलक हुए तब मूलोत्तर गुणों के पालक बने। कुंथलगिरि में 1913 में मुनि दीक्षा। 1915 में जयसिंहपुर में विशेष तप युक्त इन मुनिश्री को सूरि पद (आचार्य पद) दिया गया। वे मुनिकुंजर उपाधि से सुशोभित हुए।

36

गुंफम्हि वास-उववास वदी हि सूरी
किंत्ति महामुणिवरं मुणि सूरि-भारं।
दादूण गच्छदि समाहि-सरण्ण-सग्गं
सज्झाय-सील-सिरि-सम्मदि-सायरो वि॥36॥

वे गुफा में निवास करते, उपवास व्रत आदि युक्त वे सूरी महावीरकीर्ति को आचार्य पद (1944) में सौपकर समाधि को प्राप्त होते हैं उनके शिष्य स्वाध्याय शील थे, वे सभी एवं आचार्य सन्मतिसागर भी स्वाध्याय में रत रहते थे।

37

संघे हु सिस्स-बहु-अज्झयणं च जुत्तं
सुत्तं पढेदि सुविधिं अणुचिन्तणं च।
सोहग्ग-साविग-जुदी पडिमा हु धारी
अस्सेव गिण्ह-अणुसासिद-सोम्म-सीला॥37॥

संघ में अनेक शिष्य थे आचार्य सन्मतिसागर के। वे अध्ययन युक्त, सूत्र पढ़ते, सुविधिसागर इन्हीं के शिष्य अनुचिन्तन को महत्व देते हैं। उनकी अनुशासित एक शिष्या श्राविका प्रतिमाधारी सौभाग्यबाई भी सम्यक् अनुशीलन करने वाली थी।

38

इंदूर-पच्छ मुणिसंघ-पवास-जुत्तो
उज्जिणण-पत्त-महवीर-जयंति-लाहं।
पव्वं च अक्खय-तिहिं सुमदिं सुबुद्धि
सुज्जं मदिं पवजिदं इगवाणवे हु॥38।

इन्दौर के पश्चात् मुनिसंघ का प्रवास उज्जैन में हुआ। यहाँ महावीर जयन्ती अक्षयतिथि पूर्व का भी लाभ होता है। यहाँ सुबोधमति, सुबुद्धिमति और सूर्यमति को प्रव्रजित किया जाता 1991 में ही।

39

इंदापुरीइ कल्लयाण पणं हवेदि
तित्थे हु खेत्तजयसिंह सुठाण-चिंहं।
राजेज्ज आदिमुणिराय-सणंद जुत्तो
आदी सुकित्ति-विमलस्स सुबिंब-बिंब ॥39॥

इन्द्रानगर में पंचकल्याणक होता है। यही के तीर्थ क्षेत्र जयसिंहपुरा में आदिसागर के चरण चिंह स्थापित किए गये। इसके पश्चात् लक्ष्मी कालोनी में आचार्य आदिसागर, महावीरकीर्ति एवं विमलसागर के प्रतिबिम्ब स्थापित किए गये।

रामगंजमंडी चाउम्मासो

40

अच्चन्त धम्म-अणुसीलग-संघ-एसो
गामाणुगामचर रामयगंजमंडिं
पत्तेज्ज इक्कणव संजम-साहणाए
एगा हु संतिमदि-खुल्लिग-दिक्ख-पत्ता ॥40॥

यह संघ अति अनुशीलक ग्रामानुग्राम विचरण करता हुआ रामगंजमंडी के जिनमंदिर को प्राप्त होता है। 1991 में सम्यक् संयम साधना के साथ शान्तिमति की क्षुल्लिका दीक्षा हुई।

कोटा पवासो

41

सो संघ मंगलमयी सद-भावणाए
सूरी तवरिरा-मुणिराय-सहेव कोटे।
माणं पहाण-गुणगाण-सुदं च पत्ते
दादाइ-वाडि-परिखेत्त-दुवे हु मासं ॥41॥

संघ मंगलमयी सद्भावना के साथ कोटा में प्रवेश करता है। वहाँ दादावाड़ी क्षेत्र में दो माह सूरी तपस्वी अपने संघ सहित रहते हैं। जहाँ महती प्रभावना एवं गुणगान युक्त होते हैं।

42

वच्छल्लगं रदण-जुत्त-इमो इधेव
बालाइरिज्ज-सद-पेरिद-माणवाणं।
कीएज्ज सम्मविहि-पूयण-पच्छ-एसो
केसोयराय-पडणे अणुपत्तए सो ॥42॥

यह संघ बालाचार्य योगीन्द्रसागर की प्रेरणा से मानवों के लिए सम्यक् विधि-विधान पूजन आदि को प्राप्त हुआ। आचार्य श्री इस कोटा प्रवास में वात्सल्य रत्नाकर की उपाधि से सुशोभित होते हैं। फिर केशोराय पाटन गये।

43

चंबल्ल-णीर-पहणीइ तडे ठिदं च
सो सुव्वदप्पहुवरं मुणिबंहदेवं।
ठाणं च पत्त अखयं तइयं च पव्वं
दिक्खा-सुजातमदि-अज्जि पहावणा हु ॥43॥

केशोराय पाटन चंबल नीर प्रवहणी (नदी) के तट पर स्थित है। जहाँ मुनि सुव्रतप्रभु की अतिशय युक्त प्रतिमा के दर्शन करते हैं। यहाँ पर मुनि ब्रह्मदेव ने द्रव्यसंग्रह पर संस्कृत में वृहद् टीका लिखी। ऐसे स्थान को प्राप्त यह संघ अक्षयतृतीया पर्व को यही मनाता है और यहीं पर सुजातमति आर्यिका पद की दीक्षा की प्रभावना होती है।

44

जाएज्ज सम्म-विहि-पातग-जाद-हेदू
टीकम्मचंद-सम-बुद्धि सुकारणेणं।
पक्खे दुवे गुरुवरो इध मालपूरे
पच्छा चरे किसण-मादणगंज-गामं ॥44॥

मालपुरा में एक व्यक्ति का स्वर्गवास हो गया, तब संघ प्रो. टीकमंचंद की सद्बुद्धि के कारण दो पक्ष तक यहाँ रहा। इसके पश्चात् संघ मदनगंज किशनगढ़ मानो साधना के लिए ही विचरण करता है।

मदनगंज किशनगढ़ चाउम्मासो

45

चंदप्पहुस्स मुणिसुव्वद णाह-खेत्ते।
संघो पवेसगद कूव-जलं अभावे।

आसीस-पत्त-जल-संचय-कूव मज्झे
संपुण्ण-मंगलमयी सुह-कामणाए ॥45 ॥

आचार्य श्री संघ का चन्द्रप्रभु एवं मुनिराव्रत नाथ के क्षेत्र में प्रवेश हुआ। वहाँ पर कूप में जल नहीं था। परन्तु आचार्य श्री के मंगल-आशीष एवं शुभ कामना से कूप में जल संचय हो गया।

46

अच्छेर-सव्व-णयरे जण-माणुसम्हि
सल्लेहणं सुमदि-अज्जि-सुसेव-भावे।
अज्जीविसुद्धिय-सुबुद्धिय-कारणेणं
अंते समाहि-विहि-सूरि-कुणंत सग्गं ॥46 ॥

इससे नगर के जन जन में आश्चर्य हुआ। इधर सुमतिमति आर्यिका सल्लेखना को प्राप्त हुई। तब आर्यिका विशुद्धमति एवं आर्यिका सुबुद्धिमति के कारण से अंतिम समाधि को प्राप्त स्वर्ग की विधि आचार्य करवाते हैं।

47

अत्थेव वास-उववास-पहावणा वि
पज्जुस्सणम्हि बहुसावग-साविगाओ।
णिट्ठावणं च महवीर-विमोक्ख-कालं
अस्सीइ दिक्ख-दिव-आदिमुणिंद जादो ॥47 ॥

इधर वर्षावास में उपवास की प्रभावना पर्यूषण में श्रावक श्राविकाओं ने की। चातुर्मास निष्ठापन हुआ, फिर महावीर निर्वाण और आचार्य आदिसागर का 80वाँ दीक्षा दिवस मनाया गया।

48

चंदप्पहुँ जिणगिहं अणुदंसणत्थं
मोमुक्खु-मंडल-जणा वि समत्त-दिट्ठिं।
पत्तेज्ज धम्म-मह-भत्ति-सुसज्झ-लाहे
दोरा मणे ण हिय-सुद्धदसा हु सम्मा ॥48 ॥

चन्द्रप्रभु जिनगृह मुमुक्षुओं का था। वहाँ दर्शनार्थ गये। वे मुमुक्षु मंडल वाले समत्व दृष्टि को प्राप्त हुए। उन्होंने धर्मभावना, उत्तम भक्ति सहित स्वाध्याय लाभ को प्राप्त किया। मन में दोष नहीं जिसके वे सम्यक् शुद्ध दशा वाले होते हैं।

49

पंथग्गहाण मणुजाण विसेय रूवे
अप्पेहि सम्मसहअत्थित्त साहणाए।
तेराइ-बीस-अणुगामिणि मज्झ-सव्वे।
भादुत्त-भावण-गुणेदि पपूरएज्जा ॥49॥

पंथाग्रह युक्त मनुष्यों के लिए विशेष रूप में प्रभावित किया। उन्होंने अपने समत्व, सहअस्तित्व एवं साधना से तेरा बीस अनुगामी जनों के, सभी के मध्य में मातृत्व भावना गुणों से पूरित किया।

वावर-आगमणं

50

सो सम्म तावस-गुणी मुणि संघ णिच्चं
गामी-भवो अणुपुरे अणुगाम-अण्णे।
सो बावरे गुरुवसी महकित्ति सिक्खं
थाणं च एलग-सरस्सइगंथ-संथं ॥50॥

यह संघ ग्राम, नगर आदि में गमन करता हुआ व्यावर में आया। यह गुरुवर महावीरकीर्ति की शिक्षास्थली थी। यहाँ यह सम्यक् तपस्वी गुणी मुनि संघ ऐलक पन्नालाल सरस्वती ग्रंथालय के स्थान को भी प्राप्त हुआ।

51

आयार-णिट्ठ-मुणिराय-इधेव सत्थं
पंडूलिविं च बहुमुल्ल-पुरं च गंथे।
उच्चासणं विणु हु णिम्मथले सुचिट्ठे
दंसेज्जदे हु अदिणंदगुणं च पत्ते ॥51॥

आचारनिष्ठ यह मुनिराज का संघ व्यावर के शास्त्र भंडार की पाण्डुलिपि एवं बहुमूल्य पुरा ग्रंथों को नीचे बैठे ही देखते उच्चासन के बिना ही। वे उन अमूल्य संपदा से अति प्रभावित हुए।

52

देव व्व सत्थ-महणिज्ज-सुपुज्ज-लोए
जेहिं च णाण-अणुचिन्तण-भाव-मूले।
गच्छेंति तित्थयर-सम्म-पयड्डि सुत्तं
संघस्स अज्जि-विजया भगिणी वि अत्थि ॥52॥

देव की तरह शास्त्र भी इस जगत में पूज्य होते हैं। जिनसे ज्ञान अनुचिन्तन के

भाव मूल में विद्यमान रहते हैं। सो ठीक है तीर्थंकर नाम कर्म की सम्यक् शुद्ध प्रकृति को ऐसी विनय से प्राप्त होते हैं। आचार्य की भगिनी आर्यिका विजयमति माता भी संघ की प्रमुखा भी यहाँ थीं।

बलुंदाए पवेसो

53

सेट्ठी सिरी रिखवदास-बलुंद-गामे
भव्वादिभव्व-जिणगेह-सुणट्ठ-अट्ठं।
जेणेसरी-भगवदी-पवजं-जएज्जा
संवेग-सागर-मुणी सुद सेवि-जादो ॥53॥

श्रेष्ठी श्री रिखवदास के ग्राम बलुंदा में भव्यातिभव्य जिनमंदिर में अष्ट दिवसीय सिद्धचक्र मंडल विधान का आयोजन हुआ। यहाँ एक जैनेश्वरी भगवती प्रव्रज्या (दीक्षा) हुई एक दीक्षित व्यक्ति संवेगसागर मुनि श्रुत सेवी बने।

54

आणंद-णंद-पुर-कालु विसेस-जादो
तेरण्णवे हु चदुमास-पभाव-जुत्तो।
कव्वेदि एगरह-वास-मुणीस-पव्वे
चत्तं च देहसिवसागर-संत भावे ॥54॥

परम आनंद, आनंद पुर कालू के चातुर्मास में। वह 1993 का चातुर्मास प्रभावशाली हुआ। एकादश दिवस के पर्यूषण हुए। इसमें आचार्य श्री ने ग्यारह उपवास किए। यहीं पर शिवसागर मुनि शान्तभाव से देहत्याग करते हैं।

55

धम्मप्पहावण-इधेव गिहस्स खीणे
कट्ठं विणा हवदि पारण-सूरि-अत्थ।
आदिं च अंकलिकरं विमलस्स किज्जा
कासाय-भाव-मुणि भत्त-समासएज्जा ॥55॥

इस कालू ग्राम में धर्म प्रभावना की गयी तभी तो गृह के गिरने पर भी कोई घटना नहीं हुई। यहीं पर ग्यारहवें दिन पश्चात् आचार्य सन्मतिसागर की पारणा हुई। यहीं आचार्य आदिसागर अंकलीकर के विवाद को आचार्य विमलसागर के आदेश से सुलझाया गया। वहाँ पर अति विरोध एवं काषायिक भावों की वृद्धि का समाधान हुआ।

56

संघो चरेज्ज अजमेरु पुरं पडिं च
सो मेडदप्पहव-सील-कुणंत-पच्छा।
सूरी सुधम्म-विजयाइ तिवेणि संगो।
कप्पद्दुमो अजयमेरु-सुसोह-जत्ता ॥56॥

संघ मेडता में प्रभावना करता हुआ अजमेर आता है। यहाँ गुरुवर, आचार्य सुधर्मसागर आर्यिका विजयमति माता रूप त्रिवेणी का संगम होता है। यहाँ पर सेठ माणिकचंद गंगवाल की कोठी पर कल्पद्रुम विधान होता है। अजमेर का अजयमेरु इस प्रसंग पर विशेष शोभा युक्त हुआ।

57

कित्तिस्स तेवइस दिण्ण-समाहि-सम्मं
संगोट्ठि-सत्त-दिव-पण्ण-अणेग-मंती
चोराणवे फरवरीइ वि रज्जपाले
सिद्धंतचक्किवरदिं परिभूसएज्जा ॥57॥

आ. महावीरकीर्ति का तेवीसवाँ (23वाँ) समाधि दिवस अच्छी तरह मनाया गया। यहाँ सात दिवसीय गोष्ठी (1 से 7 फरवरी 1994) में अनेक विद्वानों, मंत्रियों एवं श्रेष्ठीजनों के मध्य आचार्य श्री को राज्यपाल द्वारा सिद्धान्त चक्रवर्ती उपाधि से विभूषित किया गया।

जयपुर-चदुम्मासो (1994)

58

खेत्तम्हि चूलगिरि-दंसण-भत्ति-जुत्तो
राणाइ खेत्त-णसियाइ विहिं च कप्पं।
पच्छा इमो जयपुरे भवणे हु पासे
दीवाणए जिणगिहे महणिज्ज-पत्तं ॥58॥

59

तारा हु सीयल सणक्क-विमल्ल-पण्णा।
चोरण्णवे हु चदुमास-विरोह-संतं।
णेमी हु सोणगढ पंथि-महप्पहाविं
साहुँ पडिं पवयणं कुणएज्ज सारं ॥59॥

यहाँ पं ताराचंद्र, पं. शीतलचंद्र, पं. सनत कुमार, पं. विमलकुमार आदि थे। 1994 में विरोध हुआ, पर वह शान्त हो गया। इधर सोनगढ़ पंथी नेमिंचद पाटनी

तपस्वी सम्राट साधु के प्रति प्रभावित प्रवचनसार के सार को समझाते हैं।

60

सत्थाणुसार-विसदं च विवेयणं च
दिक्खासरिं विविह-गंथ-सु-अज्झएणं।
साररसादस्स कच्चलुंच-सुगोट्ठि-आदिं
पच्चाणवे फरवरी हु वि झोडवाडं॥60॥

श्रेष्ठ शास्त्रानुसार विशद विवेचन, आचार्य आदिसागर की दीक्षा स्मृति, अनेक ग्रन्थों का अध्ययन सारस्वत सागर की मुनि दीक्षा, केशेलोंच एवं संगोष्ठी आदि के पश्चात् 1995 (फरवरी 25) को संघ झोटवाड़ा को प्राप्त हुआ।

61

किर्त्ति समाहि दिवसं गुरु सम्मदिस्स।
जम्मं जयंति-तवचाग-पभावणं च।
आहार-चत्त-सरला सरला हु अज्जी
पत्तेदि सम्मसमहिं इध आदि बिंबं॥61॥

आ. महावीरकीर्ति का समाधि दिवस, गुरु सन्मति सागर की जन्म जयन्ति एवं तप त्याग की प्रभावना वाली सरलमना सरलमति आर्यिका यहाँ सम्यक् समाधि को प्राप्त होती है। यहाँ झोटवाड़ा में आ. आदिसागर अंकलीकर की प्रतिमा को भी स्थापित किया गया।

62

आगच्छदे हु अणुगाम अमेर-भागं
संबेइगे रदणबिंबतला विणिग्गा।
एगेव इंच-दुव फुट्ट-सुविंब-भत्तिं
किच्चा जिणाहिसिच माणयथंभ सच्छं॥62॥

संघ ग्रामानुग्राम विचरण करता हुआ आमेर अंचल को प्राप्त हुआ। इसके पश्चात् सांवलियाजी में रत्न-बिम्बों को तलघर से निकाला गया। यहाँ एक इंच से लेकर दो फुट के रत्नबिंबों का अभिषेक कर मानस्तंभ को भी स्वच्छ किया गया।

63

फागीजणेहि महमत्थहिसेग पुव्वं
णाहुत्थि माणिग-वरो गुरुभत्त सव्वे।
चेत्तेविदीय मणथंभ-जिणाण सिंचं
केसे हु लुंच समए-हुकुमेण देसो॥63॥

गुरु के परमभक्त श्री श्रेष्ठी नाथूलाल एवं माणिकचंद्र फागी थे, जिन्होंने चैत्र कृष्ण की द्वितीया तिथि पर मानस्तंभ एवं जिनमंदिर की प्रतिमाओं का अभिषेक कराया। यहाँ पर केशलोंच के समय में हुकमचंद भारिल्ल द्वारा उपदेश होता है।

64

खंडाग-ठाण-भवणे पहु आदिदिक्खं
सेए दिगंबर जणेहि महा हु वीरं।
साणक्कुमार परिवारय संत-सेट्ठी
तिज्जारखेत्त अलए वर-चंदबिंबं ॥64॥

खंडाका भवन में खंडाका परिवार ने प्रभु आदि का जन्म एवं दीक्षा दिवस मनाया फिर श्वेताम्बर एवं दिगंबर जनों के द्वारा महावीर जयन्ती को विशेष रूप से मनाया गया। सनतकुमार खंडाका आदि एवं संत श्रेष्ठी इसके अग्रगामी बने। फिर संघ तिजारा आया। यहाँ अलवर से जिनचंद्रप्रभु का अभिषेक किया गया।

65

विग्घाहरी हु पडिमा मणमोदिणी वि
भूदा-पिसाच अवविट्ठजणाण दुक्खं।
खीएज्ज चंदपहु दंसण जाव-जावे
एत्थं च पच्छ मुणिसंघ-गदीइ दिल्लिं ॥65॥

तिजारा से चंद्रप्रभु के दर्शन, जाप जपने से भूत-पिशाच पीड़ितों के दुःख शान्त होते हैं। यह विघ्नहारी प्रतिमा मनमोदिनी भी है। यहाँ से संघ दिल्ली की ओर गतिशील हुआ।

दिल्लिं पडिपट्ठाणं

66

धारूय हेड-पुर जेट्ठ किसण्ण-मासे
चोदस्सए तितय जम्म-तवं च मोक्खं।
पत्तेज्ज संति पहु कल्लणगं विहिं च
रेवाडिये हु सुद पंचमि भव्व-जोज्जं ॥66॥

तिजारा से धारुहेडा में ज्येष्ठ कृष्णा चतुर्दशी के दिन जन्म, तप एवं मोक्ष कल्याणक को प्राप्त शान्ति प्रभु की पूजन विधि करके रेवाड़ी संघ आया। यहाँ श्रुत पंचमी भव्य रूप से मनाई गयी।

67

दिल्लीइ मग्ग अणुगामि-इमो वि संघो
गग्गे ण कूव-अणुपत्त दुणारिकेलें।
णीरेहि कज्ज किद-सावग-मोद-मुत्तं
पत्तेज्ज दिल्लिपुर-संघ-विसेस-णंदो ॥67॥

यह संघ दिल्ली का मार्गानुगामी मार्ग में कूप के जल के अभाव को प्राप्त हुआ, तब श्रीफल के नीर से श्रावकों ने चौके की व्यवस्था की तब उन श्रावकों के लिए अति आनंद हुआ। फिर यह संघ दिल्ली में आया तो उस संघ को भी आनंद हुआ।

68

सो इंदपत्थ-पुरजोहिणि-ढिल्लि-दिल्ली
अस्सिं च तोमर-अणंग-थिरं च थंभं।
किल्लिं किदं ण हु ठिदं तह ढिल्लि एसो
अत्थेर एग-कुतुबो जिणगेह जिण्णे ॥68॥

यह इन्द्रप्रस्थ, जोहिणीपुर ढिल्ली या दिल्ली है। इसे तोमरवंशी अनंगपाल ने स्थिर स्तंभ के लिए कीलित किया गया, पर वह कील ढीली रही, इसलिए यह ढिल्ली, फिर दिल्ली हुई। यहाँ पर जिनमंदिरों को तोड़कर कुतुब मीनार बनाई गयी।

69

मोगल्ल-काल-इध काल-कुचे जिणिंदं
भत्ते रदाण रयणं जिणमंदिराणं।
संखे सदे वि अहिगा मणुहारि-बिंबा
दिक्खेज्ज धीर-समदा-समिदी वि अत्थ ॥69॥

यह मुगलकालीन नगरी है। यहाँ लालमंदिर, कूचे, सेठ का मंदिर है। यहाँ जिनमंदिरों की भक्ति में रत होकर रचना की। यहाँ इस समय सौ से अधिक मनोहारी जिनालय हैं। यहाँ समतासागर धैर्यसागर एवं समितिसागर दीक्षा से ही बने।

70

गंधीइ पंचदिव-वास-पवास-पच्छा
दिल्लीइ चाउवरमास किदं च आणं।
दाएज्ज धम्म-करणत्थ-इगेव सिक्खं
आहार-वास-उपवास-इगादि-सव्वं ॥70॥

संघ ने गांधी नगर में पांच दिन प्रवास किया, इसके पश्चात् दिल्ली चातुर्मास

की आज्ञा दी। जैन श्रावकों ने संघ को स्थान नहीं दिया तब एक सिक्ख धर्म हेतु पांच माह तक वीरेन्द्र जैन को बड़ा स्थान प्रदान कर देता है। यहाँ पर आचार्य श्री एक आहार एवं एक उपवास आदि की विधि बनाए रखते हैं।

71

सज्झाय-देस-उवदेस-विहिं विहाणं
पत्तेज्ज सावगजणा वि मुणिंद आदिं।
दिक्खं दिवं च मुणिदिक्ख चदुत्थजादा
णाणं च चारिय सुदंसण तप्प दिक्खा॥71॥

यहाँ संघ स्वाध्याय, देशना, उपदेश, विधि विधान को प्राप्त हुआ। यहाँ मुनीन्द्र आदिसागर का दिक्षा दिवस मनाया गया। यहाँ पर चार दीक्षा भी हुई। सुज्ञान, सुचारित्र, सुदर्शन और सुतपसागर दीक्षित हुए।

72

खेत्तेसु खेत्त विहरंत मुणीस संघो
संपण्ण-वासचदुमास छवीस-जण्णे।
छण्णाणवे दिवस-माउ-सुदाइ दिक्खा
होज्जेदि सा सरण-सीदल णाम जुत्ता॥72॥

चातुर्मास के पश्चात् विविध क्षेत्रों में आचार्य श्री विहार करते 1996 जनवरी 26 पर माँ बेटी की दीक्षा युक्त होते हैं। ये शरणमति और शीतलमति नाम युक्त होती हैं।

विज्जोहा

ऽ।ऽ ऽ।ऽ

73

खुल्लगं दिक्खणं णेमिए सागरं।
पंच-केसं लुचं, कुम्मदादी जुवो॥73॥

नेमिसागर क्षुल्लक दीक्षा को प्राप्त हुए। यहाँ युवाचार्य सहित पांच साधुओं के केशलोंच हुए।

शंखनारी

ISS ISS

74

असोगे विहारे सु-सोणे सुतित्थं
पयाणं कुणेज्जा मुणी आगराए ॥74॥

संघ सोनागिर की ओर चल पड़ता है। वह अशोक विहार आदि से आगरा में आता है।

तिल्ल

IIS IIS

75

समदा-मुणिणो समहिं समदं।
लभदे णयरे, तवदे जिठदे ॥75॥

तप्त जेष्ठवदी 10 मई 1996 को आगरा नगर में समत्व युक्त समता सागर समाधि को प्राप्त होते हैं।

तिल्ल

IIS IIS

76

इदमादपुरे मुणि-आदि-गणिं।
पदरोहणए, मुणिसेट्ठ हवे ॥76॥

एतुमादपुर में आचार्य आदिसागर का आचार्य पदारोहण मनाया गया। यहीं पर श्रेष्ठसागर मुनि बने।

विज्जोहा

IIS IIS

77

टूंडले पादए ठावणं किज्जदे।
वादए सिक्कहे सुंदरो दिक्खदे ॥77॥

टूंडला में आचार्य आदिसागर के चरण स्थापित किए गये। शिकोहाबाद में सुंदरसागर दीक्षित हुए।

चउरंसा

।। ।। ऽऽ

78

तव तववंता मुणिवर-सव्वे।
चर चरवंता फिरजय-वादे ॥78॥

तप तपते मुनि एवं आचार्य सन्मतिसागर-फिरोजाबाद की ओर गतिशील हो जाते हैं।

यमक

।।। ।।।

79

समय सुद समय पद।
समय घर समय गद ॥79॥

ये मुनिवर समय-सरस्वती के सुत हैं, समय-सिद्धान्त में सुद-पररंगत होने के लिए समय पद-प्रत्येक सूत्र की समय-भावना को घर-समझते हैं और समय गत आराधना युक्त बने रहते हैं।

॥ इदि अट्ठम सम्मदि समत्तो॥

णवम सम्मदी

फिरोजाबाद चाउम्मासो

भुजंगप्पयादो

महे तप्प-काले हु तप्पे तवंतो
महाजोग-जोगं च सुत्ते मुणंतो।
भवं पास-बंधं च छिण्णं तमंधं
पुरेगाम-गोचारवंतो मुणीसो ॥1॥

ये मुनिवर पुर ग्राम-ग्राम में विचरण करते भव पास बन्ध एवं तमांध को दूर करने के लिए।ये महातप्तकाल (ज्येष्ठकाल) में तप में समाहित महायोग धर्मध्यान की ओर अग्रसर सूत्रों पर चिन्तन करते हुए विचरण करते हैं।

2.

लच्छीधर

ऽ। ऽऽ ।ऽ ऽ।ऽ ऽ।ऽ

मज्झए उत्तरे मालवा मेडए।
दाहिणे गुज्जरे माणवाणं तवे ॥2॥

ये संघ मध्य प्रदेश, उत्तर प्रदेश, मालवा, मेवाड, दक्षिण एवं गुजरात के मनुष्यों के लिए तप की ओर अग्रसर करते हैं। ये माण-वाणं-मान रूपी बाण को गुज्जरे नष्ट करने के लिए तप में दाहिणे-दक्षता प्राप्त करते हैं। ये तपस्वी सम्राट मध्यस्थ भाव उत्तरे-रखते हुए मालवा मेडए-धनवानों को भी तप की ओर लगाते हैं।

3

सारंग रूपक

ऽऽ। ऽऽ। ऽऽ। ऽऽ।

आगार-संसार-संभेद-उक्किट्ठ
सिद्धंत-सुत्तम्हि णिम्मग्ग-सद्दिट्ठ।
जो ताव-वीसाम-संजुत्त-जोएहि
णो मुण्णदे किं भवे इह भावेहि॥3॥

आगार है-चारों ओर गारा ही गारा-कीचड़ ही कीचड़ संसार में है। इसे भलीभांति नष्ट करेंगे। इसलिए वे सिद्धान्त सूत्र में दृष्टिपूर्वक सद्दृष्टि पूर्वक निमग्न रहते हैं। ये विश्राम के तप एवं योग से युक्त रहते। इस संसार में क्या हो रहा, इस पर विचार नहीं करते, अपितु इष्ट भाव-विशुद्ध आत्मभावों में लीन रहते हैं।

4

आसाढ सुक्क इगये हु फिरोज-वादे
सो चाउमास-उदघोसण कुव्व-सूरी।
सा जम्म-भूमि-महवीर-सुकित्ति कित्ती
जत्थेव णत्थि जल तत्थ पपूर-कूवे॥

आचार्य श्री के आषाढ़ शुक्ला की एकम को प्रवेश के पश्चात् फिरोजाबाद में जहाँ कूप में पानी नहीं था, वहाँ प्रवेश करते ही कूप जल युक्त हो गये। सो ठीक है चातुर्मास की घोषणा तो थी ही, पर यह जन्म भूमि महावीरकीर्ति की कीर्ति भी थी।

5

छिण्णाणवे कलस-ठावण-सत्तवीसे
जुल्लाइ सम्मविहि पुव्वसुजोइ-जोगे
अज्जी हु दंसणमदी दुह वास-जुत्ता
पज्जूसणे मणुज-साविग-साविगाओ॥5॥

सन् 1996 में 27 जुलाई को योगीन्द्रसागर-बालाचार्य के योग से कलश स्थापना हुई वास-उपवास हुए। श्रावक-श्राविकाएँ भी तप आदि करती हैं। आर्यिका दर्शनमति पर्यूषण में दश उपवास करती है।

6

बाहुंबलिं जिणपुरस्स सुचंदवारं
दंसेज्ज सम्म-मुद-भावण-मंगलं च।

धम्मस्स सिक्खण-गदे मद-अट्ठ छत्ता
धम्मिल्ल-भावण-पुणीद-पसंस-मुद्दा ॥6 ॥

आचार्य श्री संघ सहित बाहुबलि (जैन नगर) की प्रतिमा का ध्यान करते हैं।ये चंदवार की अतिशयता का लाभ लेते। सम्यक् भावना युक्त मंगलकामना करते। यहाँ धर्मशिक्षण गत 800 छात्र धार्मिक पुनीत भावना से प्रशान्त मुद्रायुक्त होते हैं।

सूरसेणस्स पुरा तित्थखेत्तो

7

सोरीपुरस्स जदुवंसिय-सूरसेणो
णेमिस्स गब्भ जणमो इध जाद खेत्ते।
धण्णो जमो विमल-आदि-मुणीण ठाणे।
णिव्वाण-तित्थ-अणु गच्छ-अदीव-णंदे ॥7 ॥

शौरीपुर का यदुवंसी सूरसेन है। यह नेमिप्रभु का गर्भ एवं जन्म कल्याणक का क्षेत्र है। यह क्षेत्र धन्य है, क्योंकि इस स्थान से यम, विमल आदि मुनियों के लिए मुक्ति प्राप्त हुई। इस क्षेत्र पर आगत आचार्य अतीव आनंद को प्राप्त करते हैं।

8

भिंडं च पत्त-सिरिसंघ-गिरिं च सोणं
माघे समाहि-दिवसं मह-कित्ति-एज्जा।
णंगं अणंग-मुणि अद्धपणं च कोडिं
सत्तत्तरि जिणगिहं परिदंसएज्जा ॥8 ॥

माघ मास में भिंड में महावीरकीर्ति की समाधि दिवस मनाकर संघ सोनागिरि आया। यहाँ जो स्वर्णगिरि (श्रमणगिरि) कहलाता है। यहाँ साढ़े पाँच कोटि नंग-अनंगकुमार आदि का स्मरण किया, एवं 77 जिनालय के दर्शन किए।

सव्वण्हु सागरस्स समाही

9

पच्छा इमो करगुवं च सुखेत्त-पत्तो
आदिं समाहि दिवसं पचपण्ण-किच्चं।
पासो विराग-अजिदो कुमुदो वि सूरी
सिद्धंतसागर-मुणीस-विसाल-संघो ॥9 ॥

सोनागिरि के पश्चात् यह संघ करगुवां के अतिशय क्षेत्र को प्राप्त हुआ। यहाँ

पर पार्श्वसागर, विरागसागर, अजितसागर, कुमुदनन्दी, सन्मतिसागर एवं सिद्धान्तसागर आदि का विशाल संघ भी था, तब आचार्य आदिसागर जी का 55 वां समाधि दिवस मनाया गया।

10

फग्गुण-किण्ह दसमिं अडविंस-वासं
सव्वण्हु-सागर-समाहि-सुसंपणेज्जा।
साहूण सण्णिहि-विसेस-अडे हु चत्ते
पच्छा इमो हु बरुआ-णयरं च पत्ते॥10॥

फाल्गुन कृष्णा दशमी के दिन अठाईस उपवास पूर्वक सर्वज्ञसागर की समाधि संपन्न हुई। इस समय 48 साधुओं की विशेष सन्निधि थी। इसके पश्चात् संघ बरुआ सागर आया।

सुणीलसायर-दिक्खा

11

सत्ताणवे विस अपेल तयोदसीए
वीरे जयंति-मणुहारि-सुणील-दिक्खा।
सो पाइए लिहदि सक्किद दंस सुत्तं
सूरी चदुत्थ-अणुसासिद संघ-संगी॥ 11॥

बरुआसागर में 1997 बीस अप्रैल त्रयोदशी के वीर जयन्ती पर मनोहारी दीक्षा सुनीलसागर की हुई। वे प्राकृत, संस्कृत, दर्शन एवं सूत्र ग्रन्थों के ज्ञाता प्राकृत में लिखते एवं बोलते हैं। वे इस समय (2017) में अनुशासित संघ के नायक चतुर्थ पट्टाचार्य हैं।

12

आदीस-सम्मदि-सु-आण-तवाण मुत्तं
णेदूण सम्म-सुद-पाढग-वाचगो वि।
दोसाण छिण्ण-बहु साहग-जोग-णिट्ठो
देसेज्जदे जण-जणाण भवादु मुत्तं॥ 12॥

जो आचार्य आदिसागर एवं तपस्वी सम्राट सन्मतिसागर की आज्ञा तथा तपों को मूर्त रूप लेकर सम्यक् श्रुत पाठक-वाचक हैं जो दोषों की समाप्ति हेतु पूर्ण योग-साधना निष्ट जन जनों के लिए भव से (संसार से) मुक्ति का मार्ग दर्शाते हैं।

राणीपुरप्पहावणा

13

सो संघ गच्छ सकरार-पुराद् पच्छा
राणीपुरं उसिण-वेसहकाल दिण्णे।
एगंतरोवगद-वास-मुणीस-साहू
केसं च लुंचसमए वरसेज्ज मेहा ॥13॥

वह संघ गतिशील भी सकरार से रानी पुर को प्राप्त हुआ। वैशाख की उष्णता और उसमें एकान्तर उपवास शील मुनीष की चर्या भी कठिन थी। यहाँ पर केशलोंच होते की मेघ बरसने लगे।

14

अच्छेर सावग जणा वि विरोहि-सव्वे
जत्तार-जण्ण-सुद-उच्छव पंचमीए।
कट्ठासणे गद-मुणीस-गणी सुसंघो
राजेज्ज पावण पिऊस हु वाहि जादो ॥ 14 ॥

सभी विरोधी एवं श्रावक जन आश्चर्य को प्राप्त हुए जब जतारा में भी सम्यक् यत्न पूर्वक श्रुत पंचमी उत्सव मनाया गया। इधर आचार्य श्री एवं साधुओं का संघ जैसे ही काष्ठासन पर बैठा, वैसे ही पावन पीयूष मेघ बरसने लगे। मुनिश्री सुनीलसागरजी को कुछ ब्याधि हो गई।

15

जो संजमी हवदि तस्स सरीर-पीडा
पारीसहं च मुणिदूण इधं ण पेक्खे।
हल्दी-गमार-उसणं अणुलेव-लेवे
तत्तो सुरिंद-भिसगेण सुपेरणेणं ॥15॥

जो वैद्य सुरेन्द्र की प्रेरणा से हल्दी एवं गमार-पाठों के उष्णलेप के लेप से स्वास्थ्य लाभ को प्राप्त हुए। सो ठीक है। एक ओर औषधी तो दूसरी ओर संयमी उनके शरीर की पीड़ा आदि मुनिराज परीषह मानकर उस ओर दृष्टि नहीं करते हैं।

16

एसो तवस्सि-मुणिराज-सदा पसण्णा
संकं समाधण-गदं तवसे पउत्तो।
तक्कं गिहेदि हु विहिं अणुमोददे सो
दिद्दल्ल-भक्ख-अभखं विणु पक्क दुद्धे।16॥

ये तपस्वी मुनिराज सदा प्रसन्न शंका समाधान को प्राप्त तप में लीन तक्र को आहार में लेते हैं। शंका आने पर उसकी विधि समझाते द्विदल के भक्ष-अभक्ष का विवेचन करते। अच्छी तरह उवाले दूध की भक्ष और बिना उवाले दूध की छांछ अभक्ष है।

17

पंचेव टीकमगढादु हु किंचि-दूरे
उत्तुंगबिंब-बहु गंध-कुडी पपोरे।
दंसेज्ज अण्ण-दिवसे कचलुंच साहुँ।
आसेज्ज टीकमगढो चदुमास-हेदुं ॥17॥

पांच किलो मीटर की दूरी पर पपौरा है टीकमगढ़ से। यहाँ 105 उत्तुंग जिनालय हैं। बाहुबलि की उत्तुंग प्रतिमा एवं गंध कुटियों से शोभायमान है। जहाँ दूसरे दिन साधु केशलोंच करते हैं। यहीं पर टीकमगढ़ चातुर्मास हेतु आशीष प्राप्त करता है।

टीकमगढ़-चाउम्मासो

18

सत्ताणवे हु चदुमास-इधेव-संघो
बुदेलखंड पढमो मणुजेसु किंचि।
मूढाण संक-समएज्ज मुणीस-एसो
वासोववास-मुणिराज-कुणंत चिट्ठे ॥ 18॥

सन् 1997 में टीकमगढ़ चातुर्मास हुआ। यह बुंदेलखंड का प्रथम चातुर्मास था। यहाँ कुछ मनुष्यों में शंका थी, उन मूढजनों की शंकाओं का समाधान आचार्य श्री करते हैं। वे उपवासों के ऊपर उपवास की विधि करते हुए वहाँ स्थित रहते हैं।

19

अत्थे सुणील-मुणि-वास-तिहिं चदुत्थं
पाइण्ण-सत्तमि-तयोदस-सुक्क-किण्हे।
णाणामिदो मुणिसुणील-ससज्झमाणो
अज्झेदि अज्झविदि सुत्त-सुतच्च अत्थं॥19॥

यहाँ पर मुनि सुनीलसागर (प्राकृताचार्य नाम से प्रसिद्ध) गुरुवर शुक्ल व कृष्ण दोनों सप्तमी व त्रयोदशी पर उपवास करते हैं। ये मुनिश्री ज्ञानामृत रूप स्वाध्याय युक्त सदैव अध्ययन करते सूत्र-तत्त्वार्थ सूत्र का और उसके अर्थ को प्रतिपादित करते हैं।

20

सच्चाणुवेसि-असणे अवि किंचिणिद्दे
मोणासयी कुमुदणंदि-पदत्त-गंथं।
सम्मासएज्ज परमागम-सुत्त-कुंदे
पंचत्थिकाय-वयणेण सुसार-सव्वं॥20॥

इधर सत्यानुवेषी मुनि सुनीलसागर अल्पाहारी एवं अल्पनिद्रा युक्त हो गये। वे मौना-श्रयी कुमुद नंदी द्वारा प्रदत्त ग्रंथ को आचार्य श्री को प्रदान करते हैं। वे सत्य पर मुनिश्री से आश्वस्त रहते हैं। इधर पंचागम परमागम के सूत्र पंचास्तिकाय की वाचना से उस पंच अस्तिकाय के रहस्य को समझते हैं।

21

सुज्जासिरी वि समहिं च सुबोह-अज्जी
कल्लाण-पंच-सिरि-सिद्ध सुचक्क पाढो।
पंडाल-मंच-अणुभू-गद-काल-सूरी
संबोहदे सयल-कज्ज-विधिं च जादो॥21॥

यहाँ अर्यिका सूर्यमति एवं सुबोधमति भी समाधि को प्राप्त हुईं। यहाँ बड़े मंदिर में सिद्धचक्र का पाठ हुआ। दिसंबर में पंचकल्याण प्रतिष्ठा के समय पांडाल-मंच गिर जाने पर भी आचार्य श्री सम्पूर्ण विधि को कराने में समर्थ हुए और वे प्रति दिन संबोधित भी करते रहे।

22

णंदीसरस्स जिण-पाण-पइट्ठ पच्छा
बाबू-गुलाब-विमलो लखमी वि मूलो।
दव्वं च सावग-गुणं णियमं च सारं
सीदस्स वायण-सुदस्स समाइधाणं॥22॥

टीकमगढ़ में नन्दीश्वर की प्राण प्रतिष्ठा के बाद बाबूलाल, गुलाबचंद्र पुष्प विमल सोंरया एवं मूलचंद्र आदि द्रव्यसंग्रह, श्रावकाचार, नियमसार की शीतकालीन श्रुत की वाचना एवं समाधान को महत्व देते हैं।

23

वेदीइ मूल-पडिमादि सुवण्ण-कज्जे
अण्णत्त-णेयगजणा वि पयास-कुव्वे।
ते किंचिमेत्त-चलणे ण समत्थ-जादा
तत्तो विचित्त परिचिन्तण सोहणे हु॥23॥

वेदी के मूल में सोने का कार्य चल रहा था, प्रतिमाएँ अन्यत्र की जाने पर वे वापिस अनेक जन द्वारा किंचित् भी नहीं हिली तब परिशोधन कर अशुद्ध लोगों को हटाया गया, तब वहाँ से प्रतिमा हटाई गयी।

24

भत्तिप्पहाण-पडिमाण असुद्ध-वत्थी
संचालणे ण हु कदा वि समत्थ-जादा।
सुद्धेहि सावगजणेहि सु आसिएज्जा
सूरिस्स ताव-पमुहस्स पभाव-एसो ॥ 24 ॥

अशुद्ध वस्त्रधारी भक्तिप्रधान प्रतिमाओं को उठाने में क्या कभी समर्थ हो सकते हैं, अर्थात् नहीं, तपस्वी आचार्य सन्मतिसागर जी के प्रभाव से ही ऐसा आशीष हुआ कि शुद्ध वस्त्र वाले श्रावक गुणी जनों के द्वारा यह कार्य सहज हो गया।

25

तिल्लोकचंद-रदणस्स हु भावणा सि
सम्मेद सेल पर जत्त गुरुस्स अत्थि।
भासं विणा मलहरे हु आहार-दोणं
सूरीससंघ गुरुदत्तइ-सिद्ध-दोणे ॥25 ॥

इधर तिलोकचंद्र गोधा एवं रतनलाल जी बडजात्या की भावना थी संघ की सम्मेदशिखर यात्रा हो, पर आचार्य श्री कुछ नहीं बोले। मलहरा में जाने पर कुछ बता सकूंगा। संघ आहार के बाद द्रोणागिरि आया। यहाँ से गुरुदत्तादि मुनीन्द्र सिद्धगति को प्राप्त हुए हैं।

26

संघो इमो मलहरं च विसेस-णंदं
रामो कपूर सिरि-पेम्म बहुल्ल-सेट्ठी।
इट्ठोवदेस-अणुवाद विमोचणं च
आदिं समाहि कचलुंच विधिं च जादं ॥26 ॥

मलहरा को जब संघ आया, तब सांसद रामकृष्ण, कपूरचंद्र घुबारा, श्री प्रेमचंद्र एवं अनेक श्रेष्ठी जन विशेष आनंद को प्राप्त हुए। यहाँ इष्टोपदेश के अनुवाद का विमोचन हुआ। आचार्य आदिसागर की 56वीं समाधि एवं आचार्य संघ के केशलोंच का आयोजन हुआ।

27

सज्झाय-तत्त-गुण-जुत्त सिरी हु संघो
गुण्णोर-सल्लिह-पुरा-अणुगाम आदिं।
सेयंस सेयगिरि भोयण वत्थ छादिं
किच्चा अणेग-मणुजेहि सणंद-पुव्वे ।।27।।

यह संघ स्वाध्याय तप गुण युक्त गुनौर, सलेह आदि गामों के पश्चात् श्रेयांसगिरि के स्थान को प्राप्त हुआ। यहाँ आचार्य श्री ने श्रेष्ठी रतन लाल जी को संबोधित किया कि शुभ्रवस्त्र से ढककर भोजन रखो फिर लोगों को खिलाओ वह कम नहीं पड़ेगा। यह आश्चर्य हुआ, जो भी आया भोजन से संतुष्ट हुआ।

28

णाणी मुणी वि समदा वि पमाण-साहू
सिद्धत्थ-णिम्मल दया वि पफुल्ल आदी।
अग्गे हवे हु सतणा हु सुमाण कत्तुं
रीवा पवास हणुमाण पुरे वि माणं ।।28।।

समतासागर, प्रमाणसागर, सिद्धार्थ, निर्मलकुमार, दयाचंद्र प्रफुल्ल आदि आगे हुए स्वागत के लिए सतना में। फिर रीवा प्रवास किया। इसके बाद हनुमान नगर में भी बहुमान प्राप्त किया।

सम्मेद शिखर की ओर प्रयाण—सम्मेद सिहरं पडि पयाणं

29

अग्गे चरेदि मुणिसंघ इधेव तत्थ
मग्गे दुवे पुलिस णारिकिलं चटक्कं।
दाएज्ज तत्थ उवदेस पुणीद रूवे
आहार णीर समए इग वत्थ चागी ।।29।।

मुनिसंघ आगे ग्रामानुग्राम विचरण करता है, मार्ग में दो पुलिस कर्मी प्रसाद रूप नारियल की चटक बढ़ाते, तब उन्हें समझाते हैं हम दिगंबर-वस्त्र रहित हैं एक समय ही आहार पानी लेते हैं।

30

चोब्बीस तित्थयर-काल-परंपराए
चारेज्जदे इध इधे ण हु एरि-लेही।
सज्झाय-झाण-तव-णिद्ध-सुदाणुपक्खी
मिज्जापुरे हु कुकरं णवकार देवो ।।30।।

हमारी चौबीस तीर्थकरों की परंपरा ऐसी ही है। हम ईर्या समिति पूर्वक चलते हैं। स्वाध्याय, ध्यान, तप निष्ठ हम श्रुतानुपक्षी (शास्त्रोक्तविधि को मानने वाले) हैं। अरे! मिर्जापुर में एक कुत्ता भी नवकार मन्त्र से देव हुआ।

31

वाराणसीइ इग लंक-सुठाण-वासं
किच्चा हु कोडि-णयरे मुणि-सिद्ध मुत्ती।
सो सेरघाडि अदिरम्म सुमग्ग-जुत्तो
डोभीइ हंटर-गयादि सुगाम खेत्तं ॥31॥

वाराणसी के एक क्षेत्र लंका में प्रवासकर कोडी नगर में संघ आया। यहाँ मुनि सिद्धसागर समाधिगत हुए। फिर संघ अतिरम्य आम मार्ग युक्त शेरघाटी आया। डोभी, हंटरगंज आदि ग्रामों के पश्चात् गया स्थान पहुँचा।

तित्थ-राजगेही

32

मग्गे हु लुंटकजणा भयभीद-कत्तुं।
अग्गे चरेंति गणि-ताव-पभाव-संता।
सिंघाटिया हु जणरोठ-कुसो हि सुग्गो
राजग्गहीइ सदसेट्ठि-बहुल्ल अग्गी ॥32॥

मार्ग में लुंटकजन भयभीत करने के लिए आगे आते, पर आचार्य श्री के तप साधना के प्रभाव से संत की तरह शान्त हो जाते हैं। संघ सिंघाटिया, जनरोठा कोशला, हिसुआ आदि होता हुआ राजगृही पहुँचा, तब शताधिक श्रेष्ठीजन अग्रणी होकर संघ की अगवानी करते हैं।

33

पंचेव सेलजुद-राजगिही सुरम्मा
अस्सिं च अत्थि विउलाचलवेभरो वि।
सोवण्णओ रदण-णाम गिरी उदे वि
जीवंधरं वइस-संदिव-पीदि-विज्जुं ॥33॥

पंचशैलपुर नाम से प्रसिद्ध राजगृही अतिरम्य है। विपुलाचल, वैभार, स्वर्ण रत्न और उदयगिरि नामयुक्त पांच पर्वत हैं। यहाँ से जीवंधर, वैशाख, संदीव, विद्युच्चर, गंधमादन, प्रीतिंकर एवं चारुदत्त आदि मुनि मुक्ति को प्राप्त हुए।

34

तित्थंकराण धरणी उवदेस-खेत्तो
वावीस-तित्थ मुणि-सुव्वय-जम्म-ठाणं।
रज्जो जरासधय सेणिग-राज-राजे
सोकारि-कस्सि रिक-सेणिग-जेणधम्मी ॥34॥

यह राज राजाओं की शोभा वाली राजगृही शौकरिक कसाई एवं श्रेणिक जैसे शिकारी को जैनधर्मी बनाने में समर्थ हुई। यहाँ जरासंध एवं श्रेणिक राजा का राज्य था, यह तीर्थकरों की देशना स्थली व बीसवें तीर्थंकर मुनिसुव्रत की जन्मस्थली है।

35

एसो हु खेत्त-असुरक्खिद-वण्ण-जीवी
मूगा मिगा अणुचरेंति वि सप्प-आदी।
णिब्भीग-सोणगिरि-आदि जिणाण बंदे
अत्थेव बारह सदस्स जिणालयो वि ॥35॥

यह क्षेत्र पूर्ण असुरक्षित-अरण्य जीवी है। यहाँ मूक पशु मृग, सर्प आदि विचरण करते हैं। फिर भी संघ निर्भीक ही स्वर्ण, वैभार, रत्न, उदय, विपुलाचल पर स्थित जिनबिंबों के दर्शन करता है। यहाँ बारह सौ वर्ष पूर्व का एक जिनालय भी है।

36

दंसेज्ज बिंब-जिण-दंसण-कित्ति-ठाणं
अग्गे चरेदि लघुसंक-कउस्स जुत्तं।
हासं कुणंत जुव-वाइग-घाद-जुत्ता
रक्खेज्ज रक्ख किसकम्मि तधे सुरक्खे ॥36॥

जिन दर्शन, महावीरकीर्ति का कीर्ति स्थान (स्मृतिस्थल) आदि देखते। किंचित् आगे जाते ही लघुशंका युक्त सुनीलसागर शुद्धि पूर्वक कायोत्सर्ग करते, तभी दो युवक हास (निंदा) करते हुए वाइक से गिरे और घायल हो गये। बचाओ, बचाओ ऐसा शब्द सुनकर कृषक आया उनकी सुरक्षा करने लगा।

37

णिंदं कुणेंति मणुजा इध जम्म-काले
भुंजेंति अज्ज समए पर काल-जादे।
भो सम्मदी! हु अणुसीलग माणवा तुं
सम्मं कुणेह अणुपेह मणे विचिन्ते ॥37॥

भो सन्मति! अनुशीलक मनुज अच्छा से अच्छा करो, मन में अच्छाई का

चिन्तन करो। क्योंकि निंदा जो करते हैं वे इस जन्म या अन्य जन्म में उसका फल भोगते हैं।

पावापुरी पवासो

38

णिल्लित्त-पोम्म-सर-णीर-फुडो हु णिच्चं
पावागिरिं च अणुपत्त-मुणीस-संघो।
आराहणं च कुणदे चरदे गुणावं
णिव्वाण इंद गण-ठाण-सुदंसणिज्जं ॥38।

यह संघ पद्मसरोवर की तरह जल से भिन्न कमल की तरह निर्लिप्त पावापुर के जिनमंदिरों की आराधना करता, फिर गुणावा की ओर चल पड़ता। गुणावा का इन्द्रभूति गणधर निर्वाण स्थल भी दर्शनीय था।

39

सच्छं च लाह-अणुलाह-मखार-गामे
तित्थे गुणावदु-णवाद-पवासएज्जा।
बिल्ला-फलाणि गुण-पाचग-सीदलाणि
माओअ-सेण्ण-रण-हिंस-गदीण खेत्ते ॥39॥

गुणावा-नवादा से माखर ग्राम में वैद्य द्वारा स्वास्थ लाभ पहुँचाया गया। उन्होंने बिल्लफल को पाचक एवं शीतलगुण बतलाया। फिर यह भी कहा कि यह माओवादी और रणजीत सेना के क्षेत्र हिंसक गतियों के क्षेत्रों में गिना जाता है।

40

एगो जुवो तध सुरक्खण-दाण-दाणे
अग्गे हवेदि जध लट्ठिपहार-पाणी।
जाणस्स वाहग-इधेव हु पंप-ठाणं
आराम-कुव्व-अणुपत्त-मुणीस-हत्थं ॥40॥

यह राजपूत युवा सुरक्षा दान में समर्थ हुआ, जब लट्ठधारी जन आगे आए। यहीं पैट्रोल पंप पर यान बाहर पैट्रोल के लिए आया। उसने यहाँ विश्वास पाया और आचार्य श्री के आशीष का लाभ प्राप्त किया।

41

गामे चरे हरदिए तध अंतरायं
पत्ते मुणीस-असमत्थ-चरंत अग्गे।

तत्तो वि उण्ह-तवणे झुमरिं तलेयं
पारीसहं च उसणं सहमाण-सव्वे ।।41 ।।

हरदिया ग्राम में पहुँचने पर अंतराय को प्राप्त मुनिश्री सुनीलसागरजी आगे जाने में असमर्थ हो गये, फिर भी उष्ण तपन में झुमरितलैया उष्ण परीषह सहन करते हुए पहुँचे।

42

विस्साम पच्छ सरियाइ पइट्ठ वेदिं
किच्चा सिरी महुवणे हु पवेस काले।
आरेण्हए हु जल-मेहदुमग्ग-मग्गे
कुव्वेज्ज सीदल-पहं सुहसागदत्थं ।।42 ।।

विश्राम के पश्चात् सरिया में वेदी प्रतिष्ठा करके श्री संघ जैसे ही मधुवन में प्रवेश हुआ वैसे ही मार्ग मार्ग में मेघों ने अपराह्न जल सिंचित कर पंथ को शीतल किया उनके सुखमय स्वागतार्थ।

43

कल्लाण-णिक्किदण-पाडिकमण्ण किच्चा
सामाइगे रद इमो पभए असीदी।
साहू सुसागदहिदं च-हिबिंस-कोढिं
पत्तेज्ज-दिक्ख-गुरु-ठाण-समाहि-दंसे ।।43 ।।

संघ कल्याण निकेतन में प्रतिक्रमण कर सामायिक में रत हो गया। फिर प्रभात में अस्सी (८०) साधु सुस्वागत के लिए आए। संघ बीरा-गंशी कोठी पहुँचा, वहाँ पर दीक्षा गुरु विमलसागर के समाधि स्थान के दर्शन करता है।

44

सिद्धाण भूमि-पडि-खेत्त-समोसरण्णं
दारं च माणथव-सत्तयभू-पहं च।
सिंहासणं छदतयं तरुकप्प आदिं
सज्जेज्ज ठाण सुहुमेण सु दिट्ठिणा सो ।।44 ।।

सिद्धियुक्त सिद्धों की भूमि के प्रत्येक क्षेत्र समवशरण के द्वार, मानस्तंभ, सप्तभू, प्रभामंडल, सिंहासन, छत्रत्रय एवं कल्पतरु आदि को सुसज्जित देखते हैं सूक्ष्म दृष्टि से।

45

पासं च णंदि जिणगेह पहुँ च चंदं
साहस्स-कूड तिरहे पह-पंथि-ठाणं।
चिट्ठेज्ज पच्छ तिस-चोविस-मंदिर च
तेमुत्तिमंदिर-विणिम्मिद-ठाण-आदिं ॥45॥

संघ तेरापंथी कोठी पहुँचा जहाँ पार्श्व प्रभु, नंदीश्वर मंदिर, चंद्रप्रभु, सहस्रकूट जिनालय आदि देखते हैं व वहीं विश्राम करते, फिर भरतसागर जी की सन्निधि में निर्मित होने वाले त्रिमूर्तिमंदिर आदि स्थान को प्राप्त हुए।

46

अट्ठाणवे णव-मईमुणिराय-संघो
उच्चाव-णिच्च-धरणीइ धरंत-पादे।
पंचेव-किल्ल पध-चिट्ठिइ-गंध-णालं।
झाणग्ग-भूद-कल-कल्ल-पवाह-पत्तं ॥46॥

9 मई 1998 को मुनिराज संघ ऊँची-नीची धरणी पर पग रखते हुए पांच किलोमीटर पर प्रवाहित गन्धर्व नाले को प्राप्त हुआ, जो मानो ध्यानाग्र होते हुए अपनी कल-कल ध्वनि से सभी को अपनी ओर आकर्षित करता था।

47

सीदाइ सेदु-पण-कूड-गणं धरं-च
पासस्स कूड-महमंत-सरंत-पारं।
कुव्वेदि तत्थ भममाण-पसूण दंसे
सामुद्द-तल्ल-पणदल्ल-सुवण्ण-कूडं ॥47॥

संघ सीता नाले पर सेतु के पथ से गणधर कूट, महामन्त्र जपते हुए पार्श्वप्रभु की कूट को पार करता, वहाँ पालतू पशुओं को भ्रमण करते देखता है, फिर समुद्रतल से 4500 मीटर उच्च सुवर्ण कूट को प्राप्त होता हैं।

48

सीढीइ-मग्ग-अणुगामि-इमो वि संघो
एगे गुहाइ पुर-सिद्ध पगे णमेज्जा।
सामा हु वण्णि-पहुपास-पगे पहादं
भत्तामरं च महवीर-सयंभु-थोदं ॥48॥

यह संघ कुछ सीढ़ियों के मार्ग का अनुगामी गुफा में स्थित पुरा सिद्धों के चरणों में नमन करता है। वहाँ ही श्याम वर्णी पार्श्वप्रभु के चरणों में सुप्रभात स्तोत्र

भक्तामर, महावीराष्टक, स्वयंभू स्तोत्र आदि को पढ़ता है।

सिद्धाणं वंदणं

49

भत्तिं च अच्चण-पहुँ थुदि-वंदणं च
किच्चा हु णेमि-अजिदं विमलं च वीरं।
संतिं च धम्म-सुमदिं गण-कुंथु-पुप्फं
सेयंस-पोम्म-णमि-सीदल-चंद-आदिं॥49॥

संघ भक्ति, अर्चन, प्रभु स्तुति, वंदन को करके नेमि, अजित, विमल, वीर, शान्ति, धर्म, सुमति, गणधर, कुंथु, मल्लि, पुष्पदंत, श्रेयांस, पद्म, नमि, शीतल, चन्द्र और आदि प्रभु के चरणों में नत मस्तक होता है।

50

णंता हु णंत अरहाण पहूण वंदे
सिद्धाण ठाण पुरिसाण मुणीण पादे।
संघो वि मंदिर जलं च विसेस-छाहं
विरसास-पच्छ-पडिकम्मण-चिट्ठिदो सो॥50॥

संघ सम्मेदशिखर के उच्च कूटों पर अनंतानंत अरहंत प्रभुओं, सिद्धों, मुनियों के परम पावन चरणों में नत होता है। यह जल मंदिर के विशेष छायादार स्थान में विश्राम कर प्रतिक्रमण में स्थित हो जाता है।

51

रत्तिल्ल-अत्थ-भयमुत्त हु सव्व संघो
आरुण्ण-सुज्ज-किरणेहि स चोव-कुंडे।
देणंदिणं च किरियं कुणिदूण एसो
जेट्ठे जधा तवणए वरसेज्ज मेहा॥51॥

रात्रि में यह श्री संघ भयमुक्त यहाँ स्थित होता, अरुणोदय पर सूर्य किरणों के साथ चौपड़ा कुंड पर दैनंदिनी क्रिया करके ज्येष्ठ की तपन में मेघों के नीर से प्रफुल्लित होता है।

52

वायुप्पवाहि-अदि-णंद-पदायिणी हु
धावल्ल-धाव-गदिसील-अणंद-मेहा।
तावं खए पवण-सीदल-वाहिणी हु
णेएज्ज रम्म-समणाण कुणेदि अज्ज॥52॥

धवल दौड़ते, गतिशील होते मेघ आनंद देते ही हैं। उसमें भी वायु का प्रवाह अति आनंददायी बनाता है। यही तपस्वी के ताप को क्षय करता, पवन शीतल वाहिनी ले इन श्रमणों के लिए ध्यान में बाधक न बन ये पवन साधकों की साधना को रम्य बना देते हैं।

53

चोद्दस्सए अहग-बावण-गणधारिं
वंदेज्ज कुंथु-छियणव्वय-कोडि-कोडिं।
छिण्णाव-कोडि-वियतीस लखं सहस्सं
वालीसए सद-मुणीण-सरंत-अत्थ॥ 53॥

गणधर कूट पर चौदह सौ बावन गणधरों, कुंथुप्रभु, छयानवें कोड़ाकोड़ी छ्यानवें कोटी, बतीसलाख, छयानवें हजार सात सौ बयालीस मुनिराजों का स्मरण करते हुए वंदना करते हैं।

54

सो णाण कूड गुण-णाण-सुसम्मदिस्स
कत्तुं इधेव चरुसेण-णिवेण अत्थ।
कोडिप्पमाण-उववास-फलं फलेज्जा
संघे सहेव सिरि सोमधरेण किज्जा॥54॥

आचार्य श्री संघ सहित चारुसेन राजा के द्वारा बनवाई गयी ज्ञानधर कूट पर ज्ञान-गुण एवं उत्तम सन्मति के करने के लिए यहाँ की वंदना करते हैं। भाव सहित वंदना से एक कोटी प्रमाण उपवास का फल फलीभूत होता है। यहाँ राजा सोमधर के द्वारा चतुर्विध संघ सहित वंदना की गयी थी।

55

कोडीणु कोडि-इग-पेतलिसं लखा हु
साहस्स-सत्त-णव-से चदुलीस-साहू।
कूडे हु मित्त-णमि-आदि-गदा हु मोक्खं
णिम्मेज्जदे अमर-मेह-ससंघ जत्तं॥55॥

मित्रधर कूट से नमि प्रभु आदि नौ सो कोड़ाकोड़ी एक करोड़, पैतालीस लाख सात हजार नौ सौ चालीस मुनि मोक्ष गये। यह चरण-पीठ अमरसेन राजा द्वारा बनवाई गयी यहाँ पर मेघदत्त चतुर्विध संघ सहित आया।

56

णाटक्क-कूड-अरहस्स हु भाव-राए
छिण्णाण-कोडि-उववास-फलप्पदाई।
णिण्णाव-कोडि-लख-साहस-णोसए हु
मोक्खागदा-मुणिवराण पणम्मएज्जा ॥56 ॥

अरहनाथ की नाटक कूट है, जिसे भावदत्त राजा ने निर्मित कराया। यहाँ से निन्यानवें करोड़, निन्यानवें लाख, निन्यानवें हजार नौ सौ निन्यानवें मुनिवर मोक्ष गये। उन मुनिवरों के लिए संघ नमन करता हैं।

57

मल्लिस्स संबल-सुठाण-गदं मुणिंदं
छिण्णाणवं च णमएज्ज तधेव वासं।
सच्चेण संघ-चदु-सुंदर-राय-ठप्पं
णम्मेज्ज सम्मदि गणी मुणिविंद सव्वे ॥57 ॥

संघ, आचार्य सन्मतिसागर एवं सभी मुनिवृंद मल्लिप्रभु की संबल कूट पर छ्यानवें करोड़ मोक्षगत मुनियों को नमन करते हैं। उन्हें भावसहित नमन करने पर छ्यानवें करोड़ के उपवास का फल प्राप्त होता है। यह कूट सुंदरसेन द्वारा बनवाई गयी। यहाँ चतुर्विध संघ की यात्रा को सत्यसेन राजा प्राप्त होता है।

58

सेयंस-संकुल-सुकूड-छियाण-कोडी
कोडी हु कोडिलख-साहस-बावणं च।
पंचं सयं च वियलीस-मुणिंद-मोक्खं
दत्तेण णिम्मिद-अणंद-सुसंघ-ठाणं ॥58 ॥

संघ वरदत्त द्वारा निर्मित कराई गयी संकुल कूट का वंदन करते हैं। यहाँ से छ्यानवें कोड़ाकोड़ी, छ्यानवें करोड़, छ्यानवें लाख बानवें हजार पांच सौ ब्यालीस मोक्षगत मुनिराजों का स्मरण एवं वंदन करते हैं, यहाँ पर आनंदसेन राजा चतुर्विध संघ सहित दर्शनार्थ आया था।

59

कोडीइ-कोडि-णव-वाहतरं लखं च
वे साहसं पणसदं च वियालिसं च।
मोक्खं गदं च धवलादु णमेंति पुप्फं
कुंदप्पहेण णिमिदं फल-वास लक्खो ॥59 ॥

धवलकूट से मोक्षगत पुष्पदंत सहित नौ कोड़ाकोड़ी बहत्तरलाख, दो हजार पांच सौ बियालीस मुनियों को नमन करते हैं। यह कूट कुंदप्रभ द्वारा निर्मित कराई गयी। इसकी वंदना से बयालीस लाख उपवास का फल प्राप्त होता है।

60

सो मोहणं च सिहरं अणुपत्त एज्जा
पोम्मादि-णिण्णणव-कोडि-सतासि-लक्खं।
तेत्तालिसं च सद-साहस-बाहतारं
साहूण णम्मदि पहासिण-णिम्मिदं च ॥60॥

संघ प्रभासेन द्वारा बनवाई गयी मोहन शिखर को प्राप्त होते हैं। यहाँ से पद्मप्रभु आदि निन्यानवें करोड़ सतासीलाख, तैतालीस हजार सात सौ बहत्तर मुनियों की वंदना करते हैं।

61

सो णिज्जरं च सिहरं सम-णिज्जरत्थं
कम्मं च कूड-णिणवे तह कोडि-कोडिं।
कोडिं लखं णव सदं णिणवे मुणीणं
रामस्स णिम्मिद-इणं पणमेज्ज सम्मं ॥61॥

यह संघ निन्यानवें कोड़ाकोड़ी, निन्यानवें कोड़ी, निन्यानवें लाख नौ सौ निन्यानवें मुनियों एवं सुव्रत मुनि के निर्वाण क्षेत्र श्रीराम के द्वारा निर्मित निर्जर कूट को कर्मनिर्जरा हेतु स्मरण एवं नमन करते हैं।

62

चंदप्पहं ललिद कूड-सुठाण-पत्तं
लालिच्चदत्त-णिमिदं छियणव्व-वासं।
फल्लं पदत्त-पद-जुत्त-इमो हि संघो
कुव्वेदि वंदणसरिं सम-झाण-पुव्वं ॥62॥

ललितदत्त द्वारा निर्मित कराई गयी चन्द्रप्रभ की ललितकूट पर संघ आया। यहाँ के वंदन से छ्यानवें लाख उपवास का फल प्राप्त होता है। यहाँ संघ समत्व एवं ध्यान पूर्वक स्थित होकर वंदन करता है।

63

सो आदिणाध सिहरम्हि विसाल-पादे
णम्मेदि अत्थ पहुवंदण-पुव्व-आदिं।

अट्ठापदस्स पहुवंदण-दुक्करो हु
केलास-पव्वद-सुठाण-सरंत-सम्मो ॥63॥

संघ चिन्तन करता है कि अष्टापद पर जाना कठिन है। कैलाश पर्वत पर निर्वाण गत आदि प्रभु के स्थान को स्मरण करके आदिनाथ कूट पर पहुँचते ही विशाल चरणों को नमन करते हैं।

64

अट्ठादसं वयलिसं तयतिंस लक्खं
वालीस-साहस-णवं च सदं पणं च।
मुत्तिं च सीदल जिणिंद-पहुत्त-वंदे।
विज्जुव्वरादु सिहरादु पपत्त-मोक्खं ॥64॥

विद्युतवर कूट से मोक्षगत शीतल जिनेन्द्र आदि अठारह कोड़ाकोड़ी बयालीस करोड़ बत्तीस लाख, ब्यालीस हजार नौ सौ पाँच मुनियों को स्मरण करते हुए वंदन करते हैं।

65

कोडीइ कोडि-णववाहतरं च लक्खं
बालीस-साहस-पणं सद-मुत्तिठाणं।
कूडं धवल्ल-पहु-संभव णाध-ठाणं
णिम्मेज्ज चक्किमघवेण इणं च कूडं ॥65॥

यह मघवा चक्री द्वारा निर्माण कराई गयी धवलकूट संभव नाथ की है। इस स्थान से नौ कोड़ाकोड़ी बहत्तर लाख-ब्यालीस हजार, पांच सौ मुनिराज निर्वाण को प्राप्त हुए।

66

कूडे सयंभु-गद-संघ-अणंत-णाहं
कोडीइकोडि छयणव्व दुसत्तरं च।
कोडिं च लक्ख सहसं सद-सत्त-सिद्धं।
णिम्मेज्ज सो अविचलेण णिवेण अत्थ ॥66॥

संघ स्वयंभू कूट पर पहुँचा, यह अविचल राजा द्वारा निर्वाण कराई गयी। यहाँ से अनंतनाथ, छ्यानवे कोड़ाकोड़ी, सत्तर करोड़, सत्तर लाख, सत्तर हजार एवं सात सौ मुनिराज सिद्ध हुए।

67

चंपापुरादु पण कल्लण-पत्त-वासुं
पादारविंद सिल-पट्टा पदंसमाणो।
आणंद कूड अणुपत्त इमो हु संघो
णिव्वाण पत्त अहिणंद मुणीस वंदे ॥67॥

चंपापुर से पांचों कल्याणकों को प्राप्त हुए वासुपूज्य के चरणारबिंद शिलापट्ट पर देखते हुए उनकी वंदना करते हुए। यह संघ आनंदकूट को प्राप्त हुआ। यहाँ से अभिनंदन आदि बहत्तर कोड़ाकोड़ी, सत्तर लाख, ब्यालीस हजार, सात सौ मुनिराज मुक्ति को प्राप्त हुए।

68

उच्छल्ल-बाणर-समूह-सुकूड कूडे
चिंहो सिरी-हु अभिणंदण णाह-राजे।
मुत्तिम्हि चिंह पहु वीदयराग अस्सिं
रम्मो हु मंदिर-जलं कल-कल्ल रूवे ॥68॥

अभिनंदन का चिह्न वानर है, यहाँ वानर समूह आनंद कूट पर उछल कूद करते दिखाई दे जाते हैं। यहाँ जलमंदिर के समीप मूर्तियों पर जो चिह्न हैं वे वीतरागता प्रकट करते हैं। कल-कल जल से पूर्ण जलमंदिर रम्य है।

69

धम्मस्स कूड-गद-संघ-सुदत्त-दत्ते
आणंदसेण-णिमिदं च विभीव-सेणो।
अत्थेव जत्त-जुद-उण्णविसं च कोडिं
लक्खं णवं सहस णो सयसत्त पण्णं ॥69॥

धर्मनाथ की कूट को प्राप्त संघ सुदत्तवर को दत्तचित्त होकर देखते हैं। जो आनंदसेन द्वारा निर्मित कराई गयी थी, यहाँ राजा विभीवसेन की यात्रा युक्त उन्नीस कोड़ा कोड़ी उन्नीस कोटि नौ लाख नौ हजार सात सौ पंचानवें मुनिराजों के दर्शन प्राप्त होते हैं।

70

सो संति-णाह पह कुंद-सुकूड-वंदे
कोडी हु कोडि णव लक्ख-णवं सहस्सं।
णोण्णोसए णिणणवं मुणि मुत्ति-ठाणं
णिम्माविदं णिवदि-सुप्पह-एण जत्तं ॥70॥

सुप्रभ राजा द्वारा निर्मित कराई गयी कुंदप्रभ कूट के शान्तिनाथ एवं नौ कोड़ाकोड़ी नौ लाख, नौ हजार नौ सौ निन्यानवें मुक्ति गये स्थान की वंदना करते हैं।

71

गंधं कुडिं च अवरं च पभासकूडं
कोडी उणंचस चुरासि बहत्तरं च।
लक्खं च सत्तसद-वालिस मोक्खपत्तं
ठाणं च पत्त अदिणंद सुपासचिंह॥71॥

गंधकुटी और प्रभास कूट को प्राप्त संघ प्रभास कूट से मोक्ष गए सुपार्श्व एवं उनचास कोड़ाकोड़ी, चौरासी करोड़, बहत्तर लाख, सात सौ ब्यालीस मुनियों के मोक्ष गत स्थान को वंदन करते हैं।

72

सोवीर-कूड विमलादि मुणीस ठाणं
कोडी हु कोडि सठ लक्ख दसं सहस्सं
सत्तं सदं च वियलीस सुमुत्तिसाहू
वंदेज्ज सोमपह-णिम्मिद कूड सम्मं॥72॥

सोमप्रभ राजा द्वारा निर्मित कराई गयी सुबीर कूट के अच्छी तरह दर्शन करता है मुनिसंघ। यहाँ से विमलप्रभु एवं सत्तर कोड़ाकोड़ी साठ लाख दस हजार सात सौ बियालीस मुनिराज मोक्ष को प्राप्त हुए।

73

सिद्धंवरं अजियणाध-मुणीस-ठाणं
कोडी हु कोडि-इग अस्सि चवण्ण-लक्खं।
चक्की ठविज्ज सगरो इग-सत्तरेय
तित्थंकरा अवतरेज्ज इधेव काले॥73॥

अजितनाथ के काल में एक सौ सत्तर तीर्थंकर अवतरित हुए। अजितनाथ एवं एक कोड़कोड़ी अस्सी कोटि चौवनलाख मुनियों की मोक्षस्थली सिद्धवर कूट को यह संघ नमन करता है।

74

णेमिस्स पादचरणेसु णमंत-संघो
सोवण्ण-कूड-पहु-पास-जिणिंद-वंदे।

वासी हु कोडि-चउरस्सि-लखं पितल्ले
सत्तं सदं च वयलीस-मुणीस ठाणं ॥74॥

गिरनार से मोक्ष पधारे श्री नेमिनाथ प्रभु के चरणों को नमन करता हुआ संघ व्यासी कोटि, चौरासी लाख पैंतासील हजार सात सौ बयालीस मुनियों की मोक्षस्थली स्वर्णभद्र कूट एवं प्रभु पार्श्वनाथ के चरण कमलों में नमित होता है।

तारक

75

पहु आइ-सुपासव-वीर करिज्जे
गुरुसंघ-सुमाणस-हंस-सरिज्जे।
पण-दिण्ण-सुवंदण-णंद मुणिंदे
पहु-भाव सुसासद तित्थ गणिंदे ॥75॥

यह तीर्थ आदि प्रभु से लेकर वीर पर्यंत नाना संघ की वंदना युक्त रहा है। ये मानसरोवर के हंस हमारे गुरु आचार्य सन्मतिसागर अपने संघ की गौरव परंपरा स्थापित करते हुए हंस सदृश हैं। ये संघ पांच दिवसीय वंदना से आनंद को प्राप्त मुनिवरों, गणीन्द्रों की वंदना परम भाव सहित शाश्वत तीर्थ सम्मेदशिखर की यात्रा करने में समर्थ हुआ।

॥ इदि णवम सम्मदि समत्तो ॥

दसम सम्मदी

नाराच

ISI SIS ISI SIS ISI S = 16 वर्ण

सु-भव्व-जीव-तित्थ तित्थ वंद-वंद वंदणं
अभव्व जीव णेरगम्म जत्थ जत्थ छंदणं।
अपुव्व एस सम्मि सेल-कूड-कूड सिद्धए
पदत्त वास-कोडि-कोडि पुण्ण-फल्ल-सत्तिए॥ 1॥

भव्य जीव इस सम्मेदशिखर शाश्वत तीर्थ की बारंबार वंदना करते हैं। अभव्य जीव नरक गामी यात्रा युक्त यत्र तत्र परिभ्रमण करते हैं। यह अपूर्व तीर्थ है, इसके प्रत्येक कूट सिद्ध पुरुषों की गाथा गाते हैं तभी तो जो इसकी वंदना करते वे कोटि-कोटि उपवास एवं पुण्य फल से शक्ति पाते हैं।

2

अत्थेव पंचमि सुदे तय-मुत्ति-ठाणं
आदिं महं च विमलं जिठ-सुक्क पक्खे।
पच्चासि साहु मुणिराय सुसेट्ठि वग्गा
अज्जी गणी-पहुदि-चिट्ठ समत्त लुंचे॥2॥

सम्मदेशिखर जी में श्रुत पंचमी (30 मई, ज्येष्ठ शुक्ला पंचमी) पर पच्चासी साधुओं, आर्यिकाओं आदि सहित श्रेष्ठीवर्ग के सानिध्य में आचार्य आदिसागर, आचार्य महावीरकीर्ति एवं आ. विमलासागर की मूर्तियों स्थापित की गयी और केशलोंच भी हुआ।

3

तिल्लोक-चंद-रदणो सिहरो महिंदो
साणक्क भाग-विजयो बहु-सावगा वि।
पुप्कं च भूद-पहुदिं मुणिवंत आदिं
छिण्णेंति गंथ परिगेह ससंग-भावं ॥3॥

इस प्रसंग पर त्रिलोकचंद्र गोधा, रतन लाल बडजात्या, शिखरचंद्र पहाड़िया महेन्द्र हंडावत, सनत कुमार, भागचंद्र पाटनी, विजयकुमार इंदौर आदि श्रेष्ठी एवं अनेक श्रावक-श्राविकाएँ भी थीं। यहाँ श्रुत पंचमी पर पुष्पदंत, भूतबलि आदि मुनिवंतों के ग्रंथों को स्मरण करते हुए ग्रन्थ परिग्रहादि के संयोग भाव को छेदने के लिए यह कार्य किया गया हो।

पंकावली

ऽ।।। ।।।ऽ ।।ऽ।। = 16 वर्ण

4

संभव भरह-सु सीयल मंदउ
सम्मदि तव मुणिराय-गणिंदउ।
संघउ विहरदि परमाणंदउ
देवघरहु गिरि मंदर खेत्तउ॥4॥

आ. संभव, आ. भरतसागर, शीतलसागर, कुमुदनंदी, आ. सन्मतिसागर, तप सागर आदि मुनिराज परमानंद युक्त क्षेत्र में विराजते रहते हैं। आचार्य संघ देवघर आदि से विचरण करता हुआ मंदारगिरि को प्राप्त होता है।

5

अत्थेव रत्त-पडिमा अदि दंसणिज्जा
वासुस्स पुज्ज जिण बिंब मणुण्ण-अत्थि।
सामुद्द-मंथण-भवे हु मधाणि-सेले
कल्लाणगत्तय-पवित्त पहा ण खेत्ते॥5॥

मंदारगिरि की लालप्रतिमा अति दर्शनीय है। वासुपूज्य का जिन बिंब भी मनोज्ञ है। यहीं वासुपूज्य के तीन कल्याणक हुए थे। इस पवित्र क्षेत्र के पर्वत को समुद्र मंथन को मथानी बनाया गया था ऐसी वैदिक मान्यता है।

6

चंपापुरी परम-पावण-खेत्त सेट्ठी
वासू-सुदंसण-सिरीपल-मेण-राणी।
पोम्मा सुदो हु करकंड-सुमुक्ख-धम्मो
गोवाल रोहिण-अणंत कुणिक्क चंदो ॥6॥

चंपापुरी परम पावन क्षेत्र श्रेष्ठ नगरी है। यहाँ वासुपूज्य, सुदर्शन, श्रीपाल मैनासुंदरी, पद्मावती का पुत्र करकंडू, सुमुख राजा, मेघ वाहन, धर्मरुचि, गोपाल सुभग, रोहिणी, अनंतमती, कुणिक एवं चन्द्रवाहन हुए।

7

सेणिक्क-भाणु-महवा वणमाल-चारू
जाएज्ज चंदण-सुदा दहिवाहणो वि।
लच्छीमदी वि मदणा सिरिणाग वाला
णेगा हु योग तवसीण जणाण चंपा ॥7॥

यह चंपापुरी राजा श्रेणिक, राजा भानुदत्त, मघवा, रानी वनमाला, चारुदत, चंदनवाला, दधिवाहन, लक्ष्मीमती, मदनावली (राजकुमारी) नागश्री आदि एवं अनेकानेक तपस्वी जनों की नगरी मानी जाती हैं।

8

तित्थंकराण समवो समए हु सव्वे
वीरस्स णेग-समवो इध गच्छ-गच्छे।
आगच्छिदो तध पहाव-जणेसु जादे
अप्पा हु अप्प-रद-जणेग जणा हु मुत्तं ॥8॥

यहाँ प्रत्येक तीर्थंकरों के समवशरण समय समय पर आए। वीर प्रभु का समवशरण अनेक बार इसके प्रत्येकभाग में आया। यहाँ लोगों पर उनका प्रभाव हुआ। वे आत्मा में अपने आप लीन यत्न पूर्वक लोग मुक्ति को प्राप्त हुए।

9

पंगण्ण-कित्तिम-सरोवर-मंदिरो वि
पण्णंदहं च चदुभाग-जिणो हु बिंबो।
वासू सिइत्तलिस-वेदिग-रम्म-रम्मा
पंचं च बाल जदि-मुत्ति विराजिदा वि ॥9॥

इस चंपापुर के प्रांगण में कृत्रिम सरोवर के मध्य एक जिनमंदिर है। यहाँ वासु पूज्य की सवा पंद्रह फुट जिन प्रतिमा है। सेत्तालीस वेदियां अतिरम्य हैं। यहाँ पर पांच बालयतियों की मूर्तियां भी स्थापित हैं।

10

णेमिस्स चंदपह-आदि पहुस्स बिंबा
आरामए हु कमदो दिग पच्छि-आदी।
सोहेज्ज किट्टिम कइल्लस-पव्वदो वि
अट्ठाणवे तिरहपंथि-सुठाण-वासो ॥10॥

यहाँ के बगीचे के पश्चिम दिशाभाग में नेमि, उत्तर में चन्द्रप्रभ और पूर्व में आदिप्रभु की प्रतिमाएँ हैं। आदिप्रभु कृत्रिम कैलाश पर्वत पर स्थित हैं। यहीं की तेरापंथी कोठी के स्थान में 1998 का चातुर्मास हुआ।

11

दिक्खा-दिवे समण-चक्कि-उवाहि-जुत्तो
णाबंबरे लहु विहाण सु अच्चणादी।
भागल्ल-आगद सुरं अमरं समाहिं
काएज्जदे इध सुधम्मि-सु-अप्प-सिक्खा॥ 11॥

यहाँ दीक्षा दिवस पर आचार्य श्री श्रमण चक्रवर्ती की उपाधि से अलंकृत हुए। नवंबर में लघु विधान एवं विशेष पूजन आदि का आयोजन हुआ। वहाँ से भागलपुर में आए, जहाँ शूरसेन और अमरसेन मुनि समाधि को प्राप्त हुए। यहाँ धार्मिक शिक्षण का भी आयोजन हुआ।

12

णिच्चं विहारगद-संघ-पविस्स चंपे
वंदेज्ज वे णिसहिगं सुलताण पत्तो।
मुंगेर गाम अणुगाम सुसुंदरं च
मोहक्क बाल मरचिं तह मेकरेड्डिं॥ 12॥

नित्य विचरण करता हुआ संघ चंपापुर आया, यहाँ दो निषधिका की वंदना की, फिर संघ सुलतानपुर पहुँचा। मुंगेर आदि गामों में सुंदरपुर, मोहकपुर, बालगूडर मराची एवं मरकेडी आया।

13

संसारए चदुगदी ण हु सार-भूदा
जाएज्ज किं ण मुणदे मणुजो वि कोवि।

जाणे पहण्ण गद एग णरो असंखे
पेहेज्ज पेह अणुपेह विसेस-णिच्चं ।13 ॥

यह संसार चतुर्गति रूप है, इसमें कहीं भी सार नहीं, वहाँ कब क्या हो जाए कोई नहीं जानता है। यान के घात से एक मनुष्य क्या अनेक नष्ट हो जाते हैं। इसलिए सदैव अनुप्रेक्षण कर अपनी प्रेक्षा से विशेष चिन्तन कर अनित्य, अशरण आदि भावनाओं को भाना चाहिए।

14

गंगाणदी हु जल कल्ल-सुबाढ़ बाढ़े
अस्सी-सुबिंब-इग-ते फुड-माण-जुत्ता।
पासेण संग पउमावदि-चोविसी वा
जिण्णं जिणालय गिहे वि अणेग बिंबा ।।14 ॥

गंगानदी के कल-कल नीर की बाढ़ आने पर नगर में अस्सी जिनबिंब एक इंच से तीन फुट के मान वाले थे निकले। यहाँ पार्श्वप्रभु के साथ पद्मावती और चौबीस मूर्ति भी थी। ये जीर्णता को प्राप्त थीं। यहाँ पर जीर्ण जिनालय में भी अनेक मूर्तियां हैं।

15

कुव्वेज्ज किं विणु पसत्थिपमाण-बिंबं
दंसेविदूण खिद-खिण्ण इमो वि संघो।
वत्तिक्खरादो फतुहाइ कबीर-पंथिं
माणं च पत्त बहुमाण पटण्ण-पत्तो ।।15 ॥

प्रशस्ति प्रमाण रहित जिनबिंबों को देखकर संघ क्या कर सकता था। खेद खिन्न के अतिरिक्त कुछ भी नहीं। इसके पश्चात् वक्तियारपुर संघ आया। यहाँ से फतुहा पहुँचा।यहीं के कबीर-पंथी मठ में यह संघ बहुमान को प्राप्त हुआ। फिर पटना पहुँचा।

16

अस्सिं पुरे हु गुलजार सुखेत्त-राजे
णिव्वाण ठाणय-सुदंसण-राज सेट्ठी।
सीले दिढो परमसेट्ठि गुणाण गाणं
दंसेज्ज सज्झ समयस्स सुसक्किदस्स ॥ 16 ॥

इस नगर के समीप गुलजार क्षेत्र है। यह सुदर्शन राजश्रेष्ठी की निर्वाणस्थली हैं। राजश्रेष्ठी शील में दृढ़ परम श्रेष्ठी के गुणों की स्तुति पौष शुक्ला पंचमी को

उनके निर्वाण दिवस पर होती है। यहीं पर समयसार का संस्कृत सहित स्वाध्याय किया गया है।

17

अस्सिं इधे पणुववास समाहि जादो
संवेगसागर-मुणिस्स हवेदि सम्मो।
रट्ठिल्लगो हि जय सीदल-आदि पण्णा
छोटे-रमेस-णलिणो वि अणूवचंदो ॥17॥

यहाँ पर संवेगसागर की पांच उपवास पूर्वक समाधि होती है। यहाँ आचार्य महावीरकीर्ति संबंधी राष्ट्रीय गोष्ठी में जयकुमार, शीतलचंद्र, कपूरचंद्र, छोटेलाल, रमेशचन्द्र, नलिनशास्त्री, अनूपचंद्र, विजयकुमार, सनतकुमार आदि उपस्थित हुए।

18

माघस्स सत्तमि सुदे इगसट्ठि जम्मे
विस्सस्स सुज्जय-सुणील-लिहिज्ज-गंथं।
विम्मोच्चणं फरवरिम्ह समाहि सूरिं
एलक्क-सुज्जसुभदस्स वि दिक्खएज्जा ॥18॥

यहाँ पर माघशुक्ला सप्तमी को आचार्य श्री की जन्मजयन्ती मनाई गयी। यहीं पर सुनीलसागर द्वारा लिखित 'विश्व का सूर्य' पुस्तक का विमोचन हुआ। फरवरी में आचार्य आदिसागर का 86वां समाधि दिवस मनाया गया। इस अवसर पर सूर्यसागर एवं सुभद्र क्षुल्लक से ऐलक बने।

19

राइट्ठाण-बहुमण्ण-विहार-मुक्खो
रज्जस्स पाल सिरिसुंदरसिंहमंती।
अज्झक्ख राम पहुदी गुरुणा असीसं
णेज्जेदि एस पणसत्तर वास-काले ॥19॥

राजस्थान (उदयपुर) के बहुमान्य विहार के प्रमुख नागरिक राज्यपाल सुंदर सिंह भंडारी, सभा अध्यक्ष रामनारायण आदि मन्त्री गुरु से आशीष लेते हैं। 75 दिन प्रवास के पश्चात् संघ वहाँ से विहार करता है।

आराइ बाला विस्सामो

20

सिक्खाइ खेत्त-बहुला इध देस देसे
बालाण थी पवर-सिक्ख सुसिक्ख-खेत्ता।
तस्सिं च थीसु जिणधम्म-विसेस-सिक्खा
बालाविसाम अरए अवि लोगिगो वि ॥20॥

इस भारतवर्ष में शिक्षा के अनेक क्षेत्र हैं, बालकों के, नारियों के भी उत्तम शिक्षा क्षेत्र हैं, परन्तु स्त्रियों में जिनधर्म एवं लौकिक शिक्षा वाला यह प्रसिद्ध बाला विश्राम आरा में है।

21

सिद्धंत-संत भवणे पुर-सत्थ-गंथा
दंसेज्ज अत्थ परमागम झाण-रत्तो।
फग्गुण्ण-अट्ठ दिवसे उववास जुत्तो।
चेत्ते णमी वि उसहस्स महा जयन्ती ॥21॥

आरा के जैन सिद्धान्त भवन में प्राचीन शासन ग्रंथ देखते, फिर यहाँ परमागम के ध्यान में रत फाल्गुन की अष्टाह्निका पर उपवास, चैत्र की नवमी पर वृषभ जयन्ती इसके पश्चात् महावीर जयन्ती मनाई।

चंदपुरी सिंहपुरी

22

आरा मसाढ-जिण बिंब-सुदंसएज्जा
बंहं च बक्सर डुमं इकरोरि-गाजिं।
चंदावदिं च पहुचंद सु जम्मठाणं
सेयंस-सिंहपुरि-सारयणाध खेत्तं ॥22॥

आरा, गराढ़ आदि के जिनबिंबों के दर्शन करता, यहाँ से ब्रह्मपुर, बक्सर डुमराव, इकरोरि बाजीपुर के पश्चात् चन्द्रप्रभु के जन्म स्थान चंद्रावती (चंद्रपुरी) को प्राप्त होते हैं। इसके अनन्तर श्रेयांस प्रभु की सिंहपुरी सारनाथ क्षेत्र को प्राप्त होता है संघ।

23

कल्लाणगं चदुथलं अणुदंस-णंदे
सम्माड-संपडि-विणिम्मिद-थूव-उच्चं
सिंहस्स चिंहचदु-दिग्ग-सुचक्क धम्मं
अस्साण बिंब उसहाणं रट्ठचिण्हो ॥23॥

श्रेयांस प्रभु के चार कल्याणक की सिंहपुरी के दर्शन से संघ आनंदित होता है। यहाँ सम्प्रति सम्राट के द्वारा निर्माण कराए गये स्तूप पर चारों दिशाओं में सिंह, धर्मचक्र भी हैं। इसके नीचे अश्व और वृषभ बैल के बिंब हैं। सिंहचिन्ह (चतुर्दिग सिंह चिन्ह)यही राष्ट्र चिंह है।

वाराणसी चाउम्मासो

24

वाराणसी दु वरुणा असई णदी हु
तस्सिं जुगे हु इणमो हु वणारसो वि।
पासं सुवास पहु खेत्त सुदंसणेज्जा
वण्णी महोदय-सियाद-सुवाद विज्जं ॥24॥

वाराणसी-वरुणा और अस्सी नदी युक्त यह बनारस है। यह पार्श्वप्रभु और सुपार्श्व का क्षेत्र है। यहाँ पर गणेश प्रसाद वर्णी द्वारा स्थापित किया केन्द्र भी है। जिसे स्याद्वाद महाविद्यालय कहते हैं।

विस्सविज्जालयो

25

अम्हेहि संगि-पढिदा बहुछात्त-छत्ता
विस्सेग-विज्ज महविज्ज-सुसोह-पाढं।
देसे विदेस बहुले सुद पागिदं च
ते सक्किदं च जिण दंसण णाद-सीला ॥25॥

हमारे साथ (लेखक उदयचन्द्र के साथ) पढ़े हुए अनेक छात्रों का एक मात्र क्षेत्र विश्वविद्यालय, महाविद्यालय आदि की पठन पद्धति को संचालित कर रहे हैं। यहाँ के छात्र देश विदेश में प्राकृत-संस्कृत एवं जैनदर्शन का मान बढ़ाते रहे हैं।

26

बी एच यू अवर सक्किद-विस्स-पीढे
देहल्लि खेत्तकुरु-सागर जाबले वि।

कोढिल्ल गोउल रमेस-सुणंद-फूलो
पेम्मो जयो वि उदयोउदयो अमिल्लो ।।26 ।।

बी. एच. यू., संस्कृत विश्वविद्यालय, देहली, कुरुक्षेत्र, सागर जबलपुर, उदयपुर आदि के विश्वविद्यालय में अध्यापन कर प्राकृत, संस्कृत, जैनदर्शन, बौद्धदर्शन, सिद्धान्त आदि का मान बढ़ाया। दरबारीलाल कोठिया, गोकुलचंद, फूलचंद, रमेश, महेन्द्र, नंदलाल, प्रेम सुमन, जयकुमार, उदयचंद्र (उदयपुर), उदयचंद (वाराणसी) अमृतलाल आदि इन्हीं विश्वविद्यालयों में रहे हैं।

27

एसा हु सत्त-जण-पद्द-पहाण-खेत्तो
पासस्स गव्भ-तव-णाण-कलाण-खेत्तो।
अग्गी-जलंत-य-फणिंद इधेव रक्खे
चंदपहुस्स पडिमा हु समंत जप्पे ।।27 ।।

यह वाराणसी सात जनपद प्रधान क्षेत्र है। पार्श्वप्रभु के गर्भ, तप और ज्ञान कल्याणक का यही क्षेत्र है। यहीं जलते हुए नाग नागिन की रक्षा की गयी थी। यहाँ पर शिवलिंग से चन्द्रप्रभु की प्रतिमा समंतभद्र के जाप से निकली थी।

28

णिण्णाणवे हु चदुमास-इधेव ठाणं
सो इंदभूदि-वडुगो जिण-दिक्खजुत्तो।
वीरस्स सिस्स-गुरुभत्तिय-पुण्णिमाए
तत्तो हु पुण्णिम गुरू चदुमास चिट्ठे ।।28 ।।

संघ 1999 के चातुर्मास को यहीं गुरु पूर्णिमा की प्रभावना के साथ करता है। इस दिन इंद्रभूति बटुक वीर से दीक्षित हुए उनके प्रधान शिष्य बने फिर गुरु भक्ति से गुरु पूर्णिमा प्रसिद्ध हुई। तभी से चातुर्मास की स्थापना गुरु पूर्णिमा पर होती है।

29

इंदो हु अग्गि-गण-वाउ-सुची सुधम्मो
मंडिक्क-मोरिय-अकंपि-अचल्ल-मेदो।
सिस्सो पभास-गण-सोहिद वीर-संघो
अज्जी मुणी बहुजणा वदधारि दिव्वा ।।29 ।।

इन्द्रभूति, अग्निभूति, वायुभूति, शुचिदत्त, सुधर्म, मांडिक, मौर्यपुत्र अकंपित, अचल, मेदार्य एवं प्रभास गणधरों से सुशोभित वीर संघ था। इनके संघ में श्रावक-श्राविकाएं, व्रतधारी, आर्यिका एवं मुनि आदि बहुत से लोग थे।

30

चंपाइ कासि-परियंत-सु-सज्झएज्जा
अस्सिं च पंडवपुराण चरित्त आदिं।
सज्झायए समय-धम्म-रहस्स-आदिं
लोगस्स णीदि-विभवं भरहेस-गंथं ॥30॥

चंपा से काशी पर्यंत पांडव पुराण, चरित्र-ग्रंथ (श्रीपाल, प्रद्युम्न, हनुमान) समयसार जिनधर्म रहस्य एवं लोकनीति आदि युक्त भरवेश वैभव का स्वाध्याय हुआ।

31

सूरी कहा-कधण-सम्म-सहाव-णीदी।
आयार-वाग-ववहार-सुधम्म-पीदी।
गामे जएज्ज इग-बालग-मा-पिदो णो
आजीविगं पवजदे पुर-अण्ण खेत्ते ॥31॥

सूरी की कथा कथन में सम्यक् स्वभाव नीति, आचार, विचार, व्यवहार, सुधर्म प्रीति आदि रहता था। वे ग्राम के जन्मे बालक की कथा सुनाते हैं। वह जन्म के कुछ समय पश्चात् बड़ा होने पर माता-पिता से रहित हो गया। इसलिए अपने क्षेत्र से आजीविका हेतु दूसरे नगर पहुँच गया।

32

सो विस्समं कुणदि आपणसज्ज-ठाणं
णिच्चं समेण पण-पावदि पुज्ज कुज्जे।
पासाद-जाद-इग-वुड्ढ-स-वत्थ-छज्जं
हत्था गहेदि सिरसा णदए हु पादे ॥32॥

वह दुकान के बाहर उसे स्वच्छ करके सो जाता। श्रम से कुछ पैसे कमाता, नित्य पूजन करता। एक दिन प्रासाद-उच्च भवन जाता, जहाँ एक वृद्ध वस्त्र सुखाता दिखता यह उसके हाथ से वस्त्र लेता, सुखा देता और सिर से नत पैर में हो जाता है।

33

णम्मी इमो पुण हु पण्ण-पमाण-तत्थ
सेवा हु सील-इणमो लहदे हु लाहं।
पासण्ण-सेव-बहु-जाद-इमो हु सेट्ठी
संगं सिणाण-विसणं जिण भत्ति भासे ॥33॥

आचार्य श्री कथा में निपुण थे उन्होंने सेवा फल, संग त्याग, गंगा स्नान,

व्यसन मुक्त जीवन, जिन भक्ति आदि की अनेक कथाएँ सुनाई। सेवा से इस नम्रीभूत व्यक्ति को उसमें हिस्सेदारी प्राप्त हुई।

34

सीदे चरेदि मुणिराय-भयाभयं च
दिस्साण पस्स दयभूद-सदा हु संघो।
णग्गा इमे हु अणुणिंदण जाद-सव्वे
सोम्मो दिगंबरमुणी मिगराज-गामी॥34॥

आचार्य संघ शीत में विचरण करता हे। अनेक क्षेत्रों में भयावह दृश्य देखते हुए संघ के सभी साधु दयाभूत हो जाते हैं। इन्हें नग्न कहते हुए लोग निंदा करते, पर ये दिगम्बर मुनि सौम्य-समत्वशील मृगराज की तरह अनुगामी बने रहते हैं।

35

आउज्झ-पत्त-सिरि-संघ-इणं च तित्थं
सव्वं इदिं पुरिस-धाम-पहाण-कालं।
णाहिं च आदिजिण खेत्त अजं च णाहं
णंदेज्ज णम्म सद साहस तित्थ णाहं॥35॥

श्री संघ अयोध्या को प्राप्त हुआ। यहाँ के जन्मे तीर्थकरों के इतिवृत्त, पुराण पुरुषों की धर्म प्रधान काल नगरी, नाभिराय, आदि प्रभु के क्षेत्र 'अजनाभ' को नमन करते हैं। ये सभी तीर्थनाथों की भूमि को सहस्रों बार नमन कर प्रसन्न होते हैं।

36

अज्झप्प खेत्त-भरहं भरहो इखागू
सागेद-णाम-अजिदं अहिणंदणं च।
तित्थकरं च सुमदिं च अणंत रामं
अच्चेज्ज अच्चणविहिं लहएज्ज णिच्चं॥36॥

यह अध्यात्म का क्षेत्र, इक्ष्वाकुवंश की नगरी साकेत भी है। यह भरत का भारत, अजित, अभिनंदन, सुमति, अनंत प्रभु एवं राम का स्थान है। नित्य अर्चनविधि को संघ प्राप्त होता है।

सड्ढा सेयस्सजुदा

37

कित्तिंत जम्म दिवसं छहविंस जणणे
गामे सहादतगजे हु इगा हु बुड्ढी।

सं सड्ढ णम्म-विस-रुप्प पदारबिंदे
रक्खेज्ज कट्ठविकणी पर सड्ढएज्जा ॥37॥

महावीरकीर्ति का 26 जनवरी को जन्म दिन मनाया फिर संघ सहादतगंज पहुँचा, जहाँ एक लकड़ी बेचने वाली बूढी श्रद्धा से नम्र वीस रुपये चढ़ाती है। किसी ने उसके रुपए नहीं लिए किंतु उसने अपनी भक्ति से महान पुण्य कमाया।

38

सड्ढासियस्स करि पण्ण-विहीणगाणं
आसीस-दाण जुद-संघ-सुगाम गामे।
गब्भं च जम्म तव णाण-पहाण-खेत्तं
धम्मस्स धम्म-रदणे जण-पुज्ज धम्मं ॥38॥

पण्य विहीणों की श्रद्धा श्रेयस्करी होती है। यही श्रद्धा आशीषदान युक्त होती। संघ एक ग्राम से अन्य ग्राम होता हुआ रत्नपुर पहुँचता है। यह धर्मप्रभु के गर्भ, जन्म, तप और केवल ज्ञान का क्षेत्र है, यहाँ के लोग धर्मनाथ से धर्म युक्त होते हैं।

39

कुम्हार-जादि-इध अज्ज वि अत्थ णत्थि
णागस्स साव पहु दुद्धय सिंचमाणा।
मेहादु णीर-वरिसेज्ज इमत्तु सड्ढे
पत्तेज्ज एस सरजुं च सुमेर-गामं ॥39॥

यहाँ कुम्हार जाति नहीं। क्योंकि नागजाति से यह अभिसप्त क्षेत्र है। यहाँ आज धर्मप्रभु को दुग्ध से अभिषेक कराते। मेहों से नीर इसी श्रद्धा से वरसता है। इसके अनंतर संघ सरजू नदी एवं सुमेर गाँव को प्राप्त होता है।

40

मग्गे चरेज्ज इग सावग-दुद्ध-दाणं
कुव्वेदि णो कुणदि तत्थ कहेदि तस्स।
संगे चरेंति कुमराण दएज्ज तुज्झ
आसीस-जुत्त-मणुजो ददादे हु दुद्धं ॥40॥

मार्ग में चलता हुआ संघ एक श्रावक की (ढावे वाले की) भक्ति को प्राप्त होता है, जो दूधदान करता, पर मुनिसंघ इसे नहीं लेता। पर उसके लिए यह संकेत करता कि इन संग के कुमारों को आप दे सकते हो, वह आशीष युक्त दुग्धदान करता है।

41

काले विहार पुरवे तध संग घादो
जाणो पवट्टण-हवे ण हु को वि हाणी।
सेयो हवेदि कुसला सयला बघोरे
वुड्डो इगो हु मणुजा चदुपाइ णेज्जा ।।41 ।।

विहार हुआ पुरवा की ओर वहाँ मार्ग में यान (बस) पटल गयी। कोई जन हानी नहीं हुई। सभी कुशल तो कहा गया कि यहाँ पर मुनियों का गमन हो रहा है। अन्य बघौरा ग्राम के लोग चारपाई पर एक वृद्ध को ले जा रहे थे।

42

संसारए गमण आगमणं हवेदि
चक्क व्व वट्टण-इमो ण हु जाणदे जो।
अज्झावगाण अणुमज्झय छत्त-वग्गा
देसेज्ज लाह-अणुलाह लहंत चिट्ठे ।।42 ।।

संसार में गमनागमन सदैव होता रहता है। यह चक्र की तरह परिवर्तनशील है, फिर भी उसे नहीं जानता है। यहाँ छात्र एवं अध्यापक वर्ग आचार्य श्री के देशना का लाभ उठाने को ठहर जाते हैं।

43

बाराइबंकिय-सुखेत्त-पपत्त-संघो
सज्झाय-पाडिकमणं च कुणेदि अत्थ।
एगो जणो दु पग-पाद-हदे णिदाणे
केंदे णएज्जदि सुजाण सुवाहगो तं।।43 ।।

संघ बाराबंकी में प्रवेश करता, यहाँ स्वाध्याय प्रतिक्रमण करता है। यहाँ एक श्रावक पग घात युक्त हो जाता है। इसे निदान केन्द्र तत्काल ले जाया जाता है। यान वाहक उस श्रावक को।

44

वासे इमो लखणउं अदि-सीद-काले
फग्गुण्ण-मास-घण-णीर-पवाहएज्जा।
तत्तो विहार-गद-संघ पुरे उणावो
आणंद णंद समहिं सिरि आदि सूरिं।।44 ।।

शीतकाल में यह संघ लखनऊ प्रवास को प्राप्त होता है। फागुन माह में वृष्टि और शीत प्रवाह होता है। वहाँ से विहारकर उन्नाव में प्रवेश करता है। यहाँ

(3 मार्च, सन 2000) में आचार्य आदिसागर का समाधि दिवस मनाया जाता है।

45

सम्मं समाहि-मरणं-इग-मेत्त-काले
पत्तेज्ज जो णव-भवे खलु मुत्ति-लाहं।
कासाय जेत्त-वद जुत्त जणा हु लोए
अप्पाविसुद्ध परिणाम सहाव-णंतं ॥45॥

इस संसार में कषाय जीतने वाला व्रत युक्त मनुष्य आत्म-विशुद्ध परिणाम के अनंत स्वभाव को सम्यक् समाधिमरण को प्राप्त होकर नव भव में मुक्तिलाभ को अवश्य प्राप्त होता है।

46

सम्मा पउत्ति सुह कम्म-अणंत-भावं
दंसेज्जदे ण असुहं भव बंधणं च।
देवेण सत्थ गुरु वंदण-अच्चणेणं
संसारिगीण किरियाण णिरोह-सम्मं ॥46॥

सम्यक् प्रवृत्ति शुभ कर्म के अनंत भाव को दिखलाती है। इससे भव बंधन अशुभ भाव नहीं होता है। देव, शास्त्र एवं गुरु वंदन-अर्चन से सांसारिक क्रियाओं का अच्छी तरह निरोध होता है।

47

णंदीसरस्स पडिदंसण-भावणा वि
णेएज्ज जो चरदि धम्म सुझाण मूले।
देवो हवेदि अणुदंसण लाह-मग्गं
अप्पं पियं पडिसुणेदि स सच्च-रूवं ॥47॥

जिसके हृदय में नन्दीश्वर द्वीप के दर्शन करने की भावना होती है। वह निश्चय ही धर्म शुक्लध्यान में स्थित होता उसी में विचरण करता है। वह देव होता नन्दीश्वर के साक्षात् लाभ को प्राप्त होता है। इसी का दृश्य एक राजा अपनी रानी को सुनाता है। वह उस पर विश्वास करती है।

48

पच्चीस-णव्व-णव-वीर-महा-जयंती
अप्पेलमास-छहदस्स-दिवे वि दिक्खा।
सा खुल्लिगा हवदि संभव संभवं च
छिण्णं कसाय-वण खल्लिय खुल्ल भावं ॥48॥

वीर सं 2599 वीं महावीर जयन्ती 16 अप्रैल को कानपुर में मनाई गयी। इसके अनंतर क्षुल्लिका दीक्षा (23 अप्रैल) को हुई। वे क्षुल्लिका संभवमती आगामी भव, कषाय वन एवं क्षुद्र भाव को छेदनार्थ इस मार्ग की ओर चल पड़ी।

49

आयार-सुद्धि-विणु अम्ह हिदो कदं च
अज्झप्पझाण विणु अम्ह विगास णत्थि।
अम्हे वहेंति सयला पर-पच्छि-धारे
दाणं हवेदि विणु धम्मय-सम्म णाणं ॥49॥

आचार-शुद्धि बिना हमारा कल्याण कैसे? अध्यात्म ध्यान (आत्मचिंतन) बिना हमारा विकास नहीं हो सकता? हम पश्चिमी धारा में बहते जा रहे हैं। हम दान देते, पर धर्म के बिना सम्यग्ज्ञान कैसे हो सकता है।

Welth is Lost Nothing is Lost–तण खए णो किंचि खयो—
Helth is Lost Something is Lost–तण खए किंचि खयो त्थि
But Character is lost everything is lost चरित्र खए त्थि सव्वखयो त्थि।

50

अत्थे विराग-मुणिराय-मुणीस-दंसे
पत्तेज्ज खुल्लय सु-दिक्ख-इमो हु सम्मो।
पच्छा हु काणपुर-वास-पवास-जुत्तो
दंसेज्ज सो रहण-माणिग-बिंब-अत्थं ॥50॥

लखनऊ में विरागसागर मुनिश्री आचार्य सम्मतिसागर के दर्शन करते हैं। इन्हीं आचार्य जी से क्षुल्लक पद पर विभूषित हुए। आचार्य विमलसागर जी आज्ञा से सम्यक् दीक्षा युक्त थे। संघ कानपुर आया, यहाँ पर प्रवास युक्त रत्न प्रतिमाओं के दर्शन करता है।

51

अट्ठासि-दिण्ण-महदी हु पभावणाए
जाएज्ज मग्ग-समए वलिवद्द- अग्गे।
सद्दे-जए दहदहंत-दलंक-झुंडे
सद्दा जयादु विरमेज्ज पलायदे सो ॥51॥

कानपुर में अट्ठासी (88) दिन प्रवास प्रभावना के साथ व्यतीत हुआ। जब विहार में लोग जयकारे लगा रहे थे तब एक बलिवर्द सांड़ झुंड के बीच आ गया। तब आचार्य श्री जयकार के लिए रोकते है, तो वह भी रुक गया।

पइत्ता

ऽऽऽऽ ।।।। ऽ

52

मिच्छादिट्ठी जण-तिरिया, दिट्ठी धम्मा जय-जयला।
रोहे रोहे ण हु बहिरा, सद्दा सद्दे जय वसिरा ॥52॥

धर्म दृष्टि यदि है तो जयजय रुचिकर लगता है, पर मिथ्या दृष्टि जन या तिर्यंच इसमें व्यवधान डालते ही हैं। ये मानते नहीं, इसलिए जय शब्द के जयकार को रोकना श्रेयस्कर समझा आचार्य जी ने।

सारंगिका

।।। ऽऽ ।।ऽ = 9 वर्ण

53

णह-सिग दंता पसुए, कर कय लंते मणुजे।
णहु वि विसासं कुणहे, सर-कर हत्थे विरहे ॥53॥

इस जगत में नख, सींग एवं दांत वाले पशुओं, क्रूर-कृतांत मनुष्यों एवं जो हाथ में बाण लिए हुए चल रहा तो उस पर विश्वास नहीं करे।

बिंब

।।। ।ऽ। ऽऽ = 9 वर्ण

54

चलदि विहरेज्ज संघो, समय समएज्ज देसो।
मुणि-जण-विसाम-काले, पवयण-पवेज्ज माले ॥54॥

संघ गतिशील रहता है, समय से समय देशना युक्त। मुनिजन अपने विश्राम के क्षणों में उनके प्रवचन या स्वाध्याय से लाभ पाते हैं।

55

फासे चरण-चारित्तं, हीणस्स णूण णो कदा।
तित्थ-सत्थ-रमेज्जझाणं, अप्पविसुद्धि-कारणं ॥55॥

चरण चारित्र-आचरण वाले के छुए जाते हैं, हीन या कम चारित्र वाले के

कदापि नहीं। जो तीर्थ-श्रमण श्रमणियां शास्त्र स्वाध्याय में लगे रहते हैं उनकी आत्म विशुद्धि बनती है।

55

साहूण संग-कुव्वेज्जा, सुज्ज-सम-पदित्तए।
रागद्दोस-विरामेज्जा, पपंच जण सावगा॥ 55॥

प्रपंच युक्त श्रावकजन रागद्वेष बढ़ाते हैं, उनसे बचना चाहिए। साधुओं की संगति करना चाहिए क्योंकि वे सूर्य के समान प्रदीप्त रहते हैं।

56

मणसा अप्प-अप्पम्हि, राग द्दोस-गदी सदा।
समदा-सह-भावेणं, अप्पाणं सम आचरे॥56॥

मन के द्वारा अपने आत्म परिणामों में राग-द्वेष सदा ही याद आते हैं तो उन्हें समता एवं सह अस्तित्व भाव से 'आत्मानं समं अचरेत्' को समझें।

57

सत्तेसु सम्म-भावाणं, अप्प-अप्पम्हि संभवे।
जधा दु अम्ह रोचेज्जा, तधा समचरेज्ज हु॥57॥

अपने आप की तरह सोचें, सभी प्राणियों पर सम भावों को रखें। क्योंकि जैसा हम चाहते हैं, वैसा ही अन्य के प्रति आचरण करें।

58

अविवेगादु पावं च, समसम्मं विरामदे।
विवेगे णत्थि आरंभो, समारंभ समो अवि॥58॥

समरम्भ, समारंभ और आरम्भ तो अविवेक से होता है। वह पाप है। सदैव जो सदाचरण और समभाव नष्ट करता है। विवेक में ऐसा नहीं होता है।

59

विवरीद-मणुस्साणं अधम्मिगाण णिस्सरे।
जिणगेह विणिम्मादो अहिपुण्णं गुणेह भो!॥59॥

विपरीत अधार्मिक जनों की परिस्थितियों को जो निकाल देता है वह जिनमंदिर से भी अधिक पुण्य कमा लेता है। भो प्राणी! आप ऐसा चिन्तन करें।

स्कंधक

60

जं जं जाणेदि जगं रहरह चक्कपरिवट्टण-जुदं णियगं।
तं तं लब्भेदि सुदं अरह-सुधम्म-धरिणं धण-पदं सयलं ॥60॥

जो भी परावर्तन रूप जग के रथ चक्र की प्रवृत्ति को स्वयं ही जान लेता है उसको प्राप्त होता है श्रुत, अरहमार्ग, और उत्तम धर्म रूपी धरणी के समस्त पद के कार्य भी।

61

पढि समयसारं च, हत्थेवि लहिदूण जो।
आचरेज्ज ण आचारं, मिच्छादिट्ठी ण किं हवे ॥61॥

जो प्रतिक्षण समयसार को पढ़कर उसे हाथ में लेकर चलते, पर आचार पालन नहीं करते हैं, वे क्या मिथ्यादृष्टि नहीं है?

62

सम्मादिट्ठी समावित्ती, समित्ताधार-सम्मए।
मोक्खमग्गे पउत्ता ते, ठिदि करण-संजुदा ॥62॥

सम्यक्दृष्टि सम्यक् आचरण, समत्व के आधारभूत साम्यभाव एवं मोक्षमार्ग में जो लीन रहते हैं, वे स्थितिकरण में भी स्थित करते हैं।

णिग्गंथाण ण वंदए

63

णिंदेज्ज मोक्ख-मग्गीणं णिग्गंथाणं ण वंदए
परिणाम विसुद्धी णो, सिक्खा णियम रित्तए ॥63॥

जो मोक्षमार्गियों की निंदा करते हैं, निर्ग्रन्थों की वंदना नहीं करते हैं। वे शिक्षा व्रत नियमादि से रहित विशुद्ध परिणाम वाले भी नहीं होते हैं।

64

सिक्खाइ सुत्तवयणे सुद पंचमीइ
सूरीधरस्स सुद वच्छल-भूद-पुप्फं।
सुत्तस्स सार-अरहस्स वए वि अत्थि
देसेज्ज पच्छ अणुगाम-सुगाम-सीमं ॥64॥

शिक्षा के सूत्र वचन श्रुत पंचमी पर स्पष्ट किए गये। धरसेनाचार्य की श्रुत

वात्सल्यता, भूतवलि-पुष्पदंत के सूत्रसार और अर्हत बलि की वाणी में जो सार था उसे समझाया, उसके अनंतर ग्रामानुग्राम विचरण करते हुए एक ग्राम सीमा को संघ प्राप्त हुआ।

उपसग्गे वि समित्तं

65

मोद्देहए हु मवई पडि गच्छमाणो
ओसग्ग-जुत्त-मणुजाण विणिंदगाणं
मोणो चरेज्ज मुणि-सोम्म-सहाव-सीलो
एणं विणा ण हु वि किंचि समं च झाणं ॥65॥

मौदहा के पश्चात् संघ मबईया जाते हुए निंदकजनों के उपसर्ग को प्राप्त हुआ। सो ठीक है मौन मुनि होते हैं, वे सौम्य स्वभावी होते हैं। इसके बिना समता व ध्यान आदि संभव नहीं।

66

णिग्गंथ गंध रहिदो अणुवट्टदे हु
सो लोगिगो करण-कज्ज-विहीण-साहू।
संकप्प-कप्प-तज-साहु-सुसाहणाए
भव्वादिभव्व परिणामि णमेज्ज जोग्गो ॥66॥

निश्चित ही निर्ग्रन्थ तो ग्रन्थ (बाध्य अभ्यंतर परिग्रह) रहित विचरण करते हैं। वे लौकिक कार्यो से विमुक्त सम्यक् क्रिया युक्त हैं, वे संकल्प विकल्पों से मुक्त अपनी सम्यक् साधना से भव्यातिभव्य परिणामी होते हैं। वे प्रणाम योग्य होते हैं।

67

सो चिन्तमाण सूरी दु, तवोणिट्ठ तवोधणी।
पत्तेज्ज पद णिक्खेवे, छतरपुर-सीमए ॥67॥

वे चिन्तनशील सूरी तपनिष्ट तपोधनी छतरपुर नगर की सीमा में पद निक्षेप करते हैं।

॥ इति दस सम्मदो समत्तो ॥

एगारह सम्मदी

छतरपुर चाउम्मासो

देदिप्पमाण दिणईस समो मुणीसो
भत्तीगणाण मणुजाण सुकप्प रुक्खो।
चंद व्व सोम्म छविवंत इमो गणिंदो
बुंदेलखंड धरणीइ सुतित्थ-तुल्लो॥1॥

ये आचार्य श्री दैदीप्यमान दिन ईश सूर्यसम थे भक्तिसमूह से युक्त मनुजों के लिए। ये कल्पवृक्ष ही थे, ये चंद्र के सदृश्य सौम्य छवि वाले गणीन्द्र थे। बुंदेलखंड की धरती पर तीर्थ तुल्य थे।

2

चादुत्थ-पट्टधर सूरि सुणील-खेत्तो
तिग्गोड-गाम-गरिमा ण हु मेत्त-एत्थ।
बुंदेलखंड भरहस्स सु-सिद्ध-ठाणे
देसे विदेस खजुराह-कला-कलाए॥2॥

बुंदेलखण्ड भारत के सिद्ध पुरुषों का स्थान होने से देश-विदेश में प्रसिद्ध है। यहाँ के खजुराह की कलात्मक जिनगृहों की सज्जा भी प्रसिद्ध है। यहाँ के चतुर्थ पट्टधर सुनीलसागर का यह क्षेत्र है। इनसे मात्र तिगोड़ा ग्राम का गौरव नहीं, अपितु सम्पूर्ण क्षेत्र की गरिमा है।

3

अप्पं च संजम-तवं अणुसासणं च
भासाइ राक्किदय-पाइय-सुत्त-मालं।
अज्जेवि विज्जदि इधेव धराइ धारे।
बंहोरि दाइ-उदयस्स महाकविस्स॥3॥

अपने संयम, और तप, अनुशासन को लेकर चलने वाले ये प्राकृत, संस्कृत एवं सूत्र माल के पथिक इस धरा की धार में ही हैं। यहीं बम्हौरी द्वारा प्राकृत के महाकवि उदय का उदय हुआ।

4

एसा पवित्त-धरणी हु सरस्सदीए
पुत्ताण खाण कण-हीर-गुणाण खेत्ते।
पुण्णाधरा सयल सावग-सविगाणं
भत्ती मुदा मुणिवराण हु अग्ग-अग्गी॥4॥

यह पवित्र धरणी है सरस्वती पुत्रों की। यह हीर कण की तरह गुणों का क्षेत्र है। यह धरा मुनिवरों के आने से भक्ति युक्त हो गयी। यह सभी श्रावक श्राविकाओं का पुण्य का फल है।

5

झाणं वि किं च भगवं गणणायगो तुं
किं लक्खणं विविह-भेद-पभेद किं च।
भेदाण णाम-अहिपाय-सुभाव हेदू
आधार अस्स चल-साहण-मोक्ख-सोक्खं॥5॥

भगवंत गणनायक! ध्यान क्या है? क्या लक्षण? भेद-प्रभेद क्या है? भेदों के नाम, हेतु, अभिप्राय एवं भाव क्या हैं। इसका आधार क्या है? बल, साधन एवं मोक्ष का फल क्या है?

6

जं कम्म खवणे सज्झे, साहणं परमं तवं।
तं मुणएज्ज झाणं च, सम्मं सुदाणु भासदे॥6॥

जो कर्म क्षय में साध्य, परम तप का साधन हो, वह ध्यान है। ऐसा विवेचन श्रुतानुसार कहते हैं।

7

अत्थि त्ति दुविहं झाणं, सुद्धं च असुहं तहा।
अट्ट-रुद्द-भवाकारी, धम्म-सुक्क-सुहागरो ॥7॥

ध्यान दो प्रकार का है, शुद्ध ध्यान व अशुद्ध ध्यान। अशुद्ध आर्त-रौद्रध्यान संसार बढ़ाने वाले तथा धर्म-शुक्लध्यान सुख की खान है।

8

चित्त-थिर-ठिदि जा वि, चंचलाणुपिहो चिदो।
साणुपेहा वि चिन्ता वि, भावणा चित्तमेव हु॥8॥

चित्त की जो भी स्थिर स्थिति है वह ध्यान चंचला रहित चिद्रूप है। वह अनुप्रेक्षा, चिन्ता, भावना एवं चित्त भी है।

9

जोगासवस्स सुणिरोहण-झाण-होज्जा
बुद्धीबलादु अणुवित्ति-सुणाणिणा वि।
जाहेट्ठझाण-हवएज्जदि अण्ण-झाणं
होज्जेदि चिन्त-सुदझाणि सदा मुणेज्जा॥9॥

योग बल से आस्रव का निरोध भी ध्यान है। जिसकी वृत्ति अपने बुद्धिबल के अधीन होती है, उसे ज्ञानियों के द्वारा यथार्थ ध्यान कहा गया है। अन्य अपध्यान है। ऐसा सदैव चिन्तन करें और श्रुतानुसार ध्यान को समझें।

10

पज्जाय-णाण-थिर भूद पदत्थ झाणं
अप्पप्पदेस अणुणाण-थिरं च झाणं।
पद्देस-दंसण-सुहं बल-रूव-झाणं
एगत्त रूव ववहार सुझेय जाणे॥10॥

ध्यान ज्ञान का ही पर्याय है। जो स्थिर भूत पदार्थ का ध्यान करता है। आत्म प्रदेश रूप ज्ञान स्थिर ध्यान है। इस आत्म प्रदेश में दर्शन, सुख और बल रूप ध्यान है। एकत्व रूप में ध्यान ध्येय हो जाता है।

11

जोगो सुझाण-समही समही हु रोहो
धीचंचलत्त-अणुरोह-मणं णियप्पं।
भासेज्जदे हु परिणाम पदत्थझाणं
अप्पाण जं च परिणाम विचिन्त झाणं॥11॥

योग, ध्यान, समाधि, बुद्धि का सम रखना, रोकना, बुद्धि की चंचलता और मन को वश में करना, आत्म तल्लीनता ध्यान है। (ये ध्यान के पर्याय है) जो आत्मा जिस परिणाम से पदार्थ का चिन्तन करता है वह भी ध्यान है। आत्मा का जो परिणाम पदार्थों का चिन्तन करता है वह भी ध्यान है।

12

चेदण्णए हु परिणाम सुहादि अत्थि
लोगस्स सव्व-जगतच्च जहा हु चिट्ठं।
एदे हु मे मम वि अस्स ण जस्स अत्थि
संकप्प-हीण-मणुजा अणुचिन्तएंति॥12॥

सुखादि चैतन्य के परिणाम कहे जाते हैं। लोक के समस्त पदार्थ जिस रूप में अवस्थित हैं उसमें ये मेरे हैं, मैं इनका हूँ ऐसा संकल्प हीन मनुष्य सोचता, आत्म परिणामी नहीं।

13

संकप्प जुत्त मणुजो जग जीव लोए
रागं च दोस विसयादि पहाण भावं।
बंधं च पत्त अणुसारि विगारि-मोही
तिण्हं च वड्ढयदि इट्ठ अणिट्ठ जुत्तो॥ 13॥

इष्ट अनिष्ट संकल्प युक्त मनुष्य इस जीव लोक में राग द्वेष विषयादि प्रधान भाव एवं तृष्णा को बढ़ाता है। वह बंध को प्राप्त विकारी मोही बना रहता है।

14

तच्चाण सद्दहण रित्त-सदा हु जीवो
वत्थुं सरूव-अतदं तदरूव चिन्ते।
इट्ठं अणिट्ठ-मदिवं अवझाण-कुव्वे।
पासत्थ-झाण-सुह-अण्णसुहं ण अत्थि॥14॥

तत्त्वों के श्रद्धान से रहित जीव अतद्रूप वस्तु को तद्रूप मानने लगता है। वह इष्ट-अनिष्ट मतिवाला अपध्यान करता है। प्रशस्तध्यान शुभ है चिन्तन करने योग्य है और अशुभ-अप्रशस्त है, जो उचित नहीं।

15

इट्ठे ण वत्थ लहणे रिद-दुक्ख-जादो
अट्टो अणिट्ठ-गहदे हरदे ण रोद्दो।

धम्मे रदो मुणिवरो अणुचिन्त सुक्कं
तावे चरे वि अदिसूर-इमो हु अग्गे ॥15॥

इष्ट या अनिष्ट दो ही वस्तुएँ होती हैं। ऋत-दुःख है इसलिए आर्त है और जो रुलाता है वह रौद्र है।इससे रहित मुनिवर धर्म में रत शुक्ल का चिन्तन करते हैं तभी तो तप में अतिशूर मुनिवर आगे आगे बढ़ते रहते हैं।

16

लेस्सासु लेस-गह जोग्ग सुपीद-आदी
दुल्लेस्स-वज्जण-इमो वि विसुद्ध-चित्तं।
पण्णा हु पारमिद जोगि बलेण जुत्तो
सुत्तत्थ संवल गदो दुहजेण अग्गे ॥16॥

लेश्याओं में पीत, पद्म एवं शुक्ल को ग्रहण योग्य समझते। ये दुर्लेश्या छोड़ने में तत्पर विशुद्धचित्त को बनाते हैं। ये प्रज्ञावंत, अतिशय योगी अनंत चतुष्टय बल से युक्त होने के लिए सूत्रार्थ का आलंबन लेते हैं।

17

दो साहसे हु चदुमास-कुणंत-एसो
पुण्णिम्म-गोदम-गुरु गुरुपुत्ति-पच्छा।
सिद्धंत-वीर-अणुसासण-सावगाणं
दिक्खं तवं परि-सुचत्त-गिहं विणा णो ॥17॥

सन् 2000 का चातुर्मास करते हुए आचार्य श्री ने गुरु पूर्णिमा पर परम गुरु गौतम गुरु को गुरु परंपरा का प्रारंभिक गुरु माना। इसी मध्य श्रावकों के लिए वीर शासन के सिद्धान्त का निरुपण किया और कहा कि दीक्षा, तप एवं गृहत्याग बिना कुछ भी नहीं प्राप्त होता है।

18

सेयंस-खुल्लिग-गदा पढमे पवेसे
मिस्सी-समा हु कधणी करणी-विसो त्थि।
तज्जेज्ज तुम्ह कधणिं च कधं दुहं च
णाणिं सुदाणि तवसिं विणु संजमं णो ॥ 18॥

छतरपुर के प्रथम प्रवेश होने पर श्रेयांसमती क्षुल्लिका हुईं तब गुरू ने (19 जुलाई 2000) कहा—

कथनी मीठी खांड सी, करनी अति विष लोय।
कथनी तज करनी करो, फिर काहे दुख होय॥

ज्ञानी, श्रुतज्ञानी, दानी, तपस्वी एवं संयम बिना यह संभव नहीं।

19

णिव्वाण पास दिवसे सवणे सुदे हु
मुत्ति पदं च लहिदुं मिदुभाव-अप्पं।
गोट्ठी बि आदि-पहु-आदि सुबंह-संभुं
पज्जूसणं मुणिवरादिय-जम्म-कालो ॥19॥

श्रावणसुदी सप्तमी को पार्श्व प्रभु का निर्वाण दिवस मनाते हुए मुक्तिपदप्राप्ताय' कहते हुए मृदुभाव युक्त मोदक चढ़ाया गया। फिर आदि प्रभु आदिब्रह्मा, स्वयंभू पर गोष्ठी भी हुई। पर्यूषण हुआ और आचार्य आदिसागर का 135वां जन्म-स्मृति दिवस मनाया गया।

20

खंति त्थि आदि-दहधम्म-सहेव णिच्चं
तच्चत्थ-सुत्तवइणाइग-वक्ख-वक्खं।
सूरी दिवे हु णव वासय-रोग जुत्तो
जप्पे गदे हु णवकार णिरोग-जादो ॥20॥

यहाँ पर्यूषण पर्व पर (2 सितंबर, 2000) उत्तम क्षमादि दसविध धर्म की व्याख्याएँ की गयी यहाँ तत्वार्थ सूत्र पर वैज्ञानिक व्याख्या होती रही। नवे दिन आचार्य श्री अस्वस्थ हो गये। अस्वस्थ होने पर नवकार मन्त्र का जाप किया गया तब आचार्य श्री स्वास्थ्य लाभ प्राप्त कर सके।

21

डेरापहाडि-जिण-दंसण-कुव्वमाणे
अत्थेव तिण्णि दिवसो हवदे विहाणं।
सो सव्वदो सयल-भद्द-किदत्थ-सम्मं
वण्णी-गणेस-विमलस्स जयंति होज्जा ॥21॥

संघ डेरापहाड़ी के जिन दर्शन को प्राप्त होता है। यहाँ तीन दिवसीय सर्वतोभद्र विधान किया जाता है। वर्णी गणेश जन्म जयन्ती और आचार्य विमल सागर की जन्म जयन्ती सम्यक् रूप से मनाई जाती हैं।

22

सोल्लेह-दिण्ण-सिरि-संति-विहाण-भूदो
पुण्णिम्म-आसविण-सुक्क-सरद्द-पुण्णिं।

गोट्ठी हवेदि बहु-जामि-सुसिक्ख-मुल्ले
पंडे णिवास-दसरत्थ विसेस-पण्णा ॥22॥

यहाँ 28 सितंबर से 13 अक्टूबर तक शान्तिविधान सोलहदिन का हुआ। शरद पूर्णिमा मनाई गयी अश्विन शुक्ल पूर्णिमा को। उत्तम संस्कार के मूल्यों पर आधारित गोष्ठी हुई। इसमें वी. पी. पांडे, श्री निवास शुक्ल, दशरथ जैन आदि थे।

23

णिट्ठावणे हवदि माण बहुल्ल-अत्थ
णिव्वाण-वीर-पहु-मोदग अग्घिएज्जा।
लच्छी-गणेस-सुदपूजण-किज्जएज्जा
कोसग्गणंदि-मिलणं च अपुव्व जादो ॥23॥

चातुर्मास निष्ठापन (24 अक्टूबर, मान सम्मान के साथ हुआ। निर्वाण उत्सव में वीर प्रभु के पूजन आदि पूर्वक लड्डू चढ़ाए गये। लक्ष्मी एवं गणेश की पूजन हुई। (11 नवंबर) आचार्य कुशाग्रनन्दी के संघ का अपूर्व मिलन हुआ।

24

णावंबरे हवदि दिक्ख तयो हु अत्थ
सम्माण-सम्मगय खुल्लग-हुज्जसंघे।
एगो जुवो सुरदणं अणुखुल्लगो सो
आदिं समाहि-दिवसं चरदे पदेसे ॥24॥

नवंबर में (16 नवंबर को) तीन दीक्षा हुई। सम्मान सागर, सन्मार्ग सागर और सुरत्नसागर क्षुल्लक बने। यहाँ पर आचार्य आदिसागर की समाधि दिवस का आयोजन हुआ, फिर संघ इसके समीप विचरण करता रहा।

दोणागिरि दंसणं

25

गच्छेज्ज एस बिजए णयरं पडिं च
बे साहसे जणवरी इग-पच्छ पंचे।
दोणंगिरिं च गुरुदत्त-मुणीस-वंदे
णिव्वाण-पत्त-सिहरम्हि अणूव खेत्ते ॥25॥

संघ बिजावर नगर आया 1 जनवरी 2001 को, फिर 5 जनवरी को द्रोणागिरि को प्राप्त हुआ। यह गुरुदत्तादि की निर्वाण स्थली है। इसके शिखर सम्मेद शिखर की तरह अनुपम हैं। क्षेत्र में संघ सभी मुनिराजों को नमन करता है।

26

सीढी वि अत्थ तिसदा पणतीस-गेहं
चिट्ठेज्ज तित्थयर-बिंब-विसाल-णेहं।
पत्तेज्ज-कुंद-मह-आदि-मुणीस-संतिं
पादे णमेज्ज मुणिराज-पगे वि डाकू ॥26॥

यहाँ 300 सीढ़ियां है। 35 मंदिर हैं, उनमें स्थित तीर्थंकरों को संघ नमन करता, अति स्नेह को तब प्राप्त होता जब यहाँ पर कुंदकुंद, आचार्य आदिसागर एवं शान्तिसागर, महावीरकीर्ति के चरण देखते, उन्हें नमन करते। यहाँ पर डाकू भी संघ को नमन करता है।

वत्थु परिसंवादो

27

कम्मोदयो कध कदावि कहिं ण रूवे
आगच्छदे हु चरणे हु इगे हु दुक्खं।
सीदं तणं च फरिसं च परीसहेज्जा
हीरं बमोरि-णयणं च पदेस-पत्तो ॥27॥

कर्मोदय कब, कहाँ, किस रूप में आ जाए यह कहा नहीं जा सकता है? एक पैर में पीड़ा हुई, इधर शीत, तृण स्पर्श आदि परीसह सहन करते हुए हीरापुर, बम्हौरी के पश्चात् संघ नैनागिरि के प्रदेश को प्राप्त हुआ।

28

अत्थेव चिट्ठगद-देव-मुणीस-अग्गे
होच्चा सुसागद-सुवंदण-सम्म-एसो।
वत्थूण सत्थ परिवाद कुणंत-अत्थ
देवालयस्स विसयस्स विचिन्तएज्जा ॥28॥

नैनागिरी में आचार्य देवनन्दी जी स्थित थे, वे आगे होकर स्वागत-वंदन को अच्छी तरह करते हैं। यहाँ पर देवालय के विषय की वास्तु की शास्त्रानुसार परिचर्चा में लीन हो जाते हैं।

29

संधार-गेहजिण-सुज्ज-पवेस-गब्भे
पारिक्कमे ण सरलो हवएज्ज पंथो।

अण्णो णिरंधर-जिणे पध-सुज्ज-देसो
जाएज्ज वे विह पमाण णिरुप्पएज्जा ॥29॥

देवालय संधार और निरंधार होते हैं। संधार देवालय में परिक्रमा पथ हो, पर इसके गर्भग्रह में सूर्य किरणों का सीधा प्रवेश न हो। निरंधार में सूर्य किरणों का सीधा प्रवेश गर्भगृह में होता है।

30

पुव्वे हु उत्तर दिसे हु दुवार-उग्घे
झारोक्खए वि बहु उत्तर पुव्व-आदिं।
मुत्तिं मुहं च इध-दिस्स-हवे हु सेयो
कूवो इधे विदिस ईसणए हवेज्जा ॥30॥

मंदिर का मुख्य द्वार पूर्व या उत्तर में खुलता हो, इसी ओर झरोखे भी अधिक संख्या में हों। मूर्ति का मुख पूर्व-उत्तर दिशा की ओर हो। कूप भी इसी दिशा में हो या फिर ईशान दिशा में हो।

31

मुत्तीए णाम-पडिपिच्छ ण छिद्द जाए
वेदी दिढा वि सम णाहिय-उच्च-ठाणं।
उच्चे अधे ण हु परिक्कम मग्ग-होज्जा
भव्वो जिणालय-इमो अणुदंसणेज्जा ॥31॥

मूर्ति के पीछे दीवार में छेद न हो, वेदी दृढ़ (ठोस) हो, नाभि से ऊंची हो। वेदी के नीचे या ऊपर परिक्रमा मार्ग न हो। तभी जिनालय भव्य एवं दर्शनीय होता है।

32

रुक्खाण छाह-रहिदो णहि थंभ-छाहा
गेहाण उच्च भवणाण ण छाह-छाहा।
जाएज्ज णो जिणगिहाण गिहेसु छाहा
चिन्तेज्ज भो मणुज! वत्थु-विसेस-लेहं ॥32॥

देवालय में वृक्षों की छाया न पड़ती तो, स्तंभ और उच्चगृह भवनों की छाया न पड़ती हो। इसी तरह जिनगृहों की छाया भी गृहों पर न पड़ती हो। ऐसा हे मनुष्य! वास्तु शास्त्र का विशेष नियम जानो।

33

मूलस्स णायग-पुरे वि दुवार-होज्जा
दिट्ठीपहे ण हु वि थंभ य भित्ति कूवो।

णो होज्जए अवर-संमुह-वाह-थंभो
देवाण गेह-सुहठाण-मणुण्ण-जादो ॥33॥

मूल नायक की प्रतिमा के सामने द्वार हो, दृष्टि पथ में स्तंभ, दीवार कूप एवं पिलर (अधारभूत स्तंभ) नहीं होना चाहिए। इससे देवों के गृह शुभदाई एवं मनोज्ञ होते हैं।

34

वेदीण मुत्ति-कडणीण जिणा गिहाणं
संखा हवेज्ज विसमा वि दुवार आदी।
झल्लोक्ख संख-सम-सेट्ठ-सदा-कुणेज्जा
ईसाण-दिक्क-विसमो धुयदंड-गंठी ॥34॥

वेदियों, मूर्तियों, कटनियों और मंदिरों की संख्या विषम हो। दुवार, झरोखे सम संख्या वाले श्रेष्ठतम कहे गये हैं। तथा ईशान दिशा में ध्वज दंड भी विषम गांठों वाला हो।

35

देवे गिहे परिसरे ण उलूग-गिद्धो
कावोद वास-चमगादड़-सद्द-सद्दा।
जाएज्ज ते हु असुहो अदिपीड-हेदू
तेसिं णिवारणय-संति-विहाण-कुव्वे ॥35॥

देवालय के परिसार में उलूक, कौवा, गिद्ध, कबूतर या चमगादड़ का वास या शब्द नहीं होना चाहिए, क्योंकि वे अशुभ होते हैं और पीड़ा के कारण बनते हैं। उनके निवारणार्थ शान्ति विधान करना चाहिए।

36

देवालयाण सिहराण धुजाण ठाणं
सिंहासणाण वि-सहा-थलमंडवाणं।
छत्ताण आदि सयलाण विसेख-झाणं
होहेज्जदे वि पडिमाणुगदा हु अत्थ ॥36॥

देवालयों, शिखरों, ध्वजाओं, सिंहासन, सभा मंडपों एवं समस्त छत्र आदि को प्रतिमानुसार स्थान दिया जाता है।

37

पिट्ठे ण गाम-णयरेण हु मुक्ति उद्धो
आहो वि दिट्ठि-असुहो फल दायिणी णो।

मूलस्स णायग-सदा बहुमाण-उच्चे
भित्ति ण देज्ज ण हु संघड-लोह-जुत्तं ॥37॥

देवालय का पृष्ठ भाग गांव या नगर की ओर न हो, मूर्ति की उर्ध्व या अधो दृष्टि न हो, क्योंकि यह अशुभ होती इससे इष्ट फल की प्राप्ति नहीं होती है। मूलनायक को सदैव बहुमान उच्च स्थान पर बिठाएँ। मूर्ति दीवार में या उससे सटा कर न रखें। मंदिर में लोहे का प्रयोग न करें।

38

छत्तत्तयाणि कमबद्ध-लहुँ च उच्चं
सा वंदणेज्ज पडिमा णहु अंगहीणा।
अंगं उवंग-सहिदं अणुवज्जलेवं
जोग्गो हवेदि अफुडो ण कुणे वि पंचं ॥38॥

छत्रत्रय क्रमबद्ध हों, ऊपर लघु क्रम से हो। अंगहीन प्रतिमा वंदनीय नहीं। यदि सांगोपांग प्रतिमा है तो उसका वज्रलेप हो वही योग्य है। अस्पष्ट प्रतिमा का वज्रलेप नहीं होता है। वज्रलेप के पश्चात् उसका पंचकल्याणक होता है।

39

अम्हाण जीवण-धरिज्ज-सुखेत्त-काले
वत्थुं च विज्ज महपुण्ण-पहाव-ठाणं।
पासाद-गेह-भवणं खणि-कूव आदिं
सेज्जं च विज्ज-अणुलेह-विचारिदव्वं ॥39॥

हमारी जीवन चर्या के क्षेत्र स्थान में वास्तुविद्या का महत्वपूर्ण प्रभाव एवं स्थान है। प्रासाद, गृह भवन, खनन स्थान, कूप आदि, शय्या, विद्यास्थान, लेखन स्थान आदि पर भी विचार करना चाहिए।

40

णेणागिरि त्थि णयणाहि-पसण्ण-दाई
रेसंदि-सेल-अवरो समवो वि पासो।
अत्थेव आगद-समागद-देसएज्जा
णीरप्पवाहिणि-पहाव-सुखेत्त-मुत्तो ॥40॥

नैनागिरि है नयनों में प्रसन्नता देने वाला क्षेत्र। यह रेसंदिगिरि नाम से भी प्रसिद्ध सिद्धक्षेत्र है। यहाँ पार्श्वप्रभु का समवशरण आया। यहाँ पर देशना हुई। यह नीर प्रवाहिनी का प्रवाह क्षेत्र उत्तम है। मूर्त रूप में स्थित है।

41

बंहोरिए दलपदे हु समीव-वट्टी
मण्णुण्ण-खेत्त-जल-मंदिर-सोहमाणो।
पच्चास-गेह-जिण-सेल-बहुत्त-भागे
विस्साम-रम्म-वणए मुणिसंघ-राजे ॥41॥

वम्हौरी एवं दलपतपुर के समीपवर्ती क्षेत्र मनोज्ञ है, यह जल मंदिर से सुशोभित 50 जिन मंदिरों का क्षेत्र लघु पर्वत श्रृंखला भाग में स्थित है। यहाँ विश्रामालय भी रम्य वन क्षेत्र में विद्यमान है। यहाँ पर ही आचार्यसन्मतिसागर संघ सहित शोभायमान होते हैं।

42

आहार-पच्छ-मुणिराज-अरण्ण-मज्झे
सिद्धे सिले पवर ठाण-गदो हि णंदे।
सामाइगे हु अवचिट्ठदि रम्म भागे
णिव्वाण पत्त वरदत्त मुणिंद वंदे ॥42॥

आहार के पश्चात् मुनिराज सुनीलसागर अरण्य के मध्य स्थित सिद्ध शिला पर ध्यान हेतु प्रस्थान कर गये। वे उसे देखकर अति आनंदित हुए। वे सामायिक में स्थित हुए इससे पूर्व ही वरदत्तादि मुनीन्द्र की वंदना करते हैं।

43

कुंदकुंदेण विरचिदं गाहं सरेदि सो-
पासस्स समवसरणे, गुरुदत्त-वरदत्त पंचरिसिपमुहा।
रेसंदिगिरि सिहरे, णिव्वाण गया णमो तेसिं ॥43॥

वे आचार्य कुन्दकुन्द विरचित गाथा का स्मरण करते हैं—पार्श्वप्रभु के समवशरण में गुरुदत्त-वरदत्त आदि पाँच प्रमुख ऋषि रेशंदीगिरि के शिखर पर निर्वाण को प्राप्त हुए, उन्हें नमस्कार हो।

कुंडलपुरे पवेसो

44

णेणागिरिं च अणुवास दुवं च पच्छा
मज्झेगुवा खडयरी-बटिया-फुटेरे।
सीदा बणे कुडइ-गाम पटेर-गामे
दम्मोह-मोहग-सु-कुंडल-ठाण-पत्तो ॥44॥

नैनागिरी के दो दिन प्रवास के पश्चात् संघ मझगुवां, खडेरी, बटियागढ़, फुटेरा, सीतानगर, बनगांव, कुडई आदि ग्रामों में विचरण करता हुआ पटेरा आया। दमोह के मोहक स्थानों में भ्रमण करता हुआ मुनिसंघ कुंडल की तरह गोलाकार पर्वत श्रृंखला वाले कुंडलपुर को प्राप्त हुआ।

45

एसो त्थि खेत्त-पयडी-अदिरम्म-खेत्तो
सिद्धो त्थि कुंडलपुरो वर-कुंडल व्व।
अच्चन्त-रम्म-मणुहारि-चमक्क-ठाणं
'बाबा बड़े उसह-आदि-विसाल-भागं ।।45 ।।

यह क्षेत्र प्रकृति से रम्य, अति सुरम्य सिद्धक्षेत्र कुंडलपुर-उत्तम कुंडल की तरह है। यहाँ अत्यंत रम्य, मनोहारी, चमत्कारी बाबा हैं। जो 'बड़े बाबा' कहलाते हैं। बड़े बाबा वृषभ, आदिप्रभु हैं। उनकी विशाल प्रतिमा एवं विशाल स्थान कुंडलाकार है। ऐसे भाग को संघ प्राप्त हुआ।

46

सत्थिल्ल-दिट्ठिइ-विणिम्मिद-सेट्ठ बिंबो
आदिप्पहुस्स पहुबंह सयंभुवस्स।
खंधं च पुण्ण-जड केस सुसिंह पीढो
गोमुक्ख जक्ख जखि चक्किस अंकि जुत्तो ।।46 ।।

शास्त्रीय दृष्टि से निर्मित विशाल बिंब आदि प्रभु का है। वे आदिप्रभु आदि ब्रह्म, स्वयंभू आदि एक हजार आठ (1008) नाम धारी हैं। उनका बिंब स्कंध पर्यंत (कंधों तक) की जटाओं युक्त, उत्तम सिंहपीठ सहित है। इनकी पीठ में शासन देवता गोमुख यक्ष और चक्रेश्वरी यक्षी को भी अंकित किया गया है।

47

सो माहि-बिंब-बहुउच्च सुभाग-रम्मे
अट्ठो णवी हु सदिए विणिमेज्ज अत्थ।
लेहिप्पमाण बहुसम्म-सुकारणेणं
रम्मो हु णो महिम-सोम्म-सुवत्थु जुत्तो ।।47 ।।

यह 'बड़े बाबा' की प्रतिमा सुरम्य एवं उच्चभाग में स्थित 8वीं 9वीं शताब्दी में निर्मित की गयी। अभिलेखीय प्रमाणों के आधार पर यह रम्य ही नहीं, अपितु महिमाशाली सौम्य प्रतिमा शिल्प अनुसार ही निर्मित है।

48

माणो त्थि एग-दिवसे-हु सुरिंदकित्ती
आहार गिण्ह विणु संघ हिंडोरियाए।
दंसेज्ज-सावग-जणा विणिवेदएज्जा
सेले इमे हु पडिमा अदिरम्म-अत्थि ।।48 ।।

किंवदंती है कि एक दिन आचार्य सुरेन्द्रकीर्ति एवं उनका संघ आहार ग्रहण किए बिना हिंडोरिया आ गया। वहाँ श्रावक जन निवेदन करते कि इस पर्वत पर अतिरम्य प्रतिमा है।

49

दंसेज्जणत्थ मुणिराय-गदो हु तत्थ
आवारणेज्ज पहुदंसण-मोद-जुत्तो।
सिस्सो सुचंद-वदि-णेमि-पुणो-पइट्ठं
राजा वि छत्त-सहभागिय-पण्ण-रूढे ।।49 ।।

मुनिराज दर्शनार्थ गये, उन्होंने आवरण हटवाया तो प्रभु दर्शन हुए वे आनंदित हुए। उनके शिष्य सुचन्द्रकीर्ति और ब्रह्मचारी नेमि राजा छत्रसाल की सहभागिता से इसे पुनः प्रतिष्ठित करबाते और राजा पन्ना में आरुढ़ होते हैं।

50

लेहो त्थि संवदय-सत्तवणं सणं च
सत्तार-सद्द-पुण-ठाविण-सक्किदम्हि।
एगो जणो वि सुमिणे परिदंसदे सो
तित्थं खणेज्ज गिरि-कुंड-पइट्ठएज्जा ।।50 ।।

सं. 1757 सन् 1700 का लेख है। इसे पुनः प्रतिष्ठित करायी गयी। एक व्यक्ति के स्वप्न में आने पर कुंडलपुर में इसे स्थापित किया गया।

51

अंतिल्ल-केवलि-सिरीधर-पाद-चिंहं
हुँडावसप्पिणिय-काल-इधे हु सिद्धं।
पत्तेज्ज एस अहिलेह-तिलोय-गंथं
जाएज्ज णो हु अणुबद्ध इमो वि वाणी ।।51 ।।

केवल ज्ञानियों में अंतिम केवली श्रीधर कुंडलगिरि से सिद्ध हुए। ये अनुबद्ध केवली नहीं थे, केवली थे। ऐसी गाथा तिलोयपण्णति (अ. 4) में हैं। ये हुँडा वर्सिपणी काल के अंतिम केवली श्रीधर कुंडलपुर में निर्वाण को प्राप्त हुए थे।

सत्थीय माणो तिलोयपण्णत्तीए-चदुत्थाहियारे—

जादो सिद्धो वीरो, तद्दिवसे गोदमो परमणाणी।
जादो तस्सिं सिद्धे, सुधम्मसामी तदो जादो ॥5॥
तम्हि कदकम्मणासे, जंबूसामिवि केवली जादो।
तत्थ वि सिद्धिपवणे, केवलिणो णत्थि अणुबद्धा ॥6॥
कुंडलगिरिम्हि चरिमो, केवलणाणीसु सिरिधरो सिद्धो ॥

52

बाबा-इमस्स पडिमा हु चमक्क-जुत्ता
मोगल्ल-सासग-जणा परिछिण्णदे तं।
आसंख-घाद-महु-मक्खि-पहार-सव्वे
पल्लायदे तद हु दंसण भत्ति-राया ॥52॥

बड़े बाबा की प्रतिमा चमत्कारी हैं। मुगल शासक की सेना तब इसे नष्ट करने के लिए प्रहार करती, तभी असंख मधु मक्खियां ही उन सैनिकों को ऐसा करने से रोक देती हैं। सेना भाग जाती। राजा तब भक्ति युक्त उनके दर्शन करता है।

53

अज्जेव छत्त-महुमक्खि-गणाण अत्थि
णो दंसणत्थि-मणुजाण पहारएंति।
तेसट्ठि मंदिर-विसाल-सुमाण थंभो
मग्गो त्थि छेघरिय-वंदणि-वंदएज्जा ॥53॥

आज भी यहाँ मधुमक्खियों के छत्तों के समूह हैं। वे दर्शनार्थी जनों को कुछ भी घात नहीं करती। 63 मंदिर एवं एक विशाल मानस्थंभ है। चढ़ने का मार्ग छैघरिया कहलाता हैं। इसी मार्ग से वंदनार्थी वंदना के लिए जाते हैं।

54

मज्झण्ह सामइग आदि सुभत्ति भावो
जादो दुवे हु दिवसे सुद लेह पुव्वे।
देवं च हिंड-समणं च दमोह पच्छा।
पत्तो गढे हु गुरु आण-पमाण देसो ॥54॥

मध्याह्न सामायिक आदि फिर भक्ति भाव युक्त दो दिवस श्रुत प्रमाण एवं अभिलेख निरीक्षणपूर्वक संघ देवडोंगरा, हिंडोरिया, समण्णा होते हुए दमोह आया। इसके पश्चात् गढ़ाकोटा में, गुरु आज्ञा प्रमाण है ऐसा उपदेश हुआ।

सागर पवेसो

55

गामे चणोअ-णवखेड परे-बहेरे
गच्छेज्ज गच्छ इणमो अवि अंकुरम्हि।
सेट्ठीजणेहि मुणिमत्त जणेहि तत्थ
कुव्वेज्ज माण-बहुमाणय सागरे वि ॥55॥

आचार्य संघ चनौआ, नयाखेड़ा, परसोरिया बहेरिया आदि में प्रवष्टि हुआ। अंकुरकालोनी में श्रेष्ठीजनों एवं मुनिभक्त श्रावकों द्वारा मान-बहुमान पूर्वक सागर में प्रवेश कराया गया।

56

एसो पुरो त्थि जिणदंसण सक्किदस्स
विस्सो हु विस्स विद-विज्ज विदो वि खेत्तो।
गोडो हरिस्सिह-सुणाम जुदो हि अस्सिं
वण्णी-गणेस-अणुठाविद-सक्किदो वि ॥56॥

यह नगर सागर है जैनदर्शन और संस्कृत का केन्द्र। यहाँ एक विश्व विद्यालय हरीसिंह गौड के नाम से प्रसिद्ध है। यहाँ पर गणेशवर्णी द्वारा स्थापित महाविद्यालय संस्कृत शिक्षण का केन्द्र है।

57

सीदे इमो पवसदे अवरण्ह-काले
पच्चीसए जणवरीइ सुसिक्ख-ठाणे।
छव्वीसए जणवरी इध भूइकंपे
कच्छे भुजे बहु विणास-अणेग-खेत्ते।। 57॥

संघ सन् 2001 शीतकाल के अपराह्न में 25 जनवरी को गणेश संस्कृत महाविद्यालय में प्रवेश करता। 26 जनवरी 2001 को प्रात: 8 बजे के करीब भूकंप से कच्छ एवं भुज बहुत विनाश को प्राप्त हुए। अनेक प्रदेशों में भी इसका प्रभाव पड़ा।

58

अत्थेव पाइय विसेस-पपण्ण सूरी
सारेज्जदे पढिद-सत्त-पमाण-वासं।
साहिच्च-वागरण-मोति दयादि पण्णे।
तच्चाण णाण-कुणमाण-इधेव बत्ता ॥58॥

इस संस्कृत महाविद्यालय में प्राकृताचार्य सुनीलसागर यहाँ सात वर्ष तक जो पढ़े उसे स्मरण करते हैं। मोतीलाल, दयाचंद आदि द्वारा पठित व्याकरण एवं साहित्य आदि मनीषियों से विचार विमर्श करते हैं।

59

जम्मं जयंति-गुरुणो अणुमण्ण-माणे
भूकंप-पीडिद जणाण सहाय-हेदुं।
जा रासि-पत्त-तध-दाण-दएज्जदे सो
पच्छा चरेदि विरखेडि सिहोर-राहं॥59॥

यहाँ जन्म जयन्ती आचार्य सन्मति सागर की मनाई गयी। भूकंप पीड़ितों के लिए धन एकत्रित कर उसे यथास्थान पहुँचाया गया, फिर यह संघ वरखेड़ी, सिहोर, राहतगढ़ पहुँचा।

60

पण्णं-पसण्ण-मुणि-वे बहु-अग्ग-भूदा
वज्जे मढे हु पहु-सीदल-तप्प-भूमिं।
दंसेज्ज-मण्णुर-अटारि-विदिस्स-पत्तो।
भद्दिल्ल-णाम-भिलसा अवि संसएज्जा॥60॥

राहतगढ़ में प्रज्ञासागर एवं प्रसन्नसागर दो मुनि आचार्य श्री की अगवानी करते। फिर वज्रमढ़ में शीतलनाथ की तपभूमि का दर्शन करते। संघ मानौरा, अटारी आदि होता हुआ विदिशा आया। यह प्राचीन भद्रिल पुरी भेलसा कहलाता है।

61

कल्लाण-णाण-उदयं परिपेक्ख-वंतो
संचीइ थूव-जिणमंदिर-आदि-ठाणं।
पासिद्ध-बोद्ध-इध-धूव-कहेज्ज माणं
हब्बीबए मुणिवरस्स समाहि आदिं॥61॥

शीतलनाथ के ज्ञान कल्याणक की उदयगिरि को देखता हुआ संघ सांची पहुँचा। यहाँ स्तूप एवं जिनमंदिर आदि स्थान को देखता हुआ संघ प्रसिद्ध बौद्ध स्तूप के प्रमाण को देखते हैं। हबीबगंज में आदिसागर का समाधि दिवस मनाते हैं।

62

अण्णं दिवं च विमलं मह कित्ति-दिक्खं
कुव्वंत-एग-उववासय-अंतरं च।

णिव्विग्घ-पारण गदं गणि-सम्मदिं च
जाएज्ज णंद-परिणामि जणा वि साहू ॥62॥

आचार्य महावीरकीर्ति, विमलसागर की दीक्षा को ध्यान करता संघ। यहाँ एकान्तर उपवास शील आचार्य सन्मतिसागर की पारणा पर साधु और श्रावकजन आनंद को प्राप्त हुए।

63

छब्बीसवे हु महवीर जयंति काले
आयोजणं च अटले हु पहाणमंती।
संपुण्ण देस-पुर-गाम-पदेसए हु
कव्वं किदिं मुणि-सुणील-विमोचणं च ॥63॥

छब्बीसवें (2600) महावीर जयन्ती के समय प्रधान मन्त्री अटलविहारी अनेक घोषणाएँ करते हैं। सम्पूर्ण देश, नगर, ग्राम एवं प्रदेश में यह आयोजन किया जाता है। इसी समय 'अहिंसावतार' नामक काव्य कृति का विमोचन भी होता है।

64

अस्सि अहिंसवतरं तध काल-जेयं
अप्पं च संखग-सुघोस जयंति कित्तिं
आयोज्जदे तिरह दीव-विहाण-एत्थ
आहार दाण-अणुसंस-सुसावगाणं ॥64॥

इस प्रसंग पर 'अहिंसावतार-कृति 'कालजयी कविताएँ' जैसी सुनीलसागर जी कृतियों का विमोचन हुआ। जैन समाज को 2002 में अल्पसंख्यक मुख्यमन्त्री दिग्विजय सिंह ने घोषित किया गया। यहाँ तेरह द्वीप विधान हुआ। साधकों के लिए आहारदान का महत्व समझाया गया।

65

भोपाल-मज्झय-पदेसय-रज्जधाणी
अप्पेल-माह-अहि-उण्ह-तवंत-काले।
अप्पामदो हु मुणिराय-तवे तवंतो
संतिप्पहुस्स तय-कल्लण-मण्णि-एत्थ ॥65॥

भोपाल मध्य प्रदेश की राजधानी है। यहाँ अप्रैल में अधिक गर्मी से तपन बढ़ गयी। मई में ये अप्रमत्त मुनिराज (22 मई) शान्तिप्रभु के जन्म, ज्ञान और मोक्ष कल्याणक मनवाते हैं।

सुद-पंचमी-आइरिय-पदारोहण दिवसो

66

जेट्ठस्स सुक्कसुद-पंचमि आदिएज्जा
तत्थं च आदिमुणि णाह-गणिं पदं च।
गामाणुगाम-विहरंत-सुसिद्ध-खेत्तं
पत्तो इमो मुणिवरो वर-सिद्ध-कूडे ॥66॥

ज्येष्ठ शुक्ल पंचमी का दिवस श्रुत पंचमी दिवस भोपाल में मनाया गया। यहीं पर आचार्य आदिसागर का आचार्य पदारोहण समारोह आयोजित किया गया। फिर संघ ग्रामानुग्राम विहार करता हुआ सिद्धक्षेत्र सिद्धवर कूट पहुँचा।

सिद्धवर कूडो

67

खाते हु गाम-णिगडे णव-खेत्त-पत्तो
णेमावरं तध विहार-कुणंत-संघो।
विस्सामएज्ज दुवि णम्मद ठाण-एगे
किंचिं खणे हु इध मेह-समूह दाणं ॥67॥

खाते गांव के निकट नव विकसित सिद्धोदय क्षेत्र नेमावर को प्राप्त हुए। वहाँ से विहार करते हुए एक नर्मदा के तट वाले स्थान पर विश्राम करते हैं। कुछ ही समय पश्चात् मेघ समूह नीर दान कर देते हैं।

68

एसो पसंत-तव-सील-मुणीस-संघो
एत्थं विजाण-जल-मेह-विसिंचमाणा।
तप्पे अहिल्ल-तव-संत-पवाह-वाउं
णं सम्मदिं च चरणेसु णमंत-चिट्ठे ॥68॥

यह संघ प्रशान्त तप शील मुनीष जैसे ही यहाँ आता वैसे ही ये मेघ उन तपस्वियों मुनियों के ताप मिटाने वायु प्रवाह और मेह जल सिंचित करता हुआ उन सन्मति सागर के चरणों में मानो नमन हेतु ही स्थित हो गया हो।

69

घोसे हु सामइग-चिट्ठ-बहुल्ल-णीरे
सिंहो जलं च पिवएज्ज इधेव ठाणे।

आगच्छदे ण कुणदे णिय-कम्म-सिंहो
अम्हे कुणेज्जदि ण किंचि मुणेहि सिंहो ॥69॥

घोष-झोपड़ी में सामायिक (गंगायां घोषः नर्मदा-तटे घोषः) अधिक नीर होने पर अन्य स्थान को प्राप्त हुए मुनीश। सिंह यहाँ जल पीने आता पर आया नहीं। सिंह अपना कर्म करता, मैं अपना कर्म कर रहा था। हम सिंह हैं इसलिए वह कुछ भी नहीं करता हैं।

70

आपत्त-काल-गद-णाव ठिदे हु संघो
आगच्छदे पदपहाण-पमग्ग-चत्तो।
दोसा विराम करणं चरएज्जदे सो
सिद्धो बरो त्थि वर-कूड खमेज्ज अम्हे ॥70॥

आपदकाल में नाव का आश्रय किया जाता, पदप्रधान मार्ग छोड़ा कारण वश (जलमग्न होने पर), दोष शुद्धि के लिए दंड में स्थित होता है संघ सिद्धवर कूट सिद्धक्षेत्र है। यहाँ हम दोष कृत के लिए क्षमा मांगते हैं।

71

पायच्छिदं च उपवास किदं च संघे
वे चक्कि कप्प दह-णेग मुणीण मुत्तिं।
ठाणं च साणद-कुमार-सुरज्ज ठाणं
णिव्वाण-ठाण-वर-सिद्ध-गुणाण वंदे ॥71॥

प्रायश्चित किया उपवास पूर्वक। फिर यहाँ सिद्धगति को प्राप्त दो चक्री, दश कामदेव एवं अनेक मुनियों के मुक्ति स्थान को नमन करते हैं। यहाँ पर सनत्कुमार के राज्य स्थान एवं निर्वाण स्थान वाले सिद्धों के गुणों की वंदना करते हैं। णिव्वाण-भत्तीए-भासिदा।

रेवा-णइए तीरे, पच्छिम भायम्हि सिद्धवर कूडे।
दो चक्की-दहकप्पे, आहुट्ठ य कोडि णिव्वुदे वंदे॥

72

ति-दिवस पवास करि सिद्धवरें
वड्ढमाण सेट्ठचारि अमेय।
पवोह पसत्थ मुणिवर गामे
चाग-तव भूमी सणावदं ॥72॥

तीन दिन को प्रवास सिद्धवर कूट में करके संघ आचार्य वर्धमानसागर,

श्रेष्ठसागर, चारित्रसागर, प्रबोधसागर एवं प्रशस्तसागर के त्याग तपस्थली ग्राम सनावद को प्राप्त हुआ।

73

संघ पवासिउ मेह अणंदा, वारस किज्जउ घोर घणंदा
मोतियसागर चोक्कउ भुंजं, पच्छ मुणीसउ बेडिय पत्तो ॥73॥

यहाँ आनंद युक्त मेघ प्रवास हेतु मानो जल प्रवाह कर अपने जहाँ रूपी मोतियों से क्षुल्लक मोतीसागर के परिजनों को चौका लगाने का अवसर दे देते। इसके पश्चात् संघ संध्या में बेड़िया पहुँचा।

॥ इदि एगारहसम्मदी समत्तो ॥

बारह सम्मदो

वड़वाणी चाउम्मासो

तिल्लछंद

।।ऽ ।।ऽ

तवझाण सुधी, गुणवंत मुदी।
पहुभत्ति धरी, सुदसंघ गदी॥1॥

यह संघ प्रभुभक्ति युक्त श्रुत की गति वाला तप एवं ध्यान में निमग्र गुणवंतों को देखकर आनंदित रहता है।

2

चारी अहीर-अजडे गउगाव-गोणे
जो रावणस्स भगिणीपिउ राजहाणी।
अत्थे सुणील मुणिसुंदर मादु ठाणं
आणा गुरुस्स चउमास-उजेण-वासं॥2॥

यह संघ अहीरखेड़ा, अन्दड़, गौगांवा आदि होते हुए गोन-खरगोन पहुँचा। जो रावण के बहनोई खरदूषण की राजधानी थी। यहाँ पर सुनीलसागर और सुन्दर एवं दो माताजी को उज्जैन चातुर्मास की आज्ञा गुरु की हुई। आचार्य का चातुर्मास (2001) बड़वानी में हुआ।

3

दो साहसे इग जुलाइ-चदुत्थ जुत्तो
उज्जेण-वास-चदुमास-सु-ठावणेज्जा।
जाएज्ज सम्मदि गणिस्स अपुव्व-सड्ढे
आवंतिगा हु णयरी इध णाम-जुत्ता॥3॥

सन् 2001 जुलाई में चातुर्मास को उज्जैन में स्थापित किया। आचार्य सन्मतिसागर के प्रति लोग अपूर्व श्रद्धा में लीन हुए। सो ठीक है जो इस स्थली को प्राप्त होता है वह आ-मर्यादा युक्त मुनियों का स्वागत करता है। ऐसी भी आवंतिका है जो उज्जैनी कहलाती है।

4

रट्ठुज्झगो सयलदेसय-चेडगो वि
तस्सेव मोसिग-अवंतिग-राय-राया।
मोसी सिवा वि णगरस्स वि चंद भज्जा
एत्थं तवं कुणदि वीर-पहू वि सम्मं ।।4।।

संपूर्ण देश के राष्ट्राध्यक्ष चेटक (महावीर के नाना) थे उनके मौसिया जी अवंतिका के राजा थे। इनकी मौसी शिवा नगर के सम्राट चन्द्रप्रद्योत की पत्नी थी। यहाँ पर महावीर प्रभु सम्यक् तप साधना करते हैं।

5

अस्सिं मसाण-अदिमुत्तग-साहणाए
काले महा हु अदिवीर-भयंकरं च।
ओसग्ग-कत्त-अवि-रुद्द-पसंत-जादो
वीरेण खम्म अदिवीर-सुणाम-भासे ।।5।।

साधना काल में महावीर (अतिवीर) अतिमुक्तक श्मशान में भयंकर उपसर्ग को प्राप्त हुए। उपसर्ग करते हुए जब रुद्र थक गया, तब वीर से क्षमा मांगता और उन्हें अतिवीर कह उठता है।

6

आवंतिगा हु भरहो वि समाड-होज्जा
इंद व्व वेहव समो हु इमो त्थि सव्वा।
पिय्या इमाउ अमरावदि तुल्ल एसा
साहिच्च पुण्णमह वण्णण-जायदे वि ।।6।।

यह अवन्तिका भरत सम्राट की शोभा थी। यह इन्द्र के वैभव की तरह सर्व प्रिया अमरावती भी थी। साहित्य में इसका पूर्ण विस्तार से वर्णन भी मिलता है।

7

आवंति-सेट्ठि-सुउमाल-विराग-मग्गं
आरण्ण-मज्झ-तव जुत्त-दिढो हु भूदो।

एगा सिगालि-सिसु-संगम-भक्खमाणा
झाणे रदो हु अहमिंद-हवे वि देवे ॥7 ॥

इसी अवंति-अवंतिका-उज्जैनी का एक श्रेष्ठी सुकुमाल विराग मार्ग की ओर अग्रसर अरण्य के मध्य दृढ़तप युक्त थे। तब एक शृगाली अपने बच्चों सहित (भूख से पीड़ित तीन दिवस पर्यंत) भक्षण करती रही। ये सुकुमाल मुनि ध्यान में लीन अहमिंद्र देव दैवलोक (सर्वार्थसिद्धि में) में हुए।

8

विव्वाह-जुत्त-मयणा सिरिपाल-रण्णी।
पासस्स णाम णयरी वि सुसील-णारी।
मण्णोरमा जिणपहुँ च सु-झाण-लीणा
सीले परिक्ख भव-तीर-दुवार-उग्घी ॥8 ॥

यहाँ मैना सुंदरी श्रीपाल से विवाही गयी। यहाँ पार्श्व की अवंतिका-अवंतिका पार्श्वनाथ से भी प्रसिद्ध है। यहाँ सुशील मनोरमा भी शील की परीक्षा में उत्तीर्ण हुई। यहीं जिनप्रभु के ध्यान में लीन हुई। भव से पार होने के लिए ही उसके अंगुष्ठ के स्पर्श से नगर द्वार भी खुल गये।

9

उज्जाणए अभयघोस-मुणिं च दिक्खं
णेदूण खिप्प-णदि तीर-सुझाण-लीणो।
तस्सिं विघाद-उवसग्ग-किदुं च सत्तू
आगच्छदे अवर सम्म-तवे हु अंतो ॥ 9 ॥

यहाँ के उद्यान में अभयघोष मुनि दीक्षा लेकर क्षिप्रानदी के तट पर ध्यान युक्त थे तभी उनके ऊपर उपसर्ग या विघात हेतु उनका एक शत्रु आया, पर वे परम तप में लीन अंत:कृत केवली हुए।

10

सो भद्दबाहु-मुणिणाध तवे वि चिट्ठे
णाणण्णि बोह-परिणाग पवोहएज्जा।
दुब्भिक्ख-बारह सु-बारह-वास-जादो
सो बारहस्सहस साहु-दहिण्ण-भागे ॥10 ॥

भद्रबाहु स्वामी तप में स्थित ज्ञान से (निमित्तज्ञान) से जानते कि उत्तर भारत में बारह वर्ष का दुर्भिक्ष पड़ेगा। इसलिए वे 12 हजार साधुओं के संघ के साथ दक्षिण चले गये।

11

सिस्सो इमस्स णव-दिक्खिद चंद गुत्तो
मोरिज्ज-आइरियसाहु विसाह-सूरी।
णिज्जावगत्त-अणपत्त-समाहि-सम्मं
सेसे हु वारह सहस्स सिढिल्ल चारे ॥11॥

इनके नवदीशित शिष्य चन्द्र गुप्त मौर्य-विशाखाचार्य इनके निर्यापकत्व में भद्रबाहु सम्यक् समाधि को प्राप्त हुए। शेष बारह हजार उज्जैन में शिथिलाचारी हो गये।

12

दव्वो दिवागर समो सिरि-सिद्ध-सेणो
कल्लाण-मंदिर-थुदीइ हु पास-रूवं।
पज्जोदए हु जिणसासण-दीव-एत्थं
भत्तामर-प्पणयणं मुणि-माण तुंगो ॥12॥

दिव्य दिवाकर सम सिद्धसेन यहीं पर कल्याण मंदिर की स्तुति से पार्श्व रूप को दिखलाते हैं। जिससे जिन शासन का दीप यहाँ उद्योत हुआ। यहीं पर मानतुंगाचार्य भक्तामर स्तोत्र का प्रणयन करते हैं।

13

चिन्तामणी किदि पबंध सुधोद-वुत्ती
सूरी किदं गुणयरेण वि रायमल्लं।
सूरी विसाह-महसेणयसंतिसेणो
अत्थं हवे अमिद-विण्हु सुदो वि कित्ती॥ 13॥

14

कालिक्क गद्दभिल-चंदयविक्कमो वि
भोजो वि भुंज-मह-धण्ण-धरा इमो त्थि।
उज्जेण-दिट्ठि-महणिज्ज-सदा हु अत्थि
सा सक्किदस्स पयडी पुर-पाइगस्स॥14॥

यहाँ उज्जैनी में मानतुंगकृत प्रबंध चिन्तामणि, गुणाकर सूरिकृत भक्तामर स्तोत्रवृत्ति, ब्रह्म रायमल्ल वर्णी की भक्तामर स्तोत्र वृत्ति आदि इसी नगरी में लिखी गयी। यह नगरी संस्कृत और प्राकृत की पुरा प्रकृति की दृष्टि से सदैव महनीय रही है।

15

माहिल्ल-धम्म-तव-णिट्ठ-पहाण-संघो
सज्झाय-झाण-रद-सम्म-सुदेसणाए।
बोहेज्ज अप्प-परमप्प-विसुद्ध-दिट्ठिं
सागार-सार-वद-बारह-मूल-साहुँ ॥15॥

यह संघ महती धर्म प्रभावना युक्त एवं तपनिष्ट सदैव स्वाध्याय, ध्यान आदि में रत सम्यक् देशना से आत्मा की विशुद्ध दृष्टि एवं परमात्म स्वरूप को समझाते हैं। वे गृहस्थों के बारह व्रतों एवं मूलोत्तर गुणों की (साधु गुणों की) व्याख्या करते हैं।

गुरुदंसणस्स भावणा

16

जेणं पवज्ज-जुद-साहु-समाचरेज्जा
साहू सुणील-अवरो मुणि-सव्व-सम्मं।
आराहएज्ज णयरे चदुमास-काले
उज्जेण-पच्छ गुरुदंसण भावणाए ॥16॥

जिनसे प्रव्रज्या युक्त साधु सम्यक् समाचारी करते हैं। ऐसे साधुओं में मुनि सुनीलसागर, सुदंरसागर आदि सभी उज्जैनी में सम्यक् आराधना में लीन रहते। चातुर्मासकाल में गुरुदर्शन की उत्कृष्ट भावना करते हैं।

17

उज्जेण-पच्छ-वडवाणि-पुरम्हि सव्वे
इच्छंत दंसण-तधेव महासिसिंचं।
ऊणे हु माण-जिण-बिंब आउज्जणम्हि
णिच्छेज्जजुत्त-सयला पचलेंति तत्थ ॥17॥

उज्जैन के पश्चात् बड़बानी नगर में सब दर्शन के लिए विचारशील थे कि ऊन में मानस्तंभ और जिनबिंब के महामस्तकाभिषेक आयोजन में सुनीलसागर जी भी चल पड़े।

18

इंदूर-वासगढ़-कंचयमंदिरादिं
जम्मण्ण-कंचयणकासि जुदो त्थि एसो
सीसं गिहं च समवं रदणेण तच्चं
णाणं च पत्त-सयला अवि ऊण पावं ॥18॥

इन्दौर में प्रवास करते हुए सुनीलसागर जी आदि मुनि कॉच मंदिर को देखते हैं जो जर्मन नक्कासी युक्त था। यहाँ शीश महल, समवशरण मंदिर एवं रतनलाल जी से तत्त्वचर्चा आदि करके पावागिरि ऊन पहुँचे।

पासगिरिस्स पंचकल्लाणगो

19

संघो चरेदि कसरं च महेसरं च
सो धामणोद धरमं लुहरिं च आदिं।
पासंगिरिं च पण-कल्लणगं च हेदुं
गच्छेदि गाम बगवं बलिरोहणं च ॥19॥

संघ कसरावाद, महेश्वर, धामनोद, धरम पुरी, लुहारी आदि के पश्चात् पार्श्वगिरि के पंचकल्याणक के निमित्त जा रहा था, तब बगवां की बलि रोध को प्राप्त हुए।

20

हिंसा दु हिंस जण-मूग-पसूण हिंसा
णो सक्किदी भरह-खेत्त-अहिंस-जुत्ता।
पासंगिरिं मुणिसरो सह बालसूरी
अज्जि त्थि सा विजय-अग्ग-इधेव अज्ज ॥20॥

हिंसा तो हिंसा है, जनहिंसा हो या मूक पशुओं की हिंसा। भारत क्षेत्र की अहिंसक संस्कृति ऐसी नहीं है। यही संदेश देते हुए मुनि सुनीलसागर पार्श्वगिरि को प्राप्त हुए जहाँ मुनिवर आचार्य सन्मतिसागर, बालाचार्य योगीन्द्रसागर एवं आर्यिका विजयमति भी इस प्रसंग पर अग्रणी बनी।

21

पंथे वि खाम खरगोण मणावरादिं
पत्तेज्ज बावणगजं बडवाणि ठाणं।
आदिस्सरं जिण मुणीस णमंत संघो
बाबण्ण-गज्ज-मधुमक्खिपहारजादो ॥21॥

पथ में (मार्ग में) खामखेड़ा, खरगोन, मनावार आदि के पश्चात् बड़वानी बावनगजा के सुरम्य स्थान को देखते हैं। प्रथमेश आदिनाथ को नमन करता हुआ संघ बाबनगजा में मधुमक्खियों के प्रहार युक्त हुआ।

22

तत्तो हु णीसरिय पासगिरिं च पत्तं
दंसेज्ज सत्त-जिणमंदिर-बालपंचं।
सत्तं रिसिं णवगहं गुरुमंदिरादिं
संसेज्ज सूरद जयं बहु सावगेहिं ॥22॥

फिर संघ वहाँ से निकलकर पार्श्वगिर पहुँचा। पंचबालयति, नवग्रह, सप्तऋषि, गुरुमंदिर आदि देखते हैं। सातों ही रम्य थे। तभी तो सूरत, जयपुर इन्दौर, सेलम, उज्जैन, भोपाल, कलकत्ता, दिल्ली, बम्बई आदि के श्रावकों के द्वारा भी प्रशंसा की जाती है।

23

अच्चन्त-उण्ह-मइ-मास-विसेस-जादो
बामंदि-पाइठ-जिणालय-पच्छ कसरं।
वेदी-पइट्ठ-किदमाण-इमो वि भीकं
जूणं च सेल-सिहरं कलसं पइट्ठं ॥23॥

अत्यंत उष्ण (15-17 मई) मई मास था। उस समय बामंदी में जिनालय प्रतिष्ठा की गयी इसके पश्चात कसराबाद में वेदी प्रतिष्ठा करता हुआ संघ भीकनगाँव पहुँचा। वहाँ 18 से 20 जून तक सम्मेदशिखर वेदी प्रतिष्ठा शान्तिप्रभु की स्थापना एवं कलशारोहण हुआ।

णरवाली चाउम्मासो (2002)

24

पोम्मावदिं परम-पावण-धाम-पच्छा
पावागढ़म्हि जिणदंसण-किज्ज-संघो।
मज्झं च गुज्जर-पदेस सुगाम-गामं
मेवाड-खेत्त-णर-वालि-पडि चरेज्जा ॥24॥

पद्मावती के परम पावन धाम के पश्चात् पावागढ़ में जिनदर्शन कर संघ मध्य प्रदेश, गुजरात आदि के प्रदेशों के अनेक गांवों को पार करते हुए मेवाड़ क्षेत्र के नरवालि की ओर संघ गतिशील रहा।

25

कालिंजरे जिणपहुँ अवि बाहुबल्लिं
णम्मंत संघ-बडुदायिय-वंसवाडं।

झेरं च भूंगड पुरं णर वालि-गामं
सो बारहे दुव पणास किलो हु जुत्तं ॥25॥

कलिंजरा में जिनप्रभु के जिनालय एवं बाहुबलि को नमन करता हुआ संघ बड़ोदिया में प्रविष्ट करता, फिर बांसवाड़ा में सम्मान प्राप्त कर झेर, भूंगड़ा आदि ग्रामों के पश्चात् नरवाली ग्रम को प्राप्त होता है। संघ बारह दिन में 250 किलो मीटर की लंबी यात्रा को करता है।

26

बावीस-जुल्लइ-दिवो अवि सोमवारो
अस्सिं दिवे मणस-भावण-भत्ति-पुण्णा।
मंगिल्ल-वज्ज-जय-सद्द-सुगीद-सुत्ता
तेवीसवे दिवस-बासचदुं उवेज्जा ॥26॥

सोमवार 22 जुलाई को नरवाली प्रवेश अति मनभावन एवं भक्तिपूर्ण था। संघ मांगलिक बाद्य जयकारों के शब्दों एवं उत्तम गीतों से युक्त नगर प्रवेश करता है। 23 जुलाई 2002 को चातुर्मास की स्थापना की जाती है।

27

बग्गेरि-राजमल-ठावि-कलस्स-अत्थ
पुण्णीम-वीर-जय-सासण-जुत्त-जादो।
अस्सिं च खेत्तचदुवास-अभाव जुत्तो
वारिं विणा जण-पसूण ठिदी ण सम्मो ॥27॥

बगेरिया राजमल परिवार यहाँ कलश की स्थापना करता है। पूर्णिमा में गुरु पूर्णिमा, वीरशासन जयन्ती मनाई जाती है। इसी बीच लोग आचार्य श्री से निवेदन करते हैं कि इस क्षेत्र में चार साल से वरसात नहीं हुई। इसलिए जन समूह एवं पशुओं की स्थिति ठीक नहीं।

28

आसीस-जुत्त-मणुजा परिपुण्ण-णीरं
पत्तेंति सोक्ख सुविहिं धण-धण्ण-पुण्णं।
सूरिस्स सूर-तवु-वास-पभावएज्जा
मासक्कमादु बहुणीर-पवाह-सीला ॥28॥

गुरु आशीष युक्त लोग एक माह तक बरसात के जल प्रवाह का आनंद लेते हैं। वे सुख समृद्धि, धन-धान्य को प्राप्त होते हैं सो ठीक है। सूरी का सूर-सूर्य जब तपन में तप, उपवास आदि करता है, तब सब कुछ मिल जाता है।

29

पज्जूसणे मुणिसुकोसल-णाम-दिक्खे
साहू हवे वि सुउमाल-सुसेट्ठ णिट्ठो।
णिव्वाण-वीर-दिवसं परिवट्ट-पिच्छी
आदिस्स दिक्ख-सरदिं अवि सज्झ सम्मं ॥29॥

पर्यूषण पर्व (2002) में दीक्षा से मुनि सुकौशल एवं सुकुमाल सागर शुद्ध निष्ट साधु हुए। वीर निर्वाण दिवस, पिच्छी परिवर्तन, स्वाध्याय एवं आचार्य आदिसागर का दीक्षा दिवस एवं स्मृति दिवस भी मनाया गया।

उदयपुर-विहार-चाउम्मासो (2003)

30

सो पारसोल-पुर-मुंगण-खुंत-वादं
साहस्स-ते जणवरी-गद-आयडं च।
अत्थेव संति-खडगासण-मुत्ति-वासं
हूमड्ड-गेह-समए हु महिंद-सत्थी ॥30॥

संघ पारसोला, मुंगाणा, खुंता, धरियाबाद 2003 जनवरी 2 को आया। यहाँ से उदयपुर के आयड़ क्षेत्र को प्राप्त हुआ। यहाँ पर आचार्य शान्तिसागर जी ने चातुर्मास किये, यहाँ पर खड़्गासन मूर्ति भी है। उदयपुर में हूमड़ भवन के प्रवेश के समय महाराणा महेन्द्रसिंह एवं महंत मुरली मनोहर शास्त्री जैसे विशेष व्यक्ति भी थे।

31

माघे हु सम्मदि गणिस्स हु जम्म-जिंतिं
सिद्धंत-चंद गणि-बाल जुगिंद-साहू।
गोट्ठी हवे फरवरी सहभग्गि पण्णा
पेम्मो हु भाग-उदयोसणसीदलादी ॥31॥

माघ महिने में (फरवरी 6-8) आचार्य सन्मतिसागर की 65 वीं जन्म जयन्ती मनाई गयी। उस समय आचार्य सिद्धान्तसागर, आचार्य चन्द्रसागर, बालाचार्य योगीन्द्रसागर आदि अनेक साधु थे। यहाँ 26-28 फरवरी की गोष्ठी में प्रेमसुमन, भागचंद, उदयचन्द्र, सनतकुमार एवं शीतलचंद्र आदि प्रज्ञजन आए।

धारी

32

ताप धारि, गंथ सार।
खेत्त चारि, वास चार॥32॥(धारी-छंद)

आचार्य श्री तो तपस्वी तप एवं ग्रन्थ के सार में रुचि लेने वाले फरवरी से जुलाई तक उदयपुर के प्रत्येक क्षेत्र में विचरण करते हुए जुलाई 6 को उदयपुर चातुर्मास के लिए स्थित हुए।

33

अज्झप्प णाण-परमागम-सुत्त-सुत्ते
छक्खंड-आगम-सुदे-हु पियार-पण्णा।
हं पण्ण-हीण उदयो उदएज्ज णिच्चं
सुत्ताणि पाइय पदाणि सुसिक्खएज्जा॥33॥

यह संघ अध्यात्म ज्ञान, परमागम के सूत्र के एक रूपता वाले पं. प्यारे लाल व पंडित पन्नालाल षट्खंडागम के श्रुत में ध्यान लगाते हैं। मैं प्रज्ञाहीन उदय प्राकृत सूत्र एवं उनकी व्याख्या को खोलता और प्राकृत का अध्ययन कराता हूँ।

34

णाबंवरे हु सुखसागर साहु-रूवं
केलास-मंति-पहु आरदि-भावणं च।
उग्घेज्ज पिच्छिपरिवट्टगिरिज्ज-आदी
चंदो गुलाब-तयलोयय कुंतिलालो॥34॥

नवंबर 14 को एक दीक्षा हुई। वे दीक्षार्थी सुखसागर साधु बने। इसी समय समाज कल्याण मन्त्री कैलास मेघवाल आरती का लाभ लेते और आचार्य सुनीलसागर की पुस्तक प्राकृत में रचित 'भावणासारो' का विमोचन करते हैं। पिच्छी परिवर्तन पर गिरिजाव्यास, गुलाबचंद्र कटारिया, त्रिलोकपूर्विया एवं कुंतीलाल भी उपस्थित थे।

35

तक्कं जलं च तवणिट्ठ-गणिं च दंसं
सेवा-अहिंस-मणुजत्त-विसेस-चिन्ता
साहस्स-वे-चदु-चरे बहु-गाम-गामे
कारावलीइ उसहं च सलुंबरे ते॥35॥

तक्र (छाछ और जल) जल वाले तपनिष्ट आचार्य के सभी दर्शन करते हैं।

यहाँ पर सेवा, अहिंसा एवं मनुजता पर विशेष चिन्तन चलता है। 2004 के जनवरी से अप्रैल तक विशेष आयोजन हुए। करावली में 15 मार्च को ऋषभ जयंती मनाई। फिर सलूंबर में संघ प्रवेश हुआ।

36

टोडा विराजिद इमो भरहे मिलावे
रीछा पुरे सुविहि सागर संघ मेलो।
सो वड्ढमाण मुणि संजुग पारसोले
जुण्णे मुणी सुविहि सूरि णरावलीए ॥36 ॥

इधर टोड़ा में विराजित भरतसागर (गुरुभ्राता) का मिलाप होता, रीछा गांव में सुविधिसागर जी संघ सहित मिले। पारसोला में आचार्य वर्धमान सागर से मिलाप करते। फिर नरवाली में, सुविधिसागर को आचार्य पद से विभूषित करते हैं।

खमेरा चाउम्मासो

37

दो साहसे इग-जुलाइ-चउद्दसिम्हि
मंगल्लिगो चतुरमास-सुठावणं च।
पुण्णिं गुरुं अवर वीर जयंति पच्छा
पागस्स-पाइय-विमोयण-भावणाए ॥37 ॥

सन् 2004 जुलाई 1 की चतुर्दशी पर मांगलिक चातुर्मास की स्थापना (खमेरा में) हुई। यहाँ गुरु पूर्णिमा, वीरशासन जयन्ती मनाई गयी। यहाँ पर प्राकृत में रचित भावणासारो का विमोचन हुआ।

38

धण्णा खमेर-मणुजा भरहिज्ज-णाणं
पीढेण तं मुणि-सुणील-पगासएज्जा।
सज्झेज्ज सो मरणकंडिग-गंथ कुव्वे
छक्कं रसं च परिचाग विहिं मुणेज्जा ॥38 ॥

धन्य है वे खमेरा के धन्या सेठ जिन्होंने मुनि सुनीलसागर की कृति जो भारतीय ज्ञानपीठ से प्रकाशित भावणासारो का विमोचन कराया। यहाँ यह संघ 'मरणकण्डिका' का स्वाध्याय का लाभ लेता और उसमें प्रतिपादित षट्‌रस त्याग विधि को समझते हैं।

39

एसो तवी गुरुवरो मुणदे कहाए
सेट्ठीवरो परम-भत्त-पभुंजणम्हि।
भज्जा इमस्स विवरीय-विरम्मएज्जा
चागिं तवं च असणं विणु वत्त-वत्ते ॥39॥

आचार्य श्री कथा कहने में निपुण थे, एक दिन समझाते-एक नगर में एक श्रेष्ठी था,वह भक्त जनों को भोजन कराने में अग्रणी, पर इसकी भार्या (सेठानी) इनसे विपरीत थी। जो घर पर आए त्यागी-तपस्वी को भोजन कराए बिना बातों बातों में भगा देती थी।

40

सेट्ठी गदो इग-दिवे बहि-कज्ज-हेदुं
सेठीपिया इग समागद-संमुहे हु।
रोदेज्ज भासदि मए धुणए मुसल्ले
पल्लायदे हु गदि-तिव्व-तधेव सो वि ॥40॥

एक दिन एक त्यागी आया, सेठजी को किसी कार्य से बाहर जाना पड़ा, तब सेठानी समागत के सम्मुख रोने लगती, फिर कहती ये मेरे सेठ जी आगत का स्वागत मूसल से करते हैं। यह सुनते ही वह त्यागी वहाँ तीव्र गति से भाग जाता है।

41

गेहम्हि आगद-इमो पडिपुच्छदे तं
चागी कुदो अहिगदो मुणदे मुसल्लं।
मग्गेज्ज णो हु दइएज्ज पदेज्जु भग्गे
हत्थे हु तं गिहिविदूण स तिव्व धावं ॥41॥

घर पर सेठ जी आए, फिर पूछते सेठानी को त्यागी कहाँ गये। वह कहती-वे मूसल मांग रहे थे। ऐसा सुनते ही वे मूसल देने उसे हाथ में लेकर भागे। सेठ जी को मूसल हाथ में लिए हुए देखकर वह भी (त्यागी भी) तीव्रगति से भागने लगा।

42

किंचिंहि पच्छ मिलएज्ज कहेज्ज तस्स
गिण्हेज्ज णेज्ज असणं धर मूसलं च।
सो भासदे ण गिहहिज्जमि सेट्ठणी सा
आसास-संत-खमएज्ज विचारएज्जा ॥42॥

जैसे ही वह त्यागी मिला, उसके लिए कहा मूसल ले लो, भोजन कीजिए मेरे

घर पर। मैं मूसल नहीं चाहता अर्थात् मैंने मूसल नहीं मांगा। सेठानी ही ऐसी है यही विचार करते हुए सेठ आश्वस्त हुए और समागत से क्षमा मांगी।

43

एत्थं खमेर-णयरे वि पहावणा वि
एलक्क-दिक्ख-विहि-वागरणं च पाढो
णेएज्ज सो मुणि-सुणील-विसेस-रूवे
दिक्खा सुरम्म-जम सल्लिहणा वि जादो ॥43॥

यहाँ खमेरा में धर्मप्रभावना हुई (आशीष) ऐलक बने। उन्होंने मुनि सुनीलसागर से कातंत्रव्याकरण का विशेष रूप से ज्ञान किया। यहाँ सुरम्यसागर बने, उन्होंने यम खल्लेखना ली, उनकी समाधि हुई।

44

कल्लाण-पंच-समए हु दिसंबरे वि
चालीस-पिच्छि-अणुसासिद-साहणाए।
रत्तासदा मुणिवरा लहु गाम-अस्सिं
तत्तो चरेदि कुलथाण इमो हु संघो ॥44॥

दिसंबर में पंच कल्याणक के समय 40 पिच्छियां अनुशासित साधना में रत थी। इसके पश्चात् कुलथाणा में 2005 के प्रथम दिवस पर संघ प्रवेश हुआ। यहाँ राजस्थान के गृहमन्त्री गुलाबचंद कटारिया का आगमन हुआ।

45

अत्थेव खुल्लिग दुवे अणुदिक्खपक्खे
सम्मत्त-संदिसमदी अणुभूसदे हु।
विंसे दिवे अणुगदे सुपहं समाहिं
किच्चा तदा हु रतलाम-पवास-जुत्तो ॥45॥

यहाँ दो क्षुल्लिका दीक्षाएँ हुईं। ये सम्यक्त्वमती एवं संदेशमती नाम युक्त हुईं। बीस दिन (20 दिन) प्रवास के पश्चात् नादवेल में सुपथसागर की समाधि करके संघ रतलाम प्रवास को प्राप्त होता है।

46

आहुँ च धार-णयरं सुहमाण तुंगं
भोजस्स पंगण-किलं परमं च लाडं।
दंसेज्ज पच्छ महवीर-जयंति-मण्णे।
णालच्छ-णेमि-पहु दंसण-कुव्वएज्जा ॥46॥

संघ आहू, धार को प्राप्त हुआ। शुभचंद्र और मानतुंग धार धरा पर साधना में रत रहे। यह भोज की नगरी है। इसके प्रांगण, किला एवं उच्च लाट को भी देखते फिर यहीं पर (17 से 22 अप्रैल तक) महावीर जयन्ती का आयोजन करते हुए संघ नालछा पहुँचा। यहाँ पर नेमिप्रभु के दर्शन करते हैं।

47

मंडुं णिरिक्ख-महलं लुहणिं गुहं च
लक्खं णवं च जिणभत्त-सदं च सत्तं।
देवालयाण मुणि-खेत्त-खणण्ण-भागं
पुव्वे समुद्द-इध टापु समो हु अत्थि ॥47॥

मांडु (मांडव) के महल, लुहानी की गुफा को संघ देखता है। यहाँ नौ लाख मुनि एवं जिनभक्तों के सात सौ जिनालयों की प्रमुखता का स्थान रहा है। यहाँ खनन में कई प्राचीन जैन मूर्तियां निकली। यह मांडू पूर्व में समुद्र था और इस समय मांडू अर्थात् टापू के समान है।

48

वेसाह-किण्ह चउथी इग-मज्झ रत्ती
बाबंडरेण धरसायियमंडवो वि।
जगेज्जजुत्त-परिसंघ-पभाद-काले
सामाइगे कुणदि पच्छ चरेदि तारं ॥48॥

वैशाख कृष्ण चौथ की रात्रि खुले मंडप में बवंडर (पवनवेग) से सब कुछ धरासायी हो गया। संघ जागता रहा, फिर प्रभात काल में सामायिक खुले में करता इसके अनंतर तारापुर पहुँचता है।

महरट्ठं पडिगमणं

49

उण्हत्त-काल धरमादु चरेदि संघो
सामत्त-सील-महरट्ठ-पडिं च सूरी।
मग्गे अभाव-गद-ठाण-विहार-जुत्तो
सुण्णे अगार-रहिदे वि तपंत-संता ॥49॥

उष्णता के समय धरमपुरी से विहार कर देता है संघ। यह संघ एवं सूरी समत्वशील महाराष्ट्र की ओर गतिशील रहते हैं। मार्ग में अभावगत स्थान, ठहरने के स्थान न होने पर भी शून्य, अगार रहित स्थानों में ठहर जाते और अपनी तपादि

क्रियाओं से अपने को शान्त बनाते हैं।

50

सो सेंधवं च वडवाणि सुगंधवाणिं
सोणं च पच्छ पवसेज्ज हु धूलियं च।
मालं हु णंद सिरडिं पडि गच्छवंतो
चिट्ठेदि एत्थ सुद आदि-कचं कुणेदि ॥50॥

यह संघ सेंधवा, बड़वानी, गंधवानी, सोनगीर आदि के पश्चात् धूलिया (महाराष्ट्र) के नगर मालेगांव, नांदगांव एवं शिरडी को प्राप्त हुआ। यहाँ गतिशील संघ श्रुतपंचमी (12 जून 2005) को आदिसागर का आचार्य पदारोहण, स्मृति दिवस एवं केशलुंच आदि करता है।

सिद्धखेत्त-गजपंथा

51

सिद्धस्स खेत्त गजपंथ-सुठाण मुत्तं
णम्मेदि सो विजय सुप्पह णंदि णंदिं।
आचल्ल दंसण बहुल्ल बलं च सत्तं
अत्थं महा किरदि वे चदुमास-ठाणं ॥51॥

सिद्धों का स्थान गजपंथा सिद्धक्षेत्र है। यहाँ परसंघ विजय, अचल, सुप्रभ, सुदर्शन, नंदी, नंदीमित्र आदि सातों बलभद्रों को नमन करता है। यहाँ पर आचार्य महावीरकीर्ति ने दो चातुर्मास किए थे।

52

अत्थेव लोणि गुहचामर दंसएज्जा
चेराइपुंजिसम-पाउस-खेत्त-अस्सिं।
सिक्खाण खेत्त-गुरु-दार-विसेस-वत्ता
संघस्स दंस कमलो कमलेस संतो ॥52॥

यहाँ पर चामर-लेणी की गुफा के दर्शन किए। यह चेरापूंजी की तरह वर्षा का क्षेत्र है। यहाँ सिक्खों के गुरुद्वारे में धर्म चर्चा हुई। कमलमुनि कमलेश मुनिसंघ के दर्शन के लिए यहाँ आए।

53

णीरम्हि एस सिरिसंघ-चलंत-गामा
पत्ते भिवंडि तध चिंडगियाण दंसं।

सेट्ठी पगास मुणिभत्त इधेव घादं
कुल्हार-मीरयदहीसर-पत्त-संघो ॥53।

यह श्री संघ नीर (पाउष) में ग्रामानुग्राम चलता हुआ भिवंडी आया। यहाँ चीटियों के दंश को प्राप्त हुआ। यहीं मुनि भक्त प्रकाश चन्द्र छावड़ा घायल हो गये। संघ कोल्हार, मीरा आदि के पश्चात् दहीसर पहुँचा।

मुंबई चाउम्मासो 2005

54

अट्ठण्हिगे मुणिवरो अडवास-जुत्तो
सो आदिणाह णयरं इध मंगलं च।
बोरीबलिं कुणदि चाउयमास-ठाणं
सेट्ठी-बहुल्ल-णयरे णय-सील-संघो ॥54॥

मुंबई के उपनगर आदिनाथनगर को प्राप्त संघ आठ उपवास युक्त गुरुवर को अष्टाह्निका में विश्राम देते हैं। यहाँ इस श्रेष्ठी बहुलता वाले नगर में श्री संघ बोरीबली में चातुर्मास की स्थापना करता है, तथा यहाँ नय से विचारशील होता।

55

ओमो सरूव-सिहरो रमणो कबूरो
ते आर के मदण-लाल सुमेर आदी।
कल्लाण-दीवग-रतिक्क सुसेट्ठि अग्गी
ठविज्ज सम्मकलसं च सुमेर-सेट्ठी ॥55॥

श्रेष्ठी श्री ओमप्रकाश, अनिल, स्वरूपचंद्र, शिखरचंद्र, रमणलाल, आर. के. जैन, मदनलाल, सुमेरचंद्र, कल्याणमल, दीपक, रसिकभाई आदि श्रेष्ठी अग्रगामी हुए। सुमेरचन्द्र मदनलाल चूड़ीवाल कलकत्ता ने मंगलकलश की स्थापना की।

56

मूलोत्तराणि-गुण-णायग-साहु-साहू
णंदीसरे जिणगिहे परिमंडवम्हि।
ते केसलुंच विणु साहु ण मोक्ख-तेसिं
वेरग्ग-वड्ढण-इमो किरिया हु अत्थि ॥56॥

साधुओं की सम्यक् क्रियाएँ मूलोत्तर गुण हैं। सूरी, साधु सभी उन्हें पालते हैं। वे केशलोंच बिना साधु नहीं और साधु बिना उनके लिए मोक्ष नहीं। यह वैराग्य-वर्धन की क्रिया है। इसलिए इस नंदीश्वर द्वीप के जिनालय प्रांगण में यह क्रिया करके वे साधु, साधुत्व का परिचय दे रहे हैं।

57

दिक्खावसे अवसरे परिवक्ख-बंधे
सेयंस-णाध-परिमुत्त-दिवं मुणेज्जा
सत्तासदाण मुणि विण्हु-कुमारगाणं
सेयंस-सेयमदि-दिक्ख-हवेज्ज अत्थ ॥57॥

रक्षाबंधन पर श्रेयांसनाथ प्रभु के मुक्तिदिवस पर निर्वाण लाडू चढ़ाया गया, इसी प्रसंग पर विष्णुकुमार, अकंपनाचार्य आदि सात सौ मुनियों का स्मरण किया गया। इसी स्थान पर श्रेयांससागर (गृही नाम-कपूरचंद्र) (सज्जनीबाई) श्रेयांसमती (आर्यिका) बनी। दीक्षा अवसर पर अनेक धार्मिक कार्य हुए।

58

संगीदगो-सिरि-रविंद-पसिद्ध-गीदी
रामायणे वि सिरि-गोम्मटदेव-गीदं।
गाएज्ज अत्थ गुरुसम्मदि-संमुहे वि
पण्णाइचक्खु सद-णम्म कुणेमि णिच्चं ॥58॥

संगीतकार श्री रवीन्द्र जैन प्रसिद्ध गीतकार हैं। उन्होंने रामायण में गीत युक्तसंवाद दिए, गोम्मटेश बाहुबली पर गीत गाए। ये गुरुवर सन्मतिसागर के सम्मुख गीत प्रस्तुत करते हैं। उन प्रज्ञाचक्षु को मेरा शत शत नमन।

गुरुदेव मेरा कल्याण करो-गुरुदेवमज्झ कल्लाण-कुव्वे, सन्मतिसागर से सन्मति के-2-सम्मतिसागरादु सम्मदिं-2 कुछ मोती हमें प्रदान करो गुरुदेव-किंचि मुत्तं पदएज्ज-गुरुदेव।

णवदिवे तिसमाहि

59

सेयंस-साहण-मदीइ वि सेय अज्जी
सम्मं समाहि अणुपत्त-सलेहएज्जा।
पव्वे पुणीद-परिणीर-पवाह-पुण्णा
कप्पदुमो विहि विहाण-गुदिक्ख तिण्हि ॥59॥

यहाँ श्रेयांससागर, श्रेयांसमति, साधनामति की समाधियां हुई। ये तीनों सल्लेखना पूर्वक सम्यक् समाधिं को प्राप्त हुए। पर्व पर्यूषण में चारों ओर नीर, उसमें भी कल्पद्रुमविधान एवं तीन दीक्षाएँ भी हुईं।

60

पंच-कल्लाणगं णंदिं, गोरे गाम-सुधम्मगो।
जुहु-खारय-ताडं च, गुलाल-गोट्ठि-दिक्खए॥60॥

यहाँ नंदीश्वर द्वीप पंचकल्याणक, गोरेगांव में तथा अंधेरी में धर्मसम्मेलन हुआ। जुहु (पारले) खार-वान्द्रा, ताड़देव, गुलालबाड़ी आदि में गोष्ठी एवं दीक्षाएँ हुईं।

61

गुलाले दिक्ख पासेवि, जिणगिहे धुयंजए।
घाडकोवर-तित्थम्हि, मंगु खुल्लिय-दिक्खए॥61॥

गुलालवाड़ी में दीक्षा एवं जिनगृह के शिखर पर ध्वजारोहण हुआ। घाटकोपर सर्वोदय तीर्थ पर भी मंगुवाई की क्षुल्लिका दीक्षा हुई। वे संयममती बनी।

62

विक्कोली-एरुली-पत्तो, मंदिर-भू-णिरिक्खदे।
अट्ठ-दिवप्पवासम्हि, णरिंदसुभदे किदं॥62॥

विक्रोली, एरोली को प्राप्त संघ मंदिर क्षेत्र के भूखंड का निरीक्षण करता है फिर आठ दिवस प्रवास में नरेन्द्र सुभद्रा अमेरिका प्रवासी द्वारा भूखंड की पूजन की जाती है।

63

सवण-वेल-गोलाए, अंतिम-दिव-सुज्जए।
वारे इधे सुभावेणं विजया वि समाहिए॥63॥

श्रवणवेलगोला के महामस्तकाभिषेक (2006) फरवरी 19 रविवार की समाप्ति पर यहीं निर्मलभावी विजयमती आर्यिका की समाधि हुई।

64

बसइ-णाल-सोपारं, विरारे दिक्खएज्जए।
संभवए समाही वि पच्छा भायंदरं पुणं॥65॥

बसई, नालासोपारा, पश्चात् विरार में दीक्षा हुई जो सभ्यसागर बने यहाँ संभवमती की समाधि हुई। भयंदर के पश्चात् संघ का विहार पूने की ओर हुआ।

65

रदणदीव-चिंचोलिं, संखेसर-सु-अक्खयं।
चंदप्पहुम्हि आहारं, मंतिं पणविलं गयो॥65॥

रत्नद्वीप (माणिकचंद्रजी का फार्म हाउस-फिल्मी गीतों का स्थान) चिंचोली, शंखेश्वर धाम, अक्षयधाम एवं चन्द्रप्रभु धाम होते हुए आहार चर्या मन्त्री आर. सी. पाटिल के यहाँ करता हुआ संघ पनवेल को प्राप्त हुआ।

66

खंडाला टणले पत्ते, गुह-मग्गे लुणावले।
कामसेत-तलेगामं, पुणस्स णिगडिं गदो ॥66॥

संघ खंडाला टनल की गुफामार्ग (सुरंग से होता हुआ) लोणावला में आया, फिर कामसेत, तलेगांव एवं पूना के निगड़ी स्थान को प्राप्त हुआ।

॥ इति बारहसम्मदी समत्तो ॥

तेरह सम्मदी

लासुणण-चाउम्मासो (2006)

आदिणाहं पहुँ वंदे, पढमं तित्थ पावणं।
आदि मुणीस-आदीसं, आदिसागर सम्मदिं॥ 1॥

मैं आदिनाथ प्रभु की वंदना करता हूँ। वे प्रथम तीर्थकर पावन आदि मुनीष, आदीश्वर को, आदिसागर अंकलीकर एवं सन्मतिसागर को नमन करता हूँ।

2

पव्वे सुदे सतरहाण दु केसलुंचं
साहूण सद्दहण-भावण-भाव-हत्थे।
सिद्धंतसागर-मुणीस-ससंघ-अप्पे
विस्साम-पच्छ-पहुआदि-पहुँ च ठाणे॥2॥

श्रुत पंचमी (1 जून 2006) को सतरह-साधुओं का केशलोंच हुआ। श्रद्धा पूर्णभावना से श्रद्धाज्जलि अर्पित की गयी आदिसागर के प्रति सिद्धान्त-सागर आचार्य के ससंघ सहित। माणिकबाग के समीप की आदिनाथ सोसायटी में विश्राम किया।

3

सेलम्म-गेह-जिण चेत्त-ससंघ-जादो
णीरं गदं पणदरेय पवास-जुत्तो।
चिट्ठे भवाणिणयरे अति पल्लवीए
आसीस-पत्त-इणमा णयणेसु दिट्ठिं॥3॥

संघ कमलसेलम के जिनगृह चैत्य पहुँचा, फिर नीरा को प्राप्त हुआ। पणदरे में प्रवास युक्त हुआ। जब आचार्य श्री भवानीनगर आए वहाँ पर उनके आशीष से पल्लवी के नेत्रों में दृष्टि आई।

4

धम्मस्स णिट्ठ जण माणस-भत्ति भावे
लासुण्णए हु चदुमास छवे सहस्से।
सो वीरसासण जयंति गुरुं च पुण्णिं
सत्तोववास सह दस्स जुलाइ मासे॥4॥

सन् 2006 के चातुर्मास के प्रसंग पर लासुर्णे के जन मानस भक्ति भाव से वीर शासन जयन्ती एवं गुरुपूर्णिमा को मनाते हैं। इधर आचार्य श्री सात उपवास पूर्वक जुलाई 7 सन् 2006 को यहाँ चातुर्मास स्थापना करते हैं।

5

सावण्ण-सुक्क दिण-पंचमि दिक्ख सब्भं
एलक्कसंत-समभाव जुदो हु अस्सिं।
अप्पासु रत्त मुणि-सब्भ-समाहिं पुव्वं
चत्तेदि देह रविवार-अगत्थ ए सो॥5॥

श्रावण शुक्लापंचमी को सभ्यसागर क्षुल्लक से मुनि हुए। सुशांतसागर क्षुल्लक से ऐलक बने। सभ्यसागर आत्मरत समाधि पूर्वक देहत्याग करते हैं। दिन रविवार 13 अगस्त में।

6

पज्जूसणे हु समए हु अगत्थमासे
सज्झाय-संजम-दहं उववास सूरिं।
किच्चा जहेट्ठ जणमाणस-वास-आदिं
णिव्वाण-उच्छव सुधम्मि-मई य दिक्खं॥6॥

पर्यूषण पर्व अगस्त (28) में प्रारंभ हुआ। आचार्य श्री दश उपवास, स्वाध्याय एवं संयम करके जन मानस को यथेष्ट उपवास की ओर प्रेरित करते हैं। अक्टूबर 20 को निर्वाण महोत्सव एवं सुधर्ममती क्षुल्लिका दीक्षा को प्राप्त हुई।

7

पारंभदं च सिरि-सिद्ध विधाण चक्कं
अट्ठं गुणं पडिदिणं दुगुणं दुगुण्णं।
एगे सहस्स चदुविंस सुअग्घ-पुव्वं
आराहणा हवदि सिद्ध पहुस्स अस्सिं॥7॥

इस लासुर्णे नगर में श्री सिद्धचक्र विधान आरंभ किया गया। सिद्धों के आठ

गुण से दुगुने दुगुने करते हुए अंतिम दिन 1024 अर्घपूर्वक सिद्धप्रभु की आराधना होती है।

8

कल्लाणगं पण-महुच्छव उच्छवं व
जाए दिसंबर दुवे छह पेरयंतं।
अस्सिं दिवे मुणिसुणील पदं च सूरिं
णिण्णेज्जदे वि मुणिराय मणे हु किज्जे ॥8॥

दिसंबर 2 सन् 2006 से लासुर्णे में पंचकल्याणक 6 दिसंबर तक हुआ। इसी दिन मुनि सुनीलसागर को आचार्य पद देने का निर्णय आचार्य श्री के मन में आ गया। किंतु मुनिश्री ने मना कर दिया।

9

संघे विहारसमए इगसावगो वि
आगच्छदे पडिवदेदि गुरू तुमं च।
दिक्खेज्ज इच्छगद चिट्ठ-इधे वसेज्जा
किंचिं च पच्छ मणुजो ण हु दिस्सदे सो ॥9॥

संघ के विहार करते समय एकश्रावक आता और कहता है—मैं आपको गुरु बनाना चाहता हूँ। तब यहीं बैठो, यही रहो और दीक्षा ले लो ऐसा कहने पर वह कहाँ चला गया पता नहीं चला, न दिखाई दिया।

10

तत्तो हु दुद्ध-भवणे कुणदे विसामो
पच्छा गिरिम्हि उवरिं ठिद-देवठाणं।
दंसेविदूण डिकसल्ल-पवेस-संघो
सामिद्ध-गाम-किसगस्स इधे विरामे ॥ 10 ॥

वहाँ से (लासुर्णेसे) विहारकर 'दुग्ध केन्द्र' पर संघ विश्राम करता, वहाँ समीप की पहाड़ी के मंदिर के दर्शन करता, फिर दर्शनकर डिकसल में प्रवेश कर जाता, जहाँ पर एक समृद्ध किसान के निवास में संघ स्थित होता है।

11

कूवो त्थि णो व पडिपुच्छदि सो पवुत्ते
अत्थि त्थि णत्थि जल-सुक्ख-इमो हु अत्थि।
आसीस-पत्त-गुरु एस पुणो णिरेक्खे
णीरेहि णीर परिपुण्ण विलोक्क-णंदो ॥11॥

यहाँ कूप है या नहीं पूछने पर किसान कहता है, कुआ है, पर जल नहीं, सूखा ही रहता। वह अशीष प्राप्त गुरुवर का पुनः देखता तब उसमें नीर ही नीर है, जल से पूर्ण कूप देखकर प्रसन्न होता है।

12

सीदे दिसंबर-खणे मिरजे वि गामे
लोणस्स णीर-महुरो गुरु वास जाए।
राव्वे पिवेंति महुरं जल-णंद भावा
अच्छेरगो इगखणे महुरो जलं च ॥12॥

दिसंबर के समय शीतकाल में मिरजगाव संघ पहुँचा। यहाँ ठहरा। लोगों ने कहा यहाँ के कुए में जल खारा है। पर गुरु के प्रवास पर मधुर हो गया। सभी पीते है मधुर जल को। वे आनंदित आश्चर्य को प्राप्त हुए। एक क्षण पूर्व खारा था, अब मीठा हो गया।

13

अग्गे चरेदि सिरि-संघ तधेव जाणे
पल्लट्टदे तध इगा बहुरत्त रत्ता।
आणागुरुस्स णरिएल जलं पिवेज्जा
तत्तो हु दिण्णचदु पच्छ वरा हवेदि ॥13॥

संघ आगे चलता है उन्हीं के सामने यान पलट जाता है, एक महिला लहुलुहान हो जाती। तब आज्ञा गुरु की लेकर उसे नारियल पानी पिलाया जाता है, उससे वह चार दिन के पश्चात् स्वस्थ हो जाती हैं।

14

बाहुल्ल-केस-धरणिंद-पपस्स-सूरी
भासेदि भो! तुहउ लंब-कचा कधं च।
खोरो ण मिल्लदि ण मं समयो वि किंचि
सव्वे इमे हु तुह पस्स कुणेहि इच्छं ॥14॥

बड़े बड़े वालों बाले धरणेन्द्र से आचार्य पूछते-भो! तुम्हारे इतने बड़े बाल कैसे? वह कहता, कभी क्षोरकर्मी नहीं मिलता और कभी समय नहीं मिलता । तब गुरुवर मुनियों की तरफ इशारा करके कहते इन्हें देखो, यदि इच्छा हो तो बिना नाई के बाल कट सकते हैं।

पेठणपवेसो

15

धामण्ण-खेत्त-अमरं पिपिरिं च घोट्टं
पच्छा हु पेठणपुरे बहु-माण-पत्ते।
सिद्धंतसागर-मुणीस इधे हु अग्गे
आमावसे हु सणि-सुव्वद-झाण-कुव्वे ॥15॥

धामण गांव, शेवगांव, अमरापुरी, पिपरी, घोटण आदि के पश्चात् आचार्य सिद्धान्तसागर जी अगवानी में पैठण (प्रतिष्ठानपुर) में प्रवेश बहुमान-सम्मान के साथ हुआ। यहाँ मुनिसुव्रतनाथ का प्रति अमावस्या के शनि दिवस पर लोग उनका ध्यान करते हैं।

16

पाइट्ठणा हु वणवास-खणे हु रामो
सुव्वद्दणाध पडिमं पडि ठाविएज्जा।
गोदावरी वि जल पूरि-णदी विसाला
गामंधणं ढुरकिणं च पवास-पत्तो ॥16॥

प्रतिष्ठानपुर में राम वनवास के समय सुव्रतनाथ की प्रतिमा स्थापित करवाते हैं। यहाँ गोदावरी जलपूरित नदी विशाल है। यहाँ से संघ धनगांव आदि होते हुए ढोर किन पहुँचा, वहाँ प्रवास किया।

अतिसय-खेत्त-कचणेरो
(2007 प्रथम दिन)

17

मग्गो हु संघ विहवो कुण सागदं च
चिन्तामणिं च पहुपास सुदंसणं च।
गामे इमो अदिसयं कचणेर खेत्तं
भूगब्भ णिस्सिद पहुँ अवलोयदे सो ॥17॥

मार्ग में विभवसागर का संघ आचार्य श्री का स्वागत करता, फिर चिन्तामणि पार्श्वप्रभु के दर्शन को प्राप्त होता। यह संघ कचनेर ग्राम में स्थित अतिशय क्षेत्र के दर्शन करता। यहाँ यह मूर्ती भूगर्भ से निकली थी, उसे संघ देखता है।

18

लच्छीइराम-सुमिणे परिदंसदे तं
गड्ढे घिदं सरकरं परिपूरदे सो।
झाणे पहुं णयदि सत्तदिवं च पच्छा
चिन्तामणि व्व रदण व्व हु पासणाहं ॥18॥

लच्छीराम स्वप्न में देखता जो उसी के अनुसार वह गड्ढे में घृत शक्कर भरवाता, फिर ध्यान करता सात दिन। इसके पश्चात् चिन्तामणि रत्न की तरह पार्श्वप्रभु के दर्शन करता है।

औरंगावादपवेसो-

19

सो सुव्वदो पयडिभद्द सुठाण-ठाणे
खुल्लेक्कदिक्ख सुहरिस्समदी हु मादू।
अज्जीइ सुव्वदमदीचरणं ठवेज्ज
किच्चा विहार-कचणेर-उरंगवादे ॥19॥

संघ सर्वतोभद्र एवं समवशरण जिनालय के उत्तम स्थान में एक क्षुल्लिका दीक्षा के नामकरण से सुहर्षमती माता जी कहलाई। यहीं पर सुव्रतमती के चरण स्थापित कराए गये। वहाँ कचनेर से विहार करता हुआ संघ औरंगाबाद में आता है।

20

संगीद बज्झ लहरे हि सहेव संघो
सो भत्ति मंडल समूह णमो हु कारे।
साहस्स माणुस समूह सुसाविगेहिं
कित्तीइ जम्म दिवसे तध मण्णदे वि ॥20॥

संघ णमोकार भक्तिमंडल की संगीतबद्ध लहरियों के साथ हजारों श्रावकों एवं श्रविकाओं सहित औरगांबाद में प्रवेश करता। यहाँ 9 जनवरी को महावीरकीर्ति का जन्म दिवस मनाया जाता है।

21

साहू सुवंद विमदो तवसिं च दंसे
थाणक्कवासि सुद अक्खय सोरहो वि।
राजिंद-कासलि जणा वि पबुद्ध बुद्धा
सिद्धंतसागर मुणी वि सदा हु अग्गी ॥21॥

इस प्रसंग पर सुबंद्य सागर एवं विमदसागर भी तपस्वी के दर्शन करते हैं। यहाँ स्थानकवासी के श्रुतमुनि, अक्षयमुनि और सौरभमुनि भी उपस्थित हुए। विधायक राजेन्द्र दर्डा एवं डी.बी. कासलीवाल जैसे प्रबुद्ध अनेक नागरिक भी आए। इस क्षेत्र में सिद्धान्तसागर भी सदा आगे बने रहे।

22

सत्तेव साहस-दुवे पद आइरिज्जं
दाए सुणील मुणि हेमयसुंदरं च।
माहे हु सुक्क सतमी पणवीस जण्णे।
सिद्धंत संत सम अग्ग-सुभं च साहू॥22॥

सन् 2007 जनवरी 25 माघ शुक्ला सप्तमी पर सुनीलसागर, हेमसागर एवं सुंदरसागर मुनि से आचार्य पद पर प्रतिष्ठित हुए। यहीं पर सिद्धान्त सागर, सुशान्तसागर समग्रसागर एवं शुभं सागर को मुनि बनाया गया।

23

खुल्लिक्क-दिक्खय-सुवीर-सुहा वि संती
जाएज्ज सम्मदि गुरुस्स गुणाणुवादो।
सोहग्ग सागर ससंक-उवज्झ लंके
विम्मोच्च जाद-वसुणंदि सुणील वक्खं॥23॥

यहाँ पर सुवीरमती, सुखदमती एवं शांतिमती माता जी क्षुल्लिकाएँ बनी। यहीं पर सौभाग्यसागर, शशांकसागर को उपाध्याय पद से अलंकृत किया गया। इसी के मध्य वसुनंदी श्रावकचार की व्याख्या सुनीलसागर की प्रस्तुति का विमोचन हुआ।

सूरीविराग आगमणं

24

सूरी विराग-णिय-संघ-चवालि पिच्छी
जुत्तो इमो वि मुणि दिक्ख पुरे हु अस्सिं।
आसीस-दंसण-गुणं अणुपत्तएज्जा
सज्झाय-सुत्त-अणुचिन्तण-लाह मुत्तं॥24॥

आचार्य विरागसागर चवालीस पिच्छीयुक्त इस मुनिदिक्षा नगर में गुरुदर्शन करते, उनसे आशीष प्राप्त करते, फिर स्वाध्याय के सूत्र के अनुचिन्तन की लाभ रूप मुक्ताएँ प्राप्त करते हैं।

पांडे हुकमचंदस्स समाही

25

पंडे हुकुम्म समही इध खेत्त जादो
ठाणे समाहि जडवाड सुगाम-मज्झे।
विग्घं च पासपहु-बाहुवलिं च दंसे।
एलोर-पत्त-अणुपुव्वयसिप्पि सिप्पं ।।25।।

इस क्षेत्र में पांडे हुकमचंद समाधि को प्राप्त समाधिसागर हुए। जटवाड़ा में उनका समाधि स्थल बनाया गया। फिर पार्श्वप्रभु एवं बाहुबली के दर्शन को प्राप्त संघ ऐलोरा में शिल्पियों की अपूर्व शिल्पकला को देखते हैं।

26

थंभो विसाल पहु आदि बहिं च भित्तिं
आलंकिदं णडिद-णच्च-सहाव-भावं।
केलास-पव्वद-गुहादि सहावि ठाणं
पस्सेदि संघ चदुविंस जिणाण मुत्तिं ।।26।।

ऐलोरा में विशाल स्तंभ, विशाल आदिप्रभु की मूर्ति, बाहरी भित्तियों के अलंकृत दृश्य नाट्य के अनुरूप नृत्य आदि हाव-भाव को भी देखते हैं। कैलास गुफा कैलास पर्वत की तरह है। यहाँ कई गुफाएँ एवं सभा मंडप के स्थान को संघ देखता है। इन्हीं के मध्य चौबीसं तीर्थकरों की प्रतिमाएँ भी देखते हैं।

27

पासिद्ध विस्स इध बोद्धय हिंदु सिप्पो
ओसग्ग-जुत्त-पहुपास-कला अपुव्वो।
बाहुव्वलिस्स पडिमा तव-घोर-दंसे
वे माल जुत्त कल-पुण्णय-इंद-कक्खो ।।27।।

यहाँ विश्व प्रसिद्ध बौद्ध एवं हिन्दू संस्कृति के शिल्प हैं। उपसर्ग को दर्शाती हुई पार्श्वप्रभु की प्रतिमा की कला अपूर्व है। यहाँ बाहुबली की प्रतिभा घोर तप का प्रदर्शन करती है। इन्द्रकक्ष-इन्द्रसभा दो माले का आंतकला पूर्ण है।

28

सुंदेर-सिप्प-कल-पुण्ण-सभा हु सुक्खो
बत्तीसए गुह-कला अदि दंसणिज्जा।

तेत्तीसए वि चदुतिंस कला वि जुत्ता
दंसेज्जदे गुरुकुलं च समंत-णंदिं ॥28॥

यहाँ की इन्द्रसभा के शिल्प कला पूर्ण है। 32, 33 एवं 34वीं गुफा के कला शिल्प जैन संस्कृति की व्याख्या करते हैं। यहाँ समंतभद्र द्वारा स्थापित एवं आर्यनंदी द्वारा संपोषित गुरुकुल का भी संघ दर्शन करता है।

29

कण्णड्डु पत्त-मुणिराय-सुवीर-जम्मं
दिक्खं जयंति वि सुणील-इगारहं च।
उच्छाह-पुण्ण जणमाणस-मण्णदे वि
आसीस-सूरि-गद-सावग-धम्म-णिट्ठा ॥29॥

आचार्य श्री कन्नड आए। यहाँ पर 2606 वीं महावीर जयन्ती मनाई गयी। एलोरा में मुनि सुनीलसागर का ग्यारह (11वां) दीक्षा दिवस मनाया गया। आशीष प्राप्त श्रावक एवं धर्मनिष्ठ जनमानस उत्साह युक्त इसे मनाते हैं।

30

ओरंगबाद-णयरे सुपसण्ण-साहू
सम्मं समाहिमरणं कुणदे हु अत्थ।
साहस्स-सावग-समूह-णमंत-सड्ढे
अप्पेलमाह अरहंत-पुरं च पत्ते ॥30॥

औरंगाबाद के एक ग्राम में सुप्रसन्नसागर सम्यक् समाधिमरण को करते है, वहां पर हजारों श्रावक श्रद्धा से नमन करते हैं। फिर अप्रैल में अरहंत नगर को संघ प्राप्त होता है।

ऊदगांव चाउम्मासो (2007-2008)

31

सो सम्मदी परम-सम्मदि-दाण-जुत्तो
सिस्सो विराग-मुणिरायविणिच्छयो वि।
अज्जीइ-आदि-सत-सत्तर पिच्छिजुत्ता
कल्लाण-जुत्त परिजोजण पुण्ण जादा ॥31॥

आचार्य सन्मतिसागर जी परम सन्मति दान युक्त थे। तभी तो उनके शिष्य आचार्य विरागसागर, आचार्य निश्चियागर आदि मुनियों एवं अनेक आर्यिकाओं सहित 77 पिच्छी युक्त कल्याणकारी योजनाओं को भी साकार रूप देने में समर्थ हुए।

32

दो साहसे हु सत-वास-तवादि-पुण्णा
मग्गाणु गाम-विहरंत-पुणो हु अस्सिं।
पंचाल-कुंथलगिरिं जयसिंग आदिं
पच्छा हु अंकलिपुरे पुण ऊदगामं ॥32॥

सन् 2007 को तपाराधना पूर्ण यह संघ पंचालेश्वर, कुंथलगिरि, जयसिंहपुर कुंजवन आदि के पश्चात् 2008 में अंकलि में आया फिर ऊदगांव में प्रविष्ट कर जाता है।

33

संगोल वोर जस भोसध धामणिं च
सो आदिसागर मुणिस्स हु जम्मभूमिं।
तस्सेव पट्ट-तदियं गणिसम्मदिं च
उच्छाइ-अंकलि-जणा बहुमाण कुव्वे ॥33॥

संघ सांगोला, वोरगांव, जशवंतनगर, भोसे एवं धामनी के पश्चात् अंकली-आचार्य आदिसागर को जन्मभूमि को प्राप्त हुआ।यहाँ पर उत्साह युक्त जन समूह तृतीय पट्टाधीश आचार्य सन्मतिसागर का बहुमान पूर्वक स्वागत करता है।

34

णेगा मुणी तवधरी वदधारि-बंही
दिक्खं णएज्ज भवचक्क विदारणत्थं।
दोसाहसे अड हु वासय-ऊदगामं
जुल्लाइ-सत्तरह-चादुरमास-चिट्ठे ॥34॥

आपके संघ में अनेक मुनि तपधारी, व्रतधारी एवं ब्रहाचारी भी थे। वे भवचक्र विदारणार्थ ही दीक्षा लेते हैं। सन् 2008 जुलाई 17 को ऊदगाव में आचार्य ससंघ चातुर्मास हेतु स्थित हुए।

35

भव्वादि-भव्व-गदि-पुण्ण-समाइरोहे
सो वीर-सासण-गुरुं च जयंति-पच्छा।
सज्झाय-झाण-तव-मुत्ति समित्ति धम्मं
पारीसहाण सहमाण सया पसण्णो ॥35॥

वे आचार्य श्री भव्यातिभव्य गति पूर्ण समारोह में 19 जुलाई को वीर शासन जयन्ती, गुरु पूर्णिमा को मनाते, फिर ऊदगांव (2008) में स्वाध्याय, ध्यान, तप,

गुप्ति, समिति, धर्म आदि की ओर अग्रसर परीषहों को सहते हुए भी सदा प्रसन्न रहते हैं।

36

आराहणेज्ज-गद-सज्झय-सील-संघो
आगच्छि कुंजवण-सेणिग-णाण-चूडी।
सोहग्ग-सील-अजिदो धणपाल-सेट्ठी
चादुम्ममास-तव-झाण-मुणीस-हेदुं ॥36॥

संघ आराधना युक्त सदैव स्वाध्याय रत रहा। कुंजवन चातुर्मास में श्रेणिकशहा ज्ञानचंद्र मिण्डा, सुमेरचंद्र चूडीवाल, सौभाग्य पाटनी, अजित कासलीवाल, धनपाल आदि श्रेष्ठी तप, ध्यान शील मुनिवर के चातुर्मास के निमित्त बने।

37

सड्ढेज्ज देव-गुरु सत्थ-पहाण-सेट्ठी
सच्चाग-अज्जिग-समाहि-कुणंत धण्णा।
जाएज्ज सिक्खण-सुभावण-गंधि-भागा
विज्जालयं परिसरं च विणिम्म छत्ते ॥37॥

देव, गुरु और शास्त्र प्रधान श्रद्धावाले श्रेष्ठी सुत्यागमती की दीक्षा एवं समाधि कराते हुए अपने जीवन को धन्य करने में सफल होते। शिक्षण क्षेत्र के दान में अग्रणी धनपाल, केशरीमल गांधी का परिवार विद्यालय परिसर छात्रों के विद्या अध्ययन हेतु समर्पित कर देते हैं।

38

अट्ठट्ठ-अट्ठ दिवसं च अपुव्व-जोगो
णिव्वाण-पास मुउडो अवि अट्ठ वज्जे।
णिव्वाण-उच्छव-महुच्छव-पुण्ण संघे
एगंतिसं च मुणिवंत, सुपिच्छ मज्झे ॥38॥

सन् 8-8-2008 के आठ का अपूर्व योग हुआ। आठ अगस्त को पार्श्व प्रभु का निर्वाण महोत्सव एवं मुकुट सप्तमी आठ बजे मनाई गयी। इस उत्सव के साथी थे साधु। वे भी 31 पिच्छि युक्त।

39

एत्थं च कुंजवण-खेत्त-पणं रहं च
रट्ठज्झुजस्स बहुमाण-बहुल्ल-जूहे।

साविण्ण-पुण्णिम तिहिं पहु-सेययंसं
मोक्खं च सोलह-दिवे बहु अच्चणम्हि ॥39 ॥

इरा कुंजवन क्षेत्र में पन्द्रह अगस्त को राष्ट्रध्वज फहराकर गणमान्य जनों के मध्य बहुमान दिया गया 16 अगस्त को श्रावणी पूर्णिमा तिथि को श्रेयांसप्रभु को मोक्ष दिवस अर्चन में संघ अग्रसर रहा।

40

वच्छल्लदिण्ण-अणुरक्खग-रक्खसुत्तं
रट्ठे समाज-परिवार जणेसु पेम्मो।
एगत्त-सम्म विणु णत्थि मुणेज्ज सव्वे
एगे सदे तयदिवे गणि आदि जम्मे ॥40 ॥

143वां आचार्य आदिसागर के जन्म दिवस पर एकता का परिचय दें, इसके बिना वात्सल्य दिवस रक्षाबंधन के रक्षासूत्र के बंधन का कोई महत्व नहीं, इसी तरह राष्ट्र समाज और परिजनों में रक्षा के बिना प्रेम नहीं हो सकता है।

41

पज्जूसणो त्थि तव-पव्व विसुद्धि अप्पं
एगारहं च उववास-गुणिंद अज्जी।
ते खुल्लि दिक्ख-समणा सुउमाल-सच्छी
कप्पद्दुमो विहि-विहाण-इधेव जादो ॥41 ॥

पर्यूषण है तप का पर्व, आत्म विशुद्धि का पर्व। इस पर्व पर आचार्य श्री, बहुत से साधु, आर्यिका, क्षुल्लिका आदि ग्यारह उपवास करते हैं। इसी भाद्रमास में तीन क्षुल्लिका दीक्षाएँ होती हैं। वे दीक्षार्थी श्रवणमति, सुकालमति एवं स्वास्थ्यमति नाम वाली हुई। (30 सितम्बर से 10 अक्टूबर तक) कल्पद्रुम विधान हुआ।

42

भत्ती सुपाढ किरिया तव भावणा वि
णिव्वाण-उच्छव-महोविइधेव होदि।
अट्ठण्हिगे हु परमे सिरि सिद्धचक्कं
तं संजमुच्छव-दिवं बहुधम्म-जुत्तो ॥42 ॥

28 अक्टूबर 2008 के ठाठ में भक्ति, उत्तम पाठ (स्वाध्याय) क्रियाएँ भी सम्यक्, तप एवं भावना भी उत्तम हुई। 2535 वां महावीर निर्वाणोत्सव भी मनाया जाता है कुंजवन में। इसी स्थान पर श्री सिद्धचक्र मंडल विधान पूर्वक अष्टह्निका पर्व मनाया जाता है और आचार्य जी का 47वां संयमोत्सव (10 नवम्बर) को मनाया जाता है।

43

संगीत-गीत-जुद-सुद्धय-मंत-पुव्वे
भद्दं च हेदु-विहि सव्व विहाण-भद्दं।
भव्वो किएज्जदि महो सिरि-संतिलालो
सव्वत्थ संति जगदे जग-पाणि सव्वे ॥43॥

संगीत गीत युक्त शुद्ध मन्त्रोच्चारण पूर्वक सर्वतोभद्र विधान श्रेष्ठी श्री शन्तिलाल कासलीवाल परिवार ने करवाया, वह था सर्वत्र शान्ति एवं प्राणियों में आत्म शान्ति के लिए।

44

कुंजवणे हु स सम्मदिसायर, आदि गणीमह खेत्त विसालउ।
पत्थर-पावण सामि-अणंतउ, ठवण-सम्म-सुभावण णरहउ॥44॥

इस कुंजवन में ही आचार्य सन्मतिसागर एवं आचार्य आदिसागर के विशाल क्षेत्र में पत्थर में पावन अनंतवीर्य प्रभु की सम्यक् स्थापना की भावना को दर्शाते हैं।

45

दो साहसे य णव वास-गणिं पदं च
किंत्तिं समाहि दिवसं जणसज्जदे सो।
वीरो तवस्सि-समराड-मुणीस-साहू
बाहत्तरिं च मह उच्छव वाडि खेत्ते॥45॥

सन् 2009 जनवरी 13 को आचार्य श्री का 38वां आचार्य पदारोहण मनाया गया। यहीं पर महावीरकीर्ति के समाधि दिवस को भी मनाया गया। आचार्यश्री वीर तपस्वी सम्राट साधु थे। वे 72 वर्ष के होते हैं तब 72वां जन्मदिवस गणेशवाड़ी में उत्सव पूर्वक मनाया जाता है।

46

वाडिं च पच्छ सिरि संघ सुसेडवालं
पोम्मावदी जण-उगार-पुरे हु पत्तो।
फग्गुणिण-अट्ठ-दिव-काल-सुझाण रत्तो
किंत्तिं च दिक्ख विमलं मुणमंत संघो॥46॥

गणेशवाड़ी के पश्चात् श्री संघ शेडवाल आया, फिर उगार को प्राप्त हुआ, जहाँ पद्मावती उगार ऐसा नाम लिया जाता है। फाल्गुनी अष्टाह्निका में तप ध्यान युक्त संघ महावीरकीर्ति एवं आचार्य विमलसागर के दीक्षा दिवस को मनाता है।

47

उग्गारए वि उववास णवं च किट्टु
हट्टिं सिरे हु अणुपत्त-विघाद-जुत्तो।
पादे विहार करणे असमत्थ सूरी
आधार विण्णु चरएज्जदि सूरसूरी ॥47॥

आचार्य सन्मतिसागर जी शिरहट्टी में घटना को प्राप्त हुए वे उगार में नौ उपवास करके आए थे। पद विहार करने में असमर्थ आचार्य श्री आधार बिना ही विहार को प्राप्त होते हैं।

48

वागे हु वाडि सुद पंचमि आदि सूरिं
झाणंतसूरि मइ-मास-इमो हु संघो।
सूरी-पदेहि चरमाण-सुवेदणे हु
गुप्पिं सिरं च पुण अंकलि गाम पत्तो ॥48॥

27-28 मई को वागेवाडी में श्रुतपंचमी पर्व एवं आचार्य आदिसागर के आचार्य पदारोहण स्मृति दिवस आदि को मनाते हैं। यह संघ आचार्य श्री के चलने में असमर्थ एवं वेदना युक्त होने पर भी सतत गतिशील बना, शिरगुप्पी के पश्चात् अंकली ग्राम को प्राप्त हुआ।

इचलकरंजी चाउम्मासो (2009)

49

खंडेलवाल भवणे कलसं हविज्जा
दो साहसे हु णव भत्ति सुभावणाए।
णं पुण्णिमम्हि पुर आइरियाण वंदे
वीरस्स सासण-दिवं अड जुल्लईए ॥49॥

सन् 2009 का चातुर्मास इचलकरंजी के खंडेलवाल भवन में कलश स्थापना पूर्वक भक्ति भावना सहित स्थापित किया गया। गुरु पूर्णिमा पर पूर्व आचार्यो की वंदना, व वीरशासन, श्रुताराधना 8 जुलाई में की गयी।

50

सामुग्गघाद-परिसीलण-केवलीणं
णाणं च सव्वय-तिलोक्क-सुदप्पण व्व।
जाएज्ज साहु-गहिरा वि चरित्तणिट्ठा
साहू सुणील सुद-सीलविचार-सीलो ॥50॥

यहाँ पर समुद्घाद परिशीलन हुआ। केवलियों के केवलज्ञान पर भी प्रकाश डाला गया। केवलज्ञानी के ज्ञान में तीनों लोकों के सम्पूर्ण पदार्थ एक साथ एक ही समय दर्पण की तरह झलकते हैं। साधु की गहराई चरित्र निष्ठता श्रुत अनुशीलन में है। मुनि सुनीलसागर ऐसे साधु, श्रुत शील एवं विचारशील हैं।

51

जो इंचलकरंजे हु, तप-झाण-रदे सदा।
पंचत्थिकाय-सज्झाय, पच्छा सव्वत्थसिद्धियं ॥51॥

संघ इचलकरंजी में तप, ध्यान आदि में रत सदैव पंचास्तिकाय के स्वाध्याय को प्राप्त रहा, फिर सर्वार्थसिद्धि के स्वाध्याय में रत हो जाता है।

52

छद्दव्व-णाण-विण्णाणं, भेद-विण्णाण-कारणं।
जाणेंति मुणएंति त्थि, अत्थित्त विसयं अवि ॥52॥

संघ के साधु छहद्रव्य के विषय में जानते हैं, पर आज उसके ज्ञान, विज्ञान और भेद-विज्ञान के कारण को भी जानने में समर्थ, आत्मप्रदेश के अस्तित्व को विषय को समझते हैं।

53

तच्चत्थ-सुत्तणेदूणं, पुज्जपादेण वक्खए।
सव्वत्थसिद्धि-सिद्धीए, तत्थं सव्व पयोजणं ॥53॥

तत्त्वार्थसूत्र के सूत्रों को लेकर पूज्यपाद स्वामी द्वारा जो व्याख्याएँ की गयी वह सर्वार्थसिद्धि टीका में है। सर्व सिद्धि से अर्थात् समस्त अर्थ सिद्धि के प्रयोजन को जिसमें प्रस्तुत किया गया वह तत्त्व के अर्थ अर्थात् प्रयोजन का कारण सर्वार्थ समस्त प्रयोजनों (समस्त तत्त्वों के) कारणों पर प्रकाश डाला है।

54

विहि-विहाण-सज्झायं, अणंत भाग-सत्थए।
अत्थे सव्वण्हु भासित्थं, सुत्तं गण-ससुत्तए ॥54॥

सर्वज्ञ द्वारा अर्थ को निरुपित किया जाता है। इस अर्थ को उनके गण-गणधर (शिष्य) सूत्र बद्ध करते हैं। शास्त्रों में उसका अनंतभाग ही होता है। जिसकी विधि एवं विषय वस्तु स्वाध्याय में रखते हैं।

55

करिस्सामि करिस्सामि, करिस्सामि विंचिंतए।
मरिस्सामि मरिस्सामि, मरिस्सामि य विस्सरे॥55॥

सच तो यही है कि करुंगा, करुंगा सदैव करुगा ऐसा मोही चिन्तन करता है, पर मरूंगा, मरुंगा, मरुंगा ऐसा विस्मृत हो जाता है।

56

देहं पडि ण मोहो त्थि, मिट्टि व्व णस्सदे सदा
अप्प-विसुद्धसव्भावी, किं कधं णत्थि चिन्तए॥56॥

देह के प्रति मोह ठीक नहीं, यह मिट्टी है, मिट्टी की तरह सदैव नष्ट होता रहता है। आत्मा है विशुद्ध स्वभावी, फिर क्यों नहीं उसकी चिन्ता करता है।

57

सगपर पगासत्थो, अत्थे अत्थ पगासदे।
अप्प कल्लाण-सेयो त्थि, सेयं सेयंस चिन्तहे॥57।

स्व पर प्रकाशक अर्थ आत्मार्थ के प्रयोजन को प्रकाशित करता है। आत्म-कल्याणार्थ जो उचित है, उस श्रेय रूप श्रेयांस का चिन्तन करें।

58

जाए सुमंगला दिक्खा, णाण-दंसण-मंथणं।
किच्चा चारित्त संसिद्धिं, संजमं तव-मंगलं॥58॥

दीक्षा हुई श्राविका की तो वे सुमंगलामती माता जी बनी। यहाँ ज्ञान-दर्शन का मंथन हुआ एवं चारित्र संसिद्धि के लिए संयम एवं तप को आधारभूत बतलाया गया।

59

सुणील सायरो सूरी, णातेपूते विराजदे।
चाउम्मासे विविच्चेज्जा, दाहिण-जत्त-पोत्थअं॥59॥

आचार्य सुनीलसागर जी नातेपूते में चातुर्मास कर रहे थे। वहाँ पर लिखीं **'मेरी दक्षिण यात्रा'** का विमोचन यहीं हुआ। इचलकंरजी स्थान में आचार्य सन्मति सागर के सानिध्य में।

60

तं इंचलकरंजीए, सम्माणपुव्व-संगये।
उणतिंस-णवंबारे-कागचंदूर-चंकमं॥60॥

उन आचार्य श्री को इचलकरंजी में बहुसम्मान प्राप्त हुआ। यहाँ पर आयोजन

समिति के सभी सदस्यों का 29 नवंबर को सम्मान कराते हुए कागवाडे मला से चंदूर की ओर विहार कर गया संघ।

61

समीपत्थे कवणूरे विहि-विहाण कुव्वदे।
परमेट्ठि-विहाणं च, विमलस्स समाहिणं॥61॥

इचलकरंजी के पास स्थित कबनूर ग्राम में विधि विधान करते हुए विमलसागर जी की 19वाँ समाधि दिवस एवं पंच परमेष्ठि विधान को कराया।

62

पुण्ण-सुमरणे एत्थ, कुंथुसायर-संगदी।
गुरुभादा दुबे अज्ज, णमोत्थु कुसलंसदे॥62॥

आचार्य विमलसागर जी की पुण्यस्मृति (13 दिसंबर 2009) पर चंदूर में कुंथुसागर का मिलन हुआ। आचार्य सन्मतिसागर और आचार्य कुन्थुसागर जी दोनों गुरु भ्राता परस्पर नमोस्तु पूर्वक कुशलता पूछते हैं।

63

णूदण-वस्स उच्छम्हि, भत्तिजुत्ताजणा जणी
पसण्णसायरो एत्थ,पुप्फदंतो विराजदे॥63॥

सन् 2010 जनवरी 1 के दिन नूतन वर्ष पर भक्ति युक्त श्रावक श्राविकाएँ उपस्थित हुईं। पुष्पदंतसागर के शिष्य मुनि प्रसन्नसागर यहीं उपस्थित थे।

64

माहे सुधम्म-सूरी वि, णिच्छयो बहुसाहुणो
कुलभूसण-अज्जी वि, णेगा अज्जिग खुल्लिगा॥64॥

आचार्यपदारोहण माघ में सन्मतिसागर जी का मनाया जाता है। इसी समय आचार्य सुधर्मसागर एवं मुनि निश्चयसागर आदि बहुत ही साधु आर्यिका कुलभूषण एवं अनेक आर्यिका क्षुल्लिकाएँ भी यहाँ इस प्रसंग पर स्थित रहीं।

65

इध परम-तवस्सी संघ-संगो मुणीसो
विहरदि सुदणिट्ठी णाण-चारित्त-दंसी।
गुण-गणि-परमत्थी संत-संताण-पेही
पुर-णयर मणुस्सी-देस-एगंतरासी॥65॥

परमतपस्वी आचार्य श्री संघ के साथी श्रुतनिष्ठी ज्ञान चारित्र दर्शी गुणों के

गणी परमार्थी संतों को सन्तान की तरह देखने वाले एकान्तर तपी पुर, नगर एवं ग्राम आदि को अपनी देशना से परम शान्त बना रहे हैं।

66

गुरुवर-किस-कायी देह-दुक्खादु मुत्तो
पग-पग-अणुचारी पंथ-तंती ण सूरी।
सुद-सरि-सरि-णंदी आगमाणं च सुत्ती
रदण-रदण-धारी, सव्व-दित्ती-पगासी ॥66॥

गुरुवर आचार्य सन्मतिसागर कृष कायी देह दुःख की चिन्ता रहित पग पग से आगे बढ़ते हैं। वे पंथतंत्री आचार्य नहीं, अपितु आगमों के सूत्री, श्रुत रूपी सरिता में निमग्न आनंदित रहते हैं। वे रत्नाकर के रत्न, रत्नत्रयधारी हैं। वे सर्व दीप्ति युक्त सर्वत्र प्रकाश ही फैलाते हैं।

67

दिव-दिवस-पसंती दिव्व-दिव्वो हु सूरी
गुरुवर गुरु संती आदि सूरिंद-सूरी।
गुण-गण तुह दंसी णाण चारित्त मग्गी
रदण-तय विहाणं देयमाणो गणिंदो ॥67॥

जिस तरह दिवस में दिव्य तेज युक्त सूर्य दीप्त रहता है वैसे ही आप प्रतिदिवस (रात दिन) शान्ति के गौरव आचार्य आदिसागर की दिव्य महिमा युक्त सूर्य तो हैं ही साथ ही रत्नत्रय दर्शन, ज्ञान और चरित्र के मार्गदर्शी हैं, इन्हें देते हुए अपने गण (संघ) के गणीन्द्र हैं।

68

तुज्झं णमोत्थु मुणिराय! सुदाण रत्ती
तुज्झं णमोत्थु जगजोदि-गुरूण सूरी।
तुज्झं णमोत्थु उदयाचल सुज्ज-दित्तं
तुज्झं णमोत्थु परमागम-सुत्त-सुत्तिं ॥68॥

श्रुतप्रेमी मुनिराज तुम्हें नमन हो, जगत ज्योति गुरुवर तुम्हें नमन हो, उदयाचल पर दीप्तिमान सूर्यसम तुम्हें नमन हो और परमागम सूत्रों के भंडार तुम्हें नमन हो।

॥ इदि तेरह सम्मदि समत्तो ॥

चौदह सम्मदी

कोल्हापुर चाउम्मासो

णाणं च धीर बल-वड्ढण-सूरि-संतो
णाणं च दंसण-चरित्त-तवं च वीरं।
सिद्धिं च मग्ग-रदणत्तय-अप्प सुद्धिं
चागी रसाण विविहाण गहे हु तक्कं ॥1॥

ये शान्त प्रकृति के आचार्य ज्ञान, धैर्य और आत्म बल वृद्धि के लिए ज्ञानाचार, दर्शनाचार, चारित्राचार, तपाचार और वीर्याचार को अपनाते हैं। ये आत्मशुद्धि रूपी सिद्धि के मार्ग के लिए रत्नत्रय का आधार बनाते हैं। ये विविध रसों के त्यागी एक मात्र छांछ ही ग्रहण करते हैं।

2

दंसत्थ सावग गुणी गण साविगाणं
सेट्ठीजणाण परिवार जणाण णिच्चं
देहं णिरोही मणरोहि वची णिरोही
कम्मिंधणाणि डहिदुं चरएज्ज सच्चं ॥2॥

श्रावक-श्राविकाओं, श्रेष्ठीजनों एवं अनेक परिवारजनों का दर्शनार्थ आगमन बना रहता है।ये इन्द्रिय निग्रही, मनोरोधी एवं वचनरोधी कर्म रूपी ईंधन को जलाने के लिए सत्य का आधार बनाते हैं।

3

सम्मं चरेदि पडिगाम पदेस सूरी
तेहत्तरे दिवस-जम्म खणे मुणीणं।
सूरीण संघ-भडगारय लच्छिसेणो
आगच्छएंति वि णएंति ससुत्त-धारं ॥3॥

आचार्य श्री के 73वें जन्म दिवस पर मुनियों, आचार्यों एवं भट्टारक लक्ष्मीसेन का भी आगमन होता है। संघ उनके सूत्र को प्राप्त होते हैं सो ठीक है-जो सम्यक् रीति से गमन करते चर्यादि करते हैं। उनके समक्ष प्रत्येक व्यक्ति आता ही है।

4

वत्थुत्थ-दिट्ठि जल-वाहिणि-गेल्ल जुत्ता
संदंसएंति ण हु सागर-सागरम्हि।
तच्चाण वेद विद सागर अज्ज अस्सिं
णं सुत्तबद्ध अणुसासण-सिक्ख देज्जा ॥4 ॥

वस्तु स्थिति यह है कि जलवाहिनी जगत में मिलते हुए दिखती है, परन्तु सागर, सागर से नहीं। आज तत्त्व-वेत्ताओं का सागर इस नगर में ऐसे मिल रहा है मानो वे सभी सूत्र बद्ध भी अनुशासन की शिक्षा देना चाहते हैं।

5

अस्सिं पसण्ण सुह देव बहुल्ल साहू
अट्ठं णिगंठ कचलुंच कुणेंति अत्थ।
सूरी सिरी वरदहत्थ-पदाण-अग्गी
छक्के हु छक्क-सरि-दिण्ण-विसेस-मण्णे ॥5 ॥

इस प्रसंग पर प्रसन्नसागर, शुभसागर, देवेन्द्रसागर आदि आठ साधु केशलोंच करते हैं। सूरी श्री सन्मति सागर वरदहस्त दान में अग्रणी रहते हैं। यहीं पर 66वां दीक्षा स्मृति दिवस आचार्य आदिसागर जी का विशेष रूप से मनाया जाता है।

6

कुंजे पुणो पवसदे हु अणंत विज्जं
मुत्तिस्स ठावि समए इगसेद-सप्पो।
पासाण-णिम्म धरए परिदंसदे सो
खड्डासणे हु पडिमाइ स णो विदंसे ॥6 ॥

कुंजवन में पुनः प्रवेश करता है संघ जहाँ अनंतवीर्य की मूर्ति के लिए स्थापित किया जा रहा था। उस समय एक श्वेत सर्प पाषाण के नीचे दिखता था, पर मूर्ति के खड़े होने पर वह अदृश्य हो गया, दिखाई नहीं दिया।

7

चेत्ते दुबे जय-जए जण मज्झमुत्ती
ठाविज्ज पच्छ णवमी-तिहि-जम्म-आदिं।

छक्कम्म-सिक्खग-इमो पढमेसरो वि
आदी-विधाउ-उसहो वसहस्स चिंही ॥7॥

चैत्रवदी दूज (2 मार्च 2010) को जन समुदाय के मध्य जय जयकार के साथ मूर्ति स्थापित की गयी। इसके पश्चात् 9वीं चैत्र वदी के दिन आदि प्रभु की जन्म जयन्ती मनाई गयी। वे छहकर्म के शिक्षक प्रथमेश्वर आदि विधाता, ऋषम, वृषभ (नंदी) चिंह वाले हैं।

8

कल्लाणगो हवदि अस्स अणंतगस्स
इक्कीस पंचविस मेइ खणे हु अत्थ।
अग्गी सुणील मुणिराय पइट्ठएज्जा
आणा गुरुस्स महदी परिराजदे हु॥8॥

अनंतवीर्य का कल्याण महोत्सव 21 से 25 मई 2010 में कुंजवन में हुआ। आचार्य सुनीलसागर गुरु आज्ञा पूर्वक इसे सानंद संपन्न कराते हैं।

9

मेहा तुमं च चरणं गुरुदेव-सूरिं
पक्खालएज्ज अवि विज्जुसदा वि दीव।
सुज्जो समो तुह तवी गुरु गारवं च
दाएज्ज णिच्च रदणत्तय-वड्ढणं च॥9॥

मेघ गुरुदेव के चरण पखार लो, विजलियों विशेष आरती उतार लो।
ये सूर्य सम तपते गुरु गौरव लहे, रत्नत्रय वर्धन नित्य गुरु कहे।।
ये कविता गुरु को विनयांजलि देते हुए आचार्य सुनील सागरजी ने कही।

10

कुंजेवणे हु मुणि संघ-सहे जणा वि
घोसेज्ज लोग जय सम्मदि-सम्मदी तुं।
लुंचे कचे वय-गदे वि गहीर सूरी
सामुद्दए व्व लहुबिंदु व तुल्ल अम्हे ॥10॥

कुंजवन में मुनिसंघ के साथ जनता भी 'जय सन्मति, जय सन्मति' कहने लगी। वयोवृद्ध आचार्य का केशलोंच गंभीरतापूर्ण रहा। सच में तुम समुद्र के समान और हम लघु बिन्दु के समान हैं।

11

सूरी-सहे सुविहि-चंद सुणील सिंधु
सुंदेर-णिच्छय-मुणीसर-संग-अज्ज।
सोभग्ग-ओज्झय-दुवे समदा वि अत्थि
सुण्णाण-धम्म-सुह-सेट्ठ-अमोह देवो ॥11॥

12

कित्ती-सुकोसल-सुणम्म-सुहस्स-सोक्खो
सुण्णम्म-पास-सुमरो वि दया-पसण्णे।
अत्थेव अत्थि सुउमाल मुणी विरागी
सोलस्स-सोहकरणाणि विसेस राजे ॥12॥

सूरी : सन्मतिसागर, सुविधिसागर, चन्द्रसागर, सुनीलसागर, सुन्दरसागर एवं निश्चयसागर जैसे चन्द्रसम सौम्य आचार्य महामस्तकाभिषेक के समय उपस्थित थे।

उपाध्यायः सौभाग्यसागर और उपाध्याय समतासागर भी।

मुनि : सुज्ञानसागर, धर्मभूषण, शुभसागर, श्रेष्ठसागर, अमोघकीर्ति, अमरकीर्ति देवेन्द्रसागर, सुकौशल, सुनम्र, शुभ, सुख, सुपार्श्व, सुमर, दयासागर, प्रसन्नसागर एवं सुकुमालसागर जैसे सोलह मुनि तीर्थंकर प्रकृति की सोलह भावना की शोभा के लिए यहाँ उपस्थित थे।

13

अज्जीइ दंसण-णमा विणया सुविद्धी
सुज्जोग अज्जि-सरणा जिण-सीदला वि।
चिम्माय-चेदण-सुचिंतण-सोरभा वि
सुब्बुद्धि-वच्छ-हिदया-णयणा सुणम्मा॥ 13॥

14

सुण्णम्म-णूदण-विसुद्ध सुणेह-भव्वा।
सुप्पण्ण-णीदिय-सुदिव्व णयासुहा वि।
सुत्थी-सुकालगादि-अज्जिग-संग-संघे
राजेज्ज कुंज अहिसेग महुच्छवत्थे ॥14॥

आर्यिका-दर्शनमती, नमन, विनय, सुविधि, सुयोग, शरण, जिनवाणी, शीतलमती, चिन्मय, चेतन, चिन्तन, सुबुद्धि, सौरभमती, सुवत्सल्यमती, सुहृदयमती, नयनमती, सुनम्रमती, नूतनमती, विशुद्धमती, सुभव्यमती, सुनीतिमती, सुप्रज्ञमती, सुदिव्यमती, सुनयमती, शुभमती, स्वस्तिमती, सुस्नेहमती सुकालमती, आदि आर्यिका

संघ के साथ में स्थित कुंजवन में महामस्तभिषेक की शोभा बढ़ा रही थीं।

15

एलक्कगो मुदितसागर-एगमेत्तो
पुप्फो सुजोग-सत-पास-सुभव्व-भव्वो।
खुल्लो-विधेयसुविमल्ल-सुरिंद-राजे
सम्मो मदी-सुमदि-सोहग-कुंजठाणे ॥15॥

इस कुंजवन के महोत्सव में एकमात्र ऐलक-मुदित सागर उपस्थित थे। पुष्प, सुयोग,सत, पार्श्व, भव्य-सागर से यह स्थल भव्य था। विधेय, सुविमलसागर सुरेन्द्र जैसे क्षुल्लक सम्यक् मति युक्त सुमतिसागर से कुंजवन शोभायमान था।

16

भट्टारगो वि लखमी बहुबंहचारी
राजेज्ज बंहचरणीउ पुणीद-धारी।
सेट्ठी-तिलोग-अजिदो वि सुरेस-आदी
संदीव-संपत-सुमेरय-संति-इंदो ॥ 16 ॥

इस महोत्सव में भट्टारक लक्ष्मीसेन, अनेक ब्रह्मचारी, ब्रह्मचारिणियां भी पुनीत दृष्टि ही स्थित थीं, यहाँ श्रेष्ठी त्रिलोकचंद्र, अजितकुमार, संदीप, संपत, सुमेर, शान्ति एवं इन्द्रजीत आदि भी शोभायमान थे।

17

जावो हवेदि तिय वादण-पुण्ण-रूवे
चंदं च सुज्ज-कल-मंत-वि-अंकपासं।
णेत्तुम्मिलं सुरियमंत-सु-वड्ढमाणं
अग्घग्घदाण-गुणरोवण-पूज-अट्ठं ॥ 17 ॥

यहाँ कुंजवन के महामस्तकाभिषेक के समय जाप भी तीन घंटे तक चला, फिर चन्द्र, सूर्यकलामंत्र, अंकन्यास, नेत्रोन्मीलन, सूरि-मंत्र, वर्धमान-मन्त्र, अर्घदान, गुणारोपण एवं पूजाष्टक विधि विधान को किया गया।

18

मुम्बेइवासि-अणिलो सिरिचंदुलालो
कल्लाण-केवलसुणाण-महं च अच्चं
मत्थाहिसेग-कुणमाण-इधे गुरुं च
वंदेज्ज णंदणवणं सुरइंद तुल्लो ॥18॥

यहाँ कुंजवन तो नंदनवन हो गया था, जब देवों के इन्द्र के सदृश मुंबई निवासी अनिलकुमार, चंदुलाल जी कल्याणक का महामस्तकाभिषेक करते हैं। वे केवलज्ञान की महा पूजन करते, फिर यहीं आचार्य श्री की आरती करते हैं।

कोल्हापुरस्स चाउम्मासो त्थि अंतिमचाउम्मासो

19

णेगापुरा णगर-आदि-सुधम्म-धारं
बाहंतमाण-मुणिराज-पवेस-जादो।
कोल्हापुरे सहस-भत्त-पमाण-माणे
चारुल्लकित्ति भड-आगद-दंसणं च॥19॥

अनेकानेक ग्राम, पुर, नगर आदि में धर्म की धारा बहाते हुए आचार्य श्री का कोल्हापुर में (2010) जुलाई 21 को प्रवेश होता है। उनके दर्शनार्थ चारुकीर्ति भट्टारक (मूडविद्री) भी आते हैं।

20

चाउल्ल-मास-पडि-कम्मण-संझकाले
जाए विसाल जयघोस-गुरुस्स अत्थ।
वीरं गुरुं गणधरं परिपुज्जमाणा
णंदेंति सावग-जणा इध साविगाओ॥20॥

24 जुलाई को चातुर्मासिक प्रतिक्रमण हुआ। यहाँ गुरुवर का विशाल जयघोष किया गया। चातुमार्सिक स्थापना के पश्चात् 25-26 को गुरु पूर्णिमा पर गौतम गणधर एवं वीर की दिव्य देशना के समय पर श्रावक श्रविकाएँ पूजन वंदन करते हुए आनंदित होते हैं।

21

गोरे हु गाम ठिद सूरि-सुणील-झाणे
रत्तो हु अण्ण इग-साहण-सम्म-लीणो।
आसीस-जुत्त-गुरुणो ववहार णिट्ठो।
आयारणिट्ठ सुद-साहण पागदीसो॥21॥

गोरेगांव में (2010) का चातुर्मास सुनीलसागर का था। ये आचार्यपद पर स्थित ध्यान में रत एक अन्न असन के संकल्पी अपनी साधना में लीन थे। वे गुरुवर के आशीष युक्त थे उन्हें व्यवहार कुशल एवं आचारनिष्ठ होने का आशीष प्राप्त हुआ। वे प्राकृत भाषा में लिखित साहित्य के साधक बने रहे।

22

तेजस्सि-साहग-परो हु विरत्त-सूरी
अट्ठोववास-गुरुणो अडअण्हिगम्हि।
मट्ठं जलं गुरुवरो इध पारणाए
पच्छा पुणो हु उववास-दुवे कुणेदि॥22॥

आचार्य सन्मतिसागर अति तेजस्वी, परमसाधक एवं विरक्त अष्टाह्निका में आठ उपवास के पश्चात् पारणा, फिर दो उपवास कर लेते हैं।

23

अंजुल्लिए इग हु घुट्ट-सुतक्क णीरं
दाणेज्ज सावग-गणा बहु-अत्थ अत्थि।
अस्सुप्पवाह गद भासि इमं सरीरं
भत्ति त्ति चत्त परिचत्त कधोसहिं च॥23॥

पारणा में एक घूंट छांछ और जल दान के लिए अनेक श्रावक उपस्थित थे। इधर अश्रु प्रवाह निर्ममत्व देही कह उठते-इस शरीर को शीघ्र छोड़ देना चाहिए। इसे कैसी औषधी की आवश्यकता है।

24

मोउड्ड सत्तमि-दिवे कचलुंच-पुव्वे
दिक्खा वि खुल्लिगि तए इग-एग अज्जी।
सल्लेहणा रद सुमंगल-मंगलीयो
जादा समाहि-मदि संति-इधेव पच्छा॥24॥

मुकुट सप्तमी (15 अगस्त) के दिन केशलोंच पूर्वक तीन क्षुल्लिका एवं एक आर्यिका दीक्षा हुई। सुमंगलामती आर्यिका (21 अगस्त) को मंगल परिणामों से युक्त 'मंग' समाधि को प्राप्त हुई। इसके पश्चात् शान्तिमति आर्यिका की (3 सितंबर) समाधि हुई।

25

कोल्हापुरे परम-उच्छव-जुत्त सव्वे
पज्जूसणस्स सम-भत्ति-पहाणदाए।
मज्झे जयंति गणि-आदि-सुमण्ण माणा
धण्णा कुणेंति जणमाणस-अप्प-अप्पे॥25॥

आचार्य आदिसागर की (143वां) जन्म जयंती एवं स्मृति दिवस उत्सव युक्त कोल्हापुर में (12 से 22 सितम्बर) पर्यूषण पर्व को मनाते हुए जन मानस अपने जीवन को धन्य करते हैं।

26

मोदी पगास-इध पारस-चेणलस्स
आगच्छ-अत्थ गुरु-हत्थय-आसिसत्थं।
पत्तेज्ज भावण-पुणीद-पसारणत्थं
तच्चत्थसुत्त वयणस्स विवेयणं च ॥26॥

इसी पर्यूषण के मध्य प्रकाशचंद्र मोदी पारस-चैनल के अध्यक्ष का आना हुआ। वे गुरु के हस्त आशीष युक्त तत्त्वार्थ सूत्र के विवेचन एवं साधुओं के प्रवचन प्रसारणार्थ आशीष प्राप्त करते हैं।

27

जो संत-संगति-पभावण-पावणी सा
आसीस-साहुइग-बुड्ढ-जणी हु रोगी।
सोमा सिरी हवदि सम्म गदिं च पत्ता
अच्छेर-जुत्त-गणमण्ण-जणा समूहा ॥27॥

संत संगति पतित पावनी, प्रभावना भी है। फिर एक रोगी वृद्धमहिला (95 वर्ष की) साधु के आशीष से सोमश्री बन सम्यक् गति (20 सितंबर) को प्राप्त हुई। इरारो गणमान्य जन समूह आश्चर्य चकित हुए। वह पूर्व विधायक परिवार की एक सदस्या थी।

28

अक्टुंबरे वि मह-कित्ति-गुणाणुवादो
णाबंवरे हु महवीर पभुस्स मुत्तिं।
णिट्ठावणं च किरियं तध किंचि काले।
हंडावदस्स वि समाहि-महिंद-जादो ॥28॥

अक्टूबर-17 सन् 2010 को महावीरकीर्ति का (68वां) आचार्य पदारोहण एवं स्मृति दिवस पर गुणानुवाद हुआ। नवंबर को निर्माण दिवस महावीर का मनाया गया। वर्षावास का निष्ठावन इसी दिन हुआ। उदयपुर के प्रतिमाधारी महेन्द्र हंडावत (10 नवंबर 2010) समाधि को प्राप्त हुए।

29

दिक्खादिवे तप-पवज्ज-सुबंध बुद्धो
अज्जी सुधम्ममदि जाद-सुधम्म-णिट्ठा।
सूरी सिरोमणि गुरूण गुरुस्स आदिं
माहे दिसंबर गुरुस्स वि केस-लुंचो ॥29॥

आचार्य श्री सन्मतिसागर के दीक्षा दिवस (49वें) कार्तिकी अष्टाह्निका द्वादशी पर तीन दीक्षाएँ हुईं। सुबंधसागर, सुबुद्धसागर ये दो मुनि एवं एक सुधर्म निष्ठा सुधर्ममती आर्यिका हुई। (7 दिसंबर 2010) में गुरुणां गुरु' आचार्य आदिसागर का गुणानुवाद हुआ। अनेक मुनियों के केशलोंच हुए। गुरुवर का 18 दिसंबर को अंतिम केशलोंच हुआ।

गुरुस्स गुरु विजोगो

30

खीणे वि देह-परिणाम-विसुद्ध जुत्तो
सो सिंहवित्ति मुणिराय-समाहि-भावो।
सुज्जोदए पण पचॉस जपेज्ज सूरी
सो ओं णमो परम-सिद्ध पहूण णामं॥30॥

आचार्य श्री क्षीण देही, फिर भी परिणामों से विशुद्ध सिंहवृति वाले 5.50 बजे ऊं नमो सिद्धेभ्यः जपते हुए 24 दिसंबर 2010 को समाधि को प्राप्त हो जाते हैं।

31

अम्हं ति हं च णिअप्प सहाव लीणो
गंधो ण रूव रस-फास-विवण्ण हीणा।
सुद्धो पबुद्ध परिणामि पहा वि-अप्पा
णाणा हु णंद-अणुभूदि-पहाण-तच्चं॥31॥
मैं हूँ अपने में स्वयं पूर्ण, पर की मुझमें कुछ गंध नहीं।
मैं अरस अरूपी अस्पर्शी, पर से कुछ भी संबंध नहीं॥
मैं शुद्ध बुद्ध अविरुद्ध एक, पर परिणति से अप्रभावी हूँ।
स्वात्मानुभूति से प्राप्त तत्त्व, मैं ज्ञानानंद स्वभावी हूँ॥

32

जो अत्थि अत्थ हु गुरुस्स गुरु त्थि जोगो
सोगे असोग-छवि-देसदि वीदरागं।
सो कुंज-कुंजवण-खेत्त-गुरुं समीवं
अंते हु अंत-किरियं परिलब्भदे वि॥32॥

जो होता है गुरु का गौरव वह वियोग या शोक दशा में वीतराग छवि को देखता है। उन्हें कोल्हापुर से कुंजवन (40 किमी. दूर) कुंजक्षेत्र में उस स्थान ले जाया जाता है जहाँ गुरुओं के गुरु आचार्य आदिसागर की समाधि थी। उस स्थान पर वे आचार्य सन्मतिसागर की अंतिम क्रिया को प्राप्त होते हैं।

33

कंधेसु कंधणयमाण जणाण मग्गे।
साहस्स-माणव-चरे बहु-भत्ति-सत्ती।
एगेग एग-खण-डोल-णराण खंधे
पच्चास-साहस-जणा पथ-पुण्ण-पुण्ण ॥33॥

पचास हजार का जन समूह कुंजवन के पथ पर था। कोल्हापुर की लंबी (40 कि. मी.) यात्रा में हजारों लोग चल रहे थे। एक एक क्षण ही लोगों को प्राप्त हुआ डोल को कंधा देने का।

34

तं णिच्चयो हु मुणिराय-विसेस-अग्गे
लच्छी जिणो वि मयणा य णिदेसगा हु।
बाला पबुद्ध-मुणि-संत-जणा हु सव्वे
सुज्जस्स-अत्थ सह दंस-इणं च सुज्जं ॥34॥

उस अंतिम क्षणों के निर्देशक आचार्य निश्चयसागर, लक्ष्मीसेन एवं जिनसेन भट्टारक तथा ब्रहचारिणी मैनाबाई हुई। बाल वृद्ध युवा संत जनों ने उस सूर्य के साथ इस सूर्य का भी अस्त देखा।

35

णिद्दा गदा गुरुविजोग-मिलाण-साहू
पुप्फ व्व हीण-वसदीइ समत्थ-पाढं।
कुव्वेंति आइरिय-वंदण-कज्ज-कज्जं
अण्णे दिवे गणित्तदे वि सुणीलसाहू ॥35॥

अनिद्रा गत, गुरुवियोग प्राप्त सभी साधु म्लान पुष्प की तरह गुरु वसतिका में आ जाते हैं। वे सभी समस्त पाठ, आचार्य वंदना आदि कार्य को संपन्न करते हैं, फिर दूसरे दिन आचार्य पद पर सुनीलसागर की घोषणा की जाती है।

36

कुंजे वणे य चउसंघ सु-किएज्ज-माणं
अम्हाण आरिस मुणि त्थि सुणील सिंधू।
पट्टाइधीस-पद-घोसि-सुणीलसाहुँ
मुम्बेइ छव्विस दिसंबर उच्च ठाणं ॥36॥

26 दिसंबर सन् 2010 में उच्च पद पर प्रतिष्ठित होते हैं। कुंजवन में स्थित चतुर्विध संघ स्वीकार करता है कि हमारे आचार्य सुनीलसागर हैं। उधर मुंबई में स्थित आचार्य श्री सुनीलसागरजी को पट्टाधीश पद प्रदान कर उच्चासन दिया जाता है।

मंदक्रांता

37

सम्मं णाणं विहि णियम राजंत साहू सुणीलो
संघं विद्धिं समय-सम-चिट्टंत तच्चप्पवीणं।
अव्भासं सूरि-तव-णियमं सोहमाणो गणिंदो
आणाभूदो सयल-जण-देसंत-देसे मुणिंदो ॥ 37 ॥

आचार्य सुनीलसागर सम्यग्ज्ञान की विधि नियम में स्थित संघ की वृद्धि भी करते हैं। वे सिद्धान्त की सम्यक् साधना में स्थित तत्त्वप्रवीण होने के लिए अभ्यास (वस्तु तत्त्व का अभ्यास) करते हैं। वे आचार्य सन्मतिसागर के तप नियम को उत्कृष्ट बनाने वाले गणीन्द्र, आज्ञाभूत सकल जन समूह को देशना देने के लिए प्रत्येक अंचल में प्रवेश करने वाले मुनीन्द्र हैं।

38

समय-सुद-जिणिंद सारदं णाण-णंदं
णयदि णय-सुपक्खं पाइए सक्किदे हु।
सदद-तव-तवंतो सज्झए सुत्त अत्थं
दिणयर-सम-तेजं धारवंतो मुणिंदो ॥38॥

दिनकर के समान उत्कृष्ट तेज को धारण करने वाले मुनीन्द्र तो शारदा के ज्ञान से आनंदित होते हैं। वे प्राकृत एवं संस्कृत के सारस्वत पुत्रों की वाणी के नय पक्ष को लेते, फिर श्रुत के यथार्थ जिनेन्द्र वचन को प्रस्तुत करते हैं। वे सतत् स्वाध्याय में लीन, तप तपते हुए सूत्रार्थ का विश्लेषण करते हैं।

39

मिदुतर-मिदुभासी सारदाणंद-णंदी
गुरुवरगुरु आदिं सम्मदिं सूरि-माणं।
पडिपलसुदिणेहू माणसाणंद कुव्वं
चरदि समिदि गुत्तिं पालयंतो मुणिंदो ॥39॥

समिति गुप्ति पालते हुए मुनीन्द्र प्रतिसमय श्रुत को लेकर मानवों को आनंदित करते हैं। आचार्य सुनीलसागर जी गुरुणांगुरु आचार्य आदिसागर एवं आचार्य सन्मतिसागर का मान बढ़ाते हुए विचरण करते हैं। ये मृदुतर, मृदुभाषी, शारदा के नन्दन सरस्वती को वाणी को आधार बनाकर आनंदित होते हैं।

॥ इदि चोद्दह सम्मदी समत्तो ॥

पणरह सम्मदी

सम्मदि सम्मदि अंगण सम्मदि

भो गुरु! सम्मदि-सम्मदि-सम्मदि
सम्मदि सम्मदि अंगण-सम्मदि।
खुल्लग काल य मेरठ सम्मदि
ईसरि-गणय छक्कइ एग-वि॥ 1॥

आचार्य सन्मतिसागर क्षुल्लक रूप में मेरठ (1961) में सन्मति देते। वे 1962 में ईसरी बाजार को सुशोभित करते हैं।

भो गुरु! सन्मति सन्मति सन्मति
सन्मति सन्मति अंगणसन्मति।

कहाँ किसरूप में प्रत्येक अंचल में चातुर्मास करते हैं।

2

वाराइ-बंकि-सिरि-बावण-गज्ज-गज्जे
मंगीइतुंगि-सवणे अवि हुँबुजम्हि
कुंथल्ल-पंथ-गजए पुण मंगितुंगि
कुव्वेदि एस गिरणार-मुणिम्हि काले॥2॥

मुनिकाल में चातुर्मास	वि सं.	सन्	स्थान
	2020	1963	बाराबंकी
	2021	1964	बाबनगजा
	2022	1965	मांगीतुंगी
	2023	1966	श्रवणवेलगोला
	2024	1967	हुम्बुज

2025	1968	कुंथलगिरि
2026	1969	गजपंथा
2027	1970	मांगीतुंगी
2028	1971	गिरनार जी।

3

सूरी-पदेण परिभूसिद-सम्मदी सो
चारित्त सुद्धि वदए महुरा पुरम्हि।
सम्मेद सेल-सिहरे रस हीण-णिट्ठो
रांची विहार-जल चाग छहे हु मासे ॥3 ॥

सूरीपद से विभूषित आचार्य सन्मतिसागर मथुरा में चारित्र शुद्धि व्रत (1972) को लेते हैं। सम्मेदशिखर में नीरस व्रत धारण करते हैं। रांची विहार में छ माह तक जल त्याग करते हैं।

4

सो कोलकत्त णयरे परिचाग-अण्णं
णेगोववास-इध भिंड जलं दु माहं।
भिंडे जबल्लपुर लक्खण-दस्स जुत्तो
मुत्तावलिं च दुरगे कुणएदि सूरी ॥4 ॥

आचार्य श्री कलकत्ता (1975) में अन्नत्याग, यहीं अनेक उपवास, भिंड में दो माह जल त्याग, इटावा (1977), भिंड (1978) एवं जबलपुर (1979) में दशलक्षणव्रत तथा दुर्ग (1980) में मुक्तावली व्रत करते हैं।

5

सो सव्वदो वि वदभद्दय भद्द-हेदुं
णागेपुरे दहुद-सोलह-सिंहिणिक्कं।
आचावलंघणवदं पुर-डूगरम्हि
साहस्स-णाम-जिण-लोहरियाए गामे ॥5 ॥

आचार्य श्री नागपुर (1981) में भद्र परिणामों के लिए सर्वतोभद्र व्रत ग्रहण करते हैं। दाहोद (1982) में सोलहकारण एवं सिंह निष्क्रिडित तप पालते हैं। डूंगरपुर (1983) में आचाम्ल-घनव्रत एवं लुहारिया (1984) में जिनसहस्त्रनाम व्रत की ओर अग्रसर होते हैं।

6

सो पारसोल-णयरे दहलक्खणं च
सत्तं च कुंभ-वद-जुत्त-पताप-गड्ढे।
अट्ठण्हिगं च दसलक्खण-एग-अंतं
भूसेज्ज सो उदय-वांसयसाग इंदू ॥6॥

आचार्य श्री पारसोला (1985) में दशलक्षण, प्रतापगढ़ (1986) में सप्तकुंभ, उदयपुर, बांसवाडा सागवाडा, एवं इन्दौर 1987, 1988, 1989, 90 में तीनों अष्टाह्निका तथा एगान्तर एवं दशलक्षण व्रत का पालन करते हैं।

7

सो रामगंज-मदणे पुर-णंद-कालुं
पालेज्ज सो जयपुरे तव-वड्डमाणं।
दिल्लीइ एग-दुव-ते चउवास-जुत्तो
वादे फिरोज-गढ टीकम-एत्थ-सव्वं ॥7॥

आचार्य श्री रामगंजमंडी (1991) मदनगंज एवं आनंदपुर (1992, 93) में तीनों अष्ठाहिन्का एवं एकान्तर तप, दशलक्षण व्रत पालते हैं। वे जयपुर (1994) में वर्धमान तप, दिल्ली (1995) में 1, 2, 3, 4 उपवास पूर्वक पारणा करते हैं। फिरोजाबाद (1996) और टीकमगढ़ (1997) में 1, 2, 3, 4 उपवास पूर्वक पारणा का क्रम रखते हैं।

8

चंपापुरे अवि वणारस-छत्तरम्हि
एगंतरादि-वद-अट्ठ-दहं वदं च।
वासं चदुं च बडवाणि-पुरं च पच्छा
एगंतरादि णरवालिपुरम्हि सूरी ॥8॥

आचार्य श्री चंपापुर (1998) बनारस (1999) और छतरपुर में 2000 में दशलक्षण, अष्यह्निका एवं एकान्तर तप करते हैं। चार उपवासपूर्वक पारणा बडवानी में (2001) नरवाली (2002) में दशलक्षण, अष्टांहिका एवं एकान्तर तप में लीन होते हैं।

9

तक्कं जलं णयदि सो उदए खमेरे
मुम्बेइ-लासुरण-ऊदयऊद गामे।
एच्चल्ल-कोल्हपुर-तक्क जलं णएज्जा
संतो पसंत-मुणिधीस-तविंद सूरी ॥9॥

आचार्य श्री उदयपुर (2003) खमेरा (2004) मुंबई (2005) लासुर्णे (2006) ऊदगांव (2007-8) इचलकरंजी (2009) एवं कोल्हापुर (2010) में तक्र (छांछ-मठ्ठा) एवं जल ही लेते अहारचर्या में। वे सदैव शान्त, प्रशान्त, मुनिधीश, तपेन्द्र सूरी ही बने रहते हैं।

उवाहि-जुत्तो सूरी

10

अज्झप्प-जोगि-समराड-उवाहि-जुत्तो
इट्टावए रदण-आइरियो वि भिंडे।
चारित्तचक्कवरदी जबलेपुरे सो
दाहोद-भारतय-गोरव-भूसएज्जा ॥10॥

आचार्य श्री इटावा (म. प्र. 1977) में अध्यात्म योगी सम्राट से अलंकृत हुए। भिंड (1978) में आचार्य रत्न, जबलपुर (1979) में चारित्रचक्रवर्ती एवं दाहोद (1982) में भारतगौरव से विभूषित हुए।

11

संताइरामपुर-आइरियो सिरो वि।
धम्मो दिवायर-इमो अवि खंडवाए।
सो तावसी वि समराडय-केसरम्हि
सिद्धंतचक्कवरदी अजमेर-भागे ॥11॥

1. आचार्यशिरोमणि पद से अलंकृत हुए संतरामपुर में (1982)
2. खंडवा 1987 में धर्मदिवाकर पद से विभूषित हुए।
3. आचार्य सन्मतिसागर जी केशरिया (ऋषभदेव-1987) में तपस्वी सम्राट कहलाए।
4. अजमेर (1984) में सिद्धान्त चक्रवर्तीपद को प्राप्त हुए।

12

दिल्ली महातव-विभूदि-समणणराया
चंपापुरे समण चक्किवरल्ल-जादो।
चारित्तचूड-मणि-भूसि-पटण्ण-एसो
वच्छल्ल-रण्ण-पुर-कोट-विभूसएज्जा ॥12॥

1. दिल्ली (1995) में महातपोविभूति श्रमणराज
2. चंपापुर (1998) में श्रमणचक्रवर्ती

3. पटना (1998) में चारित्रचूडामणि
4. कोटा में वात्सल्य रत्नाकर पद से विभूषित हुए।

13

वाराणसी कुणदि तं च महा तवस्सी।
तक्को सिरोमणि इमो छतरे पुरे वि
सो मारतंड मह-तत्त-उदे पुरे हु
णिप्फिल्लजोगि पुर-मुंबइ-सूरि-एसो ॥13॥

1. वाराणसी (2002) में इन्हें महापतपस्वी घोषित किया जाता है।
2. छतरपुर (2001) में तर्क शिरोमणि से विभूषित किए जाते हैं।
3. उदयपुर (2003) में महातपो मार्तण्ड पद से अलंकृत होते हैं।
4. मुंबई (2005) में निस्पृह योगी पद से शोभायमान होते हैं।

14

कुंजेवणे वि जुग-आइरियो सिरोवि
इच्चल्ल-सूरि-गुरुभत्त-सिरोमणि वि।
कोल्हापुरे लहदि तित्थसरंक्खगं च
कुंजे हु सो समधि-सम्म-समाहि-पत्तो ॥14॥

कुंजवन (2007) में युगाचार्य शिरोमणि, इचलकरंजी (2009) में गुरुभक्त-शिरोमणि एवं कोल्हापुर में (2010) में तीर्थसंरक्षक शिरोमणि उपाधि को प्राप्त होते हैं। ये आचार्य उत्तम धी युक्त सन्मतिसागर कुंजवन में उत्तम समाधि प्राप्त करते हैं।

सिस्स-परंपरा

15

साहुत्थि सीदल-समाहि-सुसेल-सम्मे
सम्मेद-आगम-मुणी-अवि सोण-उद्दे।
हेमो त्थि खेतठिद-सम्म सुझाण-लीणे
माहिंद दोणय-समाहि-सुसम्म-जादि ॥15॥

मुनिश्री 108 शीतलसागर सम्मेदशिखर में समाधिस्थ हुए।
मुनिश्री 108 आगमसागर सम्मेदशिखर में समाधिस्थ हुए।
मुनिश्री 108 उदयसागर सोनागिर में समाधिस्थ हुए।
मुनिश्री 108 हेमसागर शिऊर क्षेत्र में ध्यान युक्त हैं।
मुनिश्री 108 महेन्द्रसागर द्रोणगिर में समाधिस्थ हुए।

16

पाढवाए वि मेहो त्थि, पतापे चरणं हवे।
गुणो तध समाधित्थं, चीतरी-तव-सायरो ॥16॥

पाढ़वा में मेघसागर, प्रतापगढ़ में चरणसागर, प्रतापगढ़ में गुण सागर एवं चीतरी में तपसागर समाधिस्थ हुए।

सव्वण्हु करगामाए, पाससागर जेपुरे
पउम-बडगामंहि, रिसहो साग-जोगिए॥

मुनिश्री 108 सर्वज्ञसागर करगुवां में समाधिस्थ हुए।

मुनिश्री 108 पार्श्वसागर की जयपुर (2015) में समाधि हुई।

मुनिश्री पद्मसागर की बड़ागाँव (दिल्ली-1995) में समाधि हुई।

मुनिश्री 108 ऋषभसागर योगीन्द्रसागर बनकर सागवाड़ा (2011) में समाधिस्थ।

17-18-19-20

अजिदस्स समाही हु, रयणो मुणि वि गओ।
गोदमो वि सुवोही हु, गजिंद-सुमणो अवि ॥17॥
णाणस्स समाही वि, जय-सिद्धंत सायरो
सुविहि-संग-संघत्थे,सील-आणंद-सागरो ॥18॥
सुह-सदे हु संलीणे, सिद्धो सिवो समाहिए
सुद्धो अत्थि सदाझाणी, संवेगो त्थि समाहिए ॥19॥
संति सारस्सदो सुज्जो, अस्सिं संघे हु राजदे।
सुमदि समणो साहू, समप्पणसमाहिए ॥20॥

अजितसागर की समाधि हो गयी। रयणसागर समाधिस्थ हो गए हैं।

गौतम, सुबोध, सुमन, गजेन्द्र एवं ज्ञानसागर समाधिस्थ हो गये।

जय, सिद्धांत, सुविधि अभी विद्यमान हैं। शीलसागर समाधि को प्राप्त हैं।

सिद्धसागर, शिवसागर समाधिस्थ हो गये। शुभसागर पिडावा में समाधिस्थ हुए।

संवेगसागर पटना में समाधिस्थ हुए। शान्तिसागर, सारस्वतसागर नहीं है। सूर्यसागर विद्यमान हैं। सुमतिसागर, श्रमणसागर, समर्पणसागर समाधिस्थ हो गये।

21 22 23

समणणव समाहित्थो, समयसागरो जगे।
विज्जदे संघ मज्झिल्ले, सुहा-सुरम्य मुत्तए॥21॥
सुदंसणत्थि सुण्णाणं, सुचरित्त-तवो अवि।
सेट्ठो सुंदर-सोहग्गो, सुणील सुर भद्दए॥22॥
सयल सायरो अत्थि, पवोहस्स समाहिए।
सूरसेण-समाहित्थो, संतसायर-सग्गये॥23॥

समाधिस्थ हुए समन्वय, समयसागर हैं। सुरम्यसागर और सुधा सागर समाधिस्थ हो गये।

सुदर्शन हैं, सुज्ञान, सुचरित्र, सुतप नहीं हैं। श्रेष्ठ, सुन्दर, सौभाग्य, सुनील, सुरकीर्ति, सुभद्र, सकलसागर विद्यमान हैं। शूरसेन, प्रबोध, संतसागर समाधिस्थ हो गये।

24, 25, 26, 27

सूर-सुर-ण हि संघे, सुपासकित्ति-सग्गए।
सुउमाल-सुहो अत्थि, सुकोसिलो समाहिए॥24॥
सुपसण्ण-सियंसो त्तु सपभसिंधु समाहिए।
सुसंत समणो णत्थि सुबंधोणो सुबुद्धओ॥25॥
समाहि समहित्थं च, अत्थि सम्माण वीरए।
पाससायर साहू त्थि, सतार सहसारओ॥26॥
सम्मदि-सम्मदि-जुत्ता, णेगा साहु वि अज्जीओ।
राव्वे सम्मदि-आदेसं, णेदूणचरदे सदा॥27॥

सूरसागर, सुरदेव संघ में नहीं है। सुपार्श्वकीर्ति समाधिस्थ हो गये।

सुकुमाल, सुखसागर विद्यमान हैं। सुप्रसन्न, श्रेयांस, सुकौशल समाधि सागर समीधस्थ हो गये।

सम्मान, सुवीर, सुपार्श्व उक्त सभी आचार्य सन्मतिसागर जी का आदेश लेकर विचरण करते हैं।

एलक्कः

28

सुबोहोत्तुसमाहित्थं, सुवीर-सुलछो इधे।
समग्गसायरो गंधो, एलगो-हवदि जगे॥28॥

सुबोधसागर समाधिस्थ हो गये। सुवीर, सुलक्ष्य, समग्र, सुगंध आदि ऐलक जगत में हैं।

समाहित्थ अज्जिगा

29, 30

सुपास-जस-वीराओ, संतिअजिद-देवए।
चारित्तय अणंताओ, सरल-णाण-सग्गए॥29॥
जय चंद य सुज्जाओ, सुमदि अखया अवि।
सुवोह-साहणा-भद्दा, सेयंस य सुदत्तउ॥30॥
समासावेण संजादो, समाधिमरणं सुहं
सिरि-संभव अज्जिए, णेमीमदि सुबुद्धिअ।

सुपार्श्वमती, यशोमती, वीरमती, शांतिमती, अजितमती, देवमती, चारित्रमती, अनंतमती, सरलमती, ज्ञानमती, चन्द्रमती, जयमती, सूर्यमती, सुमतिमती, अक्षयमती, सुबोधमती, साधनामती, सुभद्रमती, श्रेयांसमती, सुदत्तमती, श्रीमती, संभवमती, नेमीमति, सुबुद्धिमति का समभाव पूर्वक शुभ समाधिमरण हुआ।

साहणारत्ता अज्जिगाओ

दंसणमदि वा जुण्णी, सरण-सीदलाकरी।
सुविस्सा-सुह-सत्थी तु, सुकाल-सदया सुदा॥30॥

आर्यिका दर्शनमती की उदयपुर में समाधि दीवाली-2017 को हो गई। शरणमती, शीलतमती, समयमती, सुविश्वामती, शुभमती, स्वस्तिमती, सुकालमती, सदयमती, एवं श्रुतमती आर्यिका साधनारत हैं।

खुल्लग

31

साहण-समिदी-बोहो, सुर-सुरदणो अवि।
सम्मग्गासुरिंदो त्थि, सुभव्व खुल्लगो ण हि॥31॥

क्षु. साधनसागर, समितिसागर, सुबोधसागर, सुरसागर, सुरत्नसागर, सन्मार्गसागर, सुरेन्द्रसागर एवं क्षुल्लक सुभव्यसागर अब नहीं है।

32

संतसायर-सग्गेज्जा, सतसागर सग्गए।
णिम्मल-परिणामी जे, भव्वा भव्वत्त जायदे॥32॥

क्षुल्लक संतसागर समाधिस्थ हो गये सतसागर भी।

आचार्यश्री की सभी भव्यात्माएँ निर्मल परिणामी भव्यता को प्राप्त हैं।

खुल्लिगा

33

संभव-साधणा-संती, सम्मत्तमइ अज्जिए।
सुहरस सुदा-खुल्ली, समाहित्था अहिज्जदे ।।33।

क्षुल्लिगा-संभवमती, साधनामती, सहस्रमती, सम्यक्त्वमती, सुहर्षमती, एवं श्रुतमती समाधिस्थ हो गयी।

34

सेयंस-णिम्मला-सुब्भा, संदेस-धम्म सत्थिगा।
सुवीर-समणा खुल्ली, साहणारद-संघए ।।34 ।।

क्षुल्लिका श्रेयांसमती, निर्मलमती, शुभमती, सुधर्ममती, संदेशमती, स्वस्तिमती, सुवीरमती एवं श्रमणमती संघ में साधनारत हैं।

आइरिय पदे विभूसिदा

35

सीदल-हेम-सुदधम्मो, रयण-जय-सूरिणो
सिद्धंत-सुविही चंदो,जोइंद-सुज्ज-सुंदरो ।।

आचार्य शीतलसागर, आचार्य हेमसागर, आचार्य सुधर्मसागर, आचार्य रयणसागर, आचार्य जयसागर, आचार्य सिद्धान्त सागर, आचार्य सुविधिसागर, आचार्य चंद्र सागर, आचार्य योगीन्द्रसागर, आचार्य सूर्यसागर एवं आचार्य सुंदरसागर तपस्वी सम्राट सन्मतिसागर के आचार्य शिष्य हैं।

36

इमे सव्वे सदा झाणे, पाइगाइरियो इधे।
चदुत्थ पट्ट-आसीणो, सुणीलो सम्मदीधरो ।।36 ।।

प्राकृताचार्य सुनीलसागर इस संघ परंपरा के चतुर्थ पट्टाचार्य हैं। इनके संघ में सभी साधु ज्ञान ध्यान में रत हैं।

पंचकल्लाणगा

37-38

उदए खेर-दिल्लीए, पारसोला-कुसल्लए।
दाहोद-टीकमे पासे, वेडियाए खमेयरे ।।37 ।।

णरवालीइ मुंबए, लासुण्णे ऊदगामए।
पंच कल्लाणगं किच्चा वेदिगं मुत्ति-सम्मदी ॥38॥

आचार्यसन्मति सागर उदयपुर, खेरवाड़ा, दिल्ली, पारसोला, कुशलगढ़ दाहोद, टीकमगढ़, पार्श्वगिरी, बेडिया, खमेरा, नरवाली, मुंबई, लासुर्णे एवं उदगाँव में पंच कल्याणक, वेदीप्रतिष्ठा एवं मूर्ति स्थापित करवाते हैं।

॥ सम्मदिसूरी दिव्व-तवस्सी ॥

॥ इति सम्मदि-संभवो ॥

पासत्थी

सम्मदि कव्वे कम्म-जएज्जा ॥1 ॥
णोटबंदी दिवे अम्हे, कव्वंगणे पविट्ठिदो।
बंहोरी वासि-कव्वंगे, छियासि-दिव लेहदे ॥ 2 ॥
सूरीसुणील अस्सीसे, गुरुगारव-पाइए।
हिंदी-सह-पवज्जेज्जा वे साहस सतेरहे ॥3 ॥
जणवरी जणाणंदी, पच्चीससद तेत्तले
पूरदे उदयो कव्वो, उदयपुर झिल्लए ॥4 ॥
वि. सं. 2073 मंगलवासरे इदि।

जयदु सम्मदी जयदु सम्मदी
फफोतूगाम णंदणं, पियार जय-वंदणं
ओम ओम धारगं, आदि सूरी सिस्सदी। जयदु...
महावीर कित्तिए बंहचेर-गेण्हदि
बंहविज्जा रदी, सम्मेद सेल-दी
साहु सम्मदी, घोर तव वदी ॥ जयदु सम्मदी
कित्तिस्स-कित्तिए, महा हु कित्तिए
कल्लाण-पंथ दी, सज्झाय-सम्मधी ॥ जयदु सम्मदी
जोगीसरो तुमं, तवस्सी चक्की
रयणमहातवी, तक्कणीर सी ॥ जयदु सम्मदी
सम्माडराय तुम तवो मत्तंड
सुबुद्धिदायगो, वीर सम्मदी ॥ जयदु सम्मदी
कुंजवण-णंदणे, वणे समाहित्थिए
णमामो अम्हसव्वए, पदेज्ज हु सम्मदी ॥ जयदु सम्मदी।

—डॉ. उदयचन्द्र जैन
25 पार्श्वनाथ कॉलोनी
जैन मंदिर के पीछे सवीना, उदयपुर (राज.)

णाणं पयासयं

वीर नि.सं. 2470

भारतीय ज्ञानपीठ

ई. सन् 1944